Hannes Bahrmann
**Abschied vom Mythos**

HANNES BAHRMANN

# ABSCHIED VOM MYTHOS

Sechs Jahrzehnte kubanische Revolution

Eine kritische Bilanz

Ch. Links Verlag, Berlin

*Gewidmet der neuen Generation:*

*Leo Bahrmann (2004)*
*Anna Bahrmann (2008)*
*Tonka Bahrmann (2010)*
*Carla Bahrmann (2011)*

Zitate sind der neuen Rechtschreibung angepasst worden.

Die Deutsche Nationalbibliothek verzeichnet diese Publikation in der Deutschen Nationalbibliografie; detaillierte bibliografische Daten sind im Internet über www.dnb.de abrufbar.

1. Auflage, August 2016
© Christoph Links Verlag GmbH
Schönhauser Allee 36, 10435 Berlin, Tel.: (030) 44 02 32-0
www.christoph-links-verlag.de; mail@christoph-links-verlag.de
Einbandgestaltung: Stephanie Raubach, Berlin
Einbandmotive: vorn: Graffiti von »Che« Guevara, Havanna, 2014
(StreetMuse/Thinkstock); hinten: Schachspieler vor einem
vernagelten Hauseingang in der Altstadt Havannas, 2016
(Chip Sommodevilla/Getty Images)
Satz: Stephanie Raubach, Ch. Links Verlag
Druck und Bindung: Druckerei F. Pustet, Regensburg

ISBN 978-3-86153-912-4

# Inhalt

# Prolog

*»Wir haben es vielleicht nicht so mit dem Produzieren,*
*aber kämpfen können wir gut!«*
Fidel Castro 1970

Havanna, Anfang November 2015: Nach stundenlanger Bus-
fahrt erreiche ich das Hotel »Inglaterra«. In der schwülwarmen
Abendluft drängen sich Taxifahrer mit ihren aufpolierten Old-
timern vor dem Eingang. Drinnen wimmelt es von Gästen, die
Bar ist dicht umlagert, die Lobby voller Leute. Nur für mich ist
hier kein Platz. »Sie sind bei mir nicht gebucht«, lautet der Bescheid der strengen Rezeptionistin. Ich überreiche ihr meine
Reservierung vom August. »Tut mir leid, wir sind hoffnungslos
überbucht.«

Ich bin sauer und muss meinen Unmut unterdrücken. Später
wird mir bewusst, dass man solche Gespräche in Kuba doch ganz
anders führt. Am Anfang steht ein schmeichelndes *amorcita*
(Liebchen) oder *papíto* (Väterchen), gefolgt von einem verharm-
losenden, mit Diminutiven gespickten Anliegen. Etwa: »Weißt
du, ich habe da ein klitzekleines Problemchen, eigentlich nicht
der Rede wert. Ich bräuchte ein Zimmerchen – kein Ding, ich
weiß, aber vielleicht findest du in deinem Computerchen noch
eins. In meiner Hand warten auch ein paar ›chavitos‹ – was
meinst du?«

An diesem Abend, wie auch an jedem anderen zu dieser Zeit,
hätte auch diese Dramaturgie ihren Zweck verfehlt. Das touristische Havanna ist voll, platzt aus allen Nähten. Es herrscht eine stil-
le Verabredung: Alle Welt will noch einmal nach Kuba, bevor …

Bevor was?

Es liegt ein Duft von Veränderung in der Luft. Nur will es niemand so deutlich sagen. »Ich will Kuba noch so sehen, wie es vielleicht nicht mehr sein wird« oder »Jetzt ist es noch so ursprünglich, wer weiß, bald sieht es aus wie überall.« Mich befällt eher

Schwermut, wenn ich sehe, dass es immer noch so aussieht wie beim letzten Mal. Und es tut mir innerlich weh, wenn die Neuankömmlinge von Havannas Altstadt jenseits der Touristenmeile angesichts der einstürzenden Altbauten von einem »Kriegsgebiet« sprechen.

In den 80er Jahren war ich mehrmals hier, arbeitete mit Kubanern, hatte Freunde, von denen kaum noch jemand da ist. In den 90er Jahren habe ich den Zusammenbruch des Sozialismus auf der Insel erlebt – und ich war im Sozialismus nicht auf Urlaub, sondern habe zuvor 37 Jahre meines Lebens in der DDR gelebt und erkenne Details und Strukturen wieder.

Mit der »Chronik der Wende«, die von der ARD in 167 Folgen als Dokumentationsserie verfilmt wurde, haben Christoph Links und ich 1989 den Abschied einer Gesellschaft im Alltag dokumentiert, in »Am Ziel vorbei« 15 Jahre später zogen wir mit zahlreichen Autoren eine Zwischenbilanz. Jetzt geht es mir um die Frage, was sich in sechs Jahrzehnten seit dem Sieg der Revolution in Kuba entwickelt hat.

Doch kann man das nicht besser aus dem Land selbst heraus beurteilen?

Marcel Kunstmann aus Jena studiert derzeit in Havanna und betreibt den Blog »Cuba heute«. Er schreibt: »Es ist einfacher aus dem Ausland über Kuba zu schreiben als innerhalb des Landes. Ohne Internet sind wir nicht nur uninformiert, was außerhalb Kubas vorgeht, wir wissen nicht einmal, was um uns herum passiert. Selbst wenn wir regelmäßig die Zeitung lesen, so müssen wir den kondensierten Kaffeesatz von wortkargen Versammlungsberichten als Interpretationsrichtschnur für die nächsten Schritte der Regierung verwenden.«

Das vorliegende Buch ist keine rein subjektive Sicht auf die Dinge, es ist auch keine wissenschaftliche Arbeit. Mein Ziel war es, zusammenzutragen, was sich wie ereignet hat und warum es so gekommen ist. Ich betrachte die Dinge von außen und bemühe mich, keine Schuld zuzuweisen. Jede der beteiligten Seiten hatte

Gründe für ihr Handeln, manchmal gute – manchmal weniger gute. Am Ende steht die Frage: Hat sich das große Gesellschaftsexperiment gelohnt? Die Antwort darauf muss jeder selbst finden.

\* \* \*

Sechs Jahrzehnte nach dem Sieg der Revolution ist das Land erschöpft. Die 11,5 Millionen Kubaner leben im permanenten Ausnahmezustand. Das einst reiche Kuba der 50er Jahre ist verarmt, die Infrastruktur heute beklagenswert, Maschinen und Anlagen der meisten Industriebetriebe sind verschlissen. Die Landwirtschaft kann das Land trotz günstiger natürlicher Voraussetzungen nicht einmal im Ansatz ernähren. Die Substanz der Städte nähert sich gefährlich dem Abriss.

Die Utopie einer neuen Gesellschaft hielt nur wenige Jahre. Die Zeit des Überlebens dauert hingegen schon Jahrzehnte. Die Generation der heutigen Großeltern erinnert sich wehmütig, die der Eltern ist beschäftigt mit dem alltäglichen Kampf um alles und jedes, und die junge Generation interessiert gänzlich anderes. Gerade erst debütierte der 19-jährige Toni, ein Enkel Fidel Castros, als Model.

Die Revolutionäre von damals waren keine gesichtslosen Männer in grauen Anzügen ohne Visionen, wie sie die sozialistischen Staaten in Mittel- und Osteuropa repräsentierten. Sie sahen mit ihren Bärten verwegen aus. Und: Sie hatten ohne Hilfe von außen gesiegt. »Unsere Revolution war kein Geschenk der Roten Armee, wir haben sie selbst erkämpft«, machte Fidel Castro klar, wenn er selbstbewusst mit seiner neuen Schutzmacht in Moskau stritt.

Dass das revolutionäre Kuba 90 Meilen vor der Küste der USA bis heute überlebte, grenzt an ein Wunder. Der Preis war hoch: Der Kampf um Kubas Souveränität brachte die Welt 1962 an den Rand einer nuklearen Katastrophe und damit in die größte Gefahr seit Menschengedenken. Es war ein Glück, dass die Kontrolle der Zündung der Atomraketen einem altgedienten sowjetischen General unterstand und nicht einem der heißblütigen *Comandantes*.

Irritierend ist bis heute die Aussage Ernesto »Che« Guevaras, der im November 1962 – verärgert über den Abzug der Nuklearwaffen – dem *Daily Worker*, der Zeitung der KP Großbritanniens, sagte: »Wären die Raketen hier geblieben, hätten wir sie in unserer Verteidigung gegen die Aggression alle eingesetzt und sie direkt auf das Herz der USA gerichtet, sogar auf New York.« Auch Fidel Castro hätte ein nukleares Inferno in Kauf genommen – und nannte es in seinen späten Jahren eine »Jugendsünde«. Ein atomarer Overkill zur Durchsetzung einer Idee?

Der Versuch, in den 60er Jahren auf Kuba den »neuen Menschen« zu formen, der ohne finanzielle Anreize vor allem aus seinem Bewusstsein heraus handelt, endete im wirtschaftlichen Fiasko. Dass sein maßgeblicher Erfinder Ernesto »Che« Guevara, genervt vom mangelnden Einsatz vieler Kubaner, auch zum Erfinder von Arbeitslagern wurde, ist ein Makel der Revolution, der seine Folgen zeigte.

Die gesellschaftliche Utopie scheiterte nicht zuletzt an den harten Realitäten des Kalten Krieges, der keinen dritten Weg zuließ. So blieb als einziger Ausweg die weitgehende Unterordnung unter das sowjetische Herrschaftsmodell. Die UdSSR gliederte Kuba in ihr sozialistisches Wirtschaftsbündnis ein und sorgte dafür, dass das Überleben der Insel gesichert wurde. Wie viel das gekostet hat, lässt sich nur schätzen. Wie das meiste Zahlenmaterial aus Kuba mit Vorsicht zu genießen ist. Es gibt keine unabhängige Statistik in Kuba. Das Statistische Jahrbuch erschien 1989 zum letzten Mal. Alle Zahlen unterliegen einer strengen staatlichen Prüfung: Passen sie nicht ins Bild, werden sie neu berechnet oder weggelassen.

Ein Grund für das wirtschaftliche Überleben Kubas ist die Existenz von zwei Währungen. Der nationale Peso (CUP) ist eine Schwachwährung und steht im Verhältnis zur Hartwährung, dem konvertiblen Peso (CUC), 2016 in einem Verhältnis von 24:1. Geht es aber an die Statistik, so verwandelt sich die Schwachwährung wie von Geisterhand im Verhältnis 1 CUP = 1 CUC auf Dollarhöhe. Und weil das bei der Darstellung des Bruttoinlandsprodukts immer noch nicht reichte, rechneten die offiziellen Statistiker in Havanna auch noch die Aufwendungen für die Bildung und Gesundheitsbetreuung mit hinein, was international unüblich ist. Das Entwicklungsprogramm der Vereinten Nationen setzte Kuba deshalb auf eine rote Liste der Staaten, deren Angaben nicht vertrauenswürdig sind. Nordkorea befand sich bereits auf diesem wenig schmeichelhaften Index.

Es ist eine beklagenswerte Tatsache, dass die kubanische Revolution mehrheitlich auf Pump finanziert wurde. Ohne ausländische Hilfe wäre Kuba nicht sechs Jahrzehnte lang über die Runden gekommen. Die Sowjetunion unterstützte das Land nach Berechnungen der russischen Ökonomin Irina Zorina mit über 100 Milliarden Dollar. Darin unberücksichtigt sind die Milliarden an Rüstungshilfe. Die letzten Milliarden, die Russland noch in seinen Büchern hatte, wurden 2014 gestrichen.

Nachdem die UdSSR wirtschaftlich ruiniert war und andere Hilfen ausblieben, stand Kuba am Abgrund: Die frühen 90er Jahre wurden zur *período especial* – zur sogenannten Sonderperiode, zur Kriegswirtschaft in Friedenszeiten. Es gab fast nichts mehr. Die Existenz Kubas unter der insgesamt 49 Jahre dauernden Regierung von Fidel Castro stand auf Messers Schneide.

Dann bekam Ende der 90er Jahre Venezuela eine revolutionäre Regierung. Hugo Chávez, der neue Präsident, war ein großer Bewunderer der kubanischen Revolution und bereit, das Land seines Vorbilds Fidel Castro zu einem nicht geringen Teil zu finanzieren. 15 Jahre später ist auch dieses Land – immerhin mit den größten Erdölreserven weltweit gesegnet – durch allzu großzügige Hilfen an Kuba, vor allem aber durch den dramatischen Verfall des Erdölpreises selbst kurz vor der Pleite. Es herrscht eine schwere Energiekrise (!), die Behörden dürfen deshalb nur noch zwei Tage in der Woche arbeiten, die Regale in den Supermärkten sind leer.

Zum Stromsparen soll zusätzlich am 1. Mai die Uhrzeit um eine halbe Stunde vorgestellt werden, um das Tageslicht besser zu nutzen. Der sozialistische Präsident hatte auch noch einen patenten Rat an Venezuelas Frauen parat: Er forderte sie auf, nicht mehr ihre Haare zu föhnen. Der Erdrutschsieg der bürgerlichen Opposition bei den Parlamentswahlen Ende 2015 schließt eine Fortsetzung der Kuba-Hilfe nahezu aus. Die Folgen dürften wieder dramatisch ausfallen Ein Drittel ihres gesamten Handels wickelt die Insel mit Venezuela ab.

Das südamerikanische Land deckt im Austausch für die Dienste von über 30 000 kubanischen Ärzten gut die Hälfte des kubanischen Erdölbedarfs. Auf der Sitzung des Parlaments im Juli 2016 machte Präsident Raúl Castro bereits unheilvolle Ankündigungen: Aufgrund gefallener Rohstoffpreise und eines »gewissen Einbruchs in den mit Venezuela vereinbarten Treibstofflieferungen« befinde sich das Land in einer akuten Liquiditäts- und Energiekrise und müsse entsprechende Einsparungen vornehmen.

Das hatten die Kubaner bereits durch zahlreiche Stromabschaltungen mitbekommen. Vier Fünftel der Stromversorgung erfolgt durch russische Erdölkraftwerke. Die üppigen Öllieferungen der letzten Jahre hatten den Stromverbrauch um ein Drittel ansteigen lassen. Jetzt ist das Elektrizitätsnetz der Insel am Rand seiner Kapazität angekommen.

Castro wies Spekulationen über den bevorstehenden wirtschaftlichen Kollaps und den Rückfall in den Notstand der 90er Jahre zurück. »Wir leugnen nicht, dass Beeinträchtigungen, vielleicht auch noch stärkere als bisher, auftreten können.« Zugleich räumte er Rückstände in den Zahlungen an die Gläubiger und Handelspartner an. Insgesamt ist die Wirtschaftsleistung der Insel 2016 wieder einmal rückläufig.

Mehr Dollar als aus dem Export von Nickel, den Einnahmen aus dem Tourismus und dem verbliebenen einstigen Weltmarktprodukt Nr. 1, dem kubanischen Zucker, kommen vom kubanischen Exil. Enteignet, ausgewandert und geflohen, leben heute rund zwei Millionen Kubaner im Ausland – davon 90 Prozent in den USA und dort wiederum die meisten im Bundesstaat Florida. Diese 1,8 Millionen (inbegriffen ihre Nachkommen, die Kuba nur vom Erzählen kennen) überweisen ihren Angehörigen auf der Insel regelmäßig Unterstützungsgelder.

Die Höhe dieser Gelder gehört zum Heikelsten im Zahlenspiel um Kubas Soll und Haben: Das Exil ist stolz darauf, dass die Auswärtigen ihre Familie daheim nicht im Stich lassen, und geben die Summen aus ihrer Sicht möglichst hoch an; Kubas Regierung möchte diese Zahl am liebsten ignorieren. Konservativ geschätzt sind es jährlich 2,9 Milliarden Dollar, andere Quellen geben fünf Milliarden an, was der Summe aller kubanischen Exportgüter zusammen entsprechen würde. Es ist so gut wie unmöglich, die Zahl exakt zu ermitteln: Die meisten Zahlungen gehen über Western Union, es wird auch auf Devisenkonten bei kubanischen Banken eingezahlt, und die Hunderttausenden, die ihre kubanischen Angehörigen pro Jahr besuchen, haben die Dollars in der Tasche – legal, aber nicht erfasst.

Die Existenz der zwei Währungen spaltet mittlerweile das Land und seine Wahrnehmung: Touristen kommen zumeist mit dem Teil in Kontakt, in dem die Dollarwährung allgegenwärtig ist. Hier herrschen bescheidene Gesetzes des Marktes, hier verdienen mittlerweile 500 000 Kubaner als kleine Gewerbetreibende die begehrte Zweitwährung des Landes, die auch *chavito* genannt wird (Spielgeld).

Das Territorium des touristischen Teils der kubanischen Realität ist nicht besonders groß: hauptsächlich das Zentrum Havannas (und auch hier nur ein Gebiet von wenigen Straßenblocks), die Halbinsel Varadero oder der historische Kern der Kolonialstadt Trinidad. Hier befinden sich die meisten Touristentaxis, die Privatherbergen *casas particulares* sowie die privaten Restaurants *paladares*. In dieser Realität kommt es schon zu vereinzelt sichtbarem Wohlstand.

Der eigentliche Nutznießer ist jedoch stets der Staat. Er verkauft mit der Lizenz an die kleinen Gewerbetreibenden lediglich ein Nutzungsrecht, hat keine Kosten und verdient so ohne Aufwand eine Menge Devisen. Die lizenzierten Nutzer haben dagegen eine Unmenge an Hürden zu überwinden, um ihre Dienstleistungen in gleichbleibender Qualität anbieten zu können. Der *sócio* – der Partner –, der etwas besorgt, der Ersatzteile beschaffen kann, der etwas repariert, ist der entscheidende Faktor in diesem Wirtschaftssystem. Deshalb spricht man in dieser Welt nicht mehr vom Sozialismus (*socialismo*), sondern vom *sóciolismo*.

Der übergroße Teil des Landes lebt von den Touristen meist unbeobachtet in der Welt des gescheiterten Sozialismus, einer Gesellschaft, in der es theoretisch keinen Privatbesitz an Produktionsmitteln, keine Ausbeutung, aber Gleichheit und Gerechtigkeit gibt. In der Praxis bedeutet es allerdings die gleichmäßige Verteilung des Mangels. Und es mangelt an allem und jedem. Die Schwachwährung Peso cubano (CUP) dient einzig zur Bezahlung der Löhne und Gehälter; für lebensnahe Dienstleistungen sowie zum Kauf der hochsubventionierten Lebensmittel und Artikel des täglichen Bedarfs gibt es eine Bezugsberechtigung in Form eines Heftchens, das *Libreta de Abastecimiento* heißt. Dieses System reichte bis vor 15 Jahren aus, um die Lebensmittel zu kaufen, die es gerade gab, die Miete zu zahlen, deren Preis die Erwähnung nicht lohnt, sowie Wasser und Strom. Bildung ist ebenso kostenlos wie die Gesundheitsfürsorge (wenn es im Krankenhaus nicht gerade an Medikamenten mangelt).

Gleichheit und Gerechtigkeit sind Vergangenheit: Die Existenz der Parallelwährungen spaltet die kubanische Gesellschaft ebenso wie die Dollarmilliarden aus dem Exil: Sie gehen zu vier Fünfteln in den traditionell wohlhabenderen Westteil der Insel um Havanna und vorrangig an weiße Kubaner, weil die auch diejenigen waren, die etwas verloren hatten oder neue Chancen in den USA suchten. Die Afrokubaner – traditionell im Ostteil des Landes beheimatet – waren vor allem Landarbeiter und profitierten eher von der Revolution, die diese vernachlässigten Regionen gezielt entwickelte und heute nicht mehr in der Lage ist, die Ungleichheiten auszutarieren.

Die Mehrheit der Kubaner muss in den Staatsbetrieben arbeiten, die miserable Löhne zahlen. In dieser Alltagswelt ist die Arbeit nicht gerade das zentrale Element des Daseins, um es dezent auszudrücken. »Mein Chef tut so, als wenn er mich bezahlt, und ich tue so, als ob ich arbeite«, lautet die gängige Formel. Das wird zum Teufelskreis: Die Staatswirtschaft kann keine besseren Löhne zahlen, weil die Produktivität so niedrig ist und umgekehrt.

Nach Jahrzehnten des Sozialismus und des Kampfes ums Überleben ist Kuba nun seit Jahren im Transitbereich und sucht nach einem Ausweg. Aufgeben ist für die Führung keine Option. Und deshalb liegt vielleicht der Duft von Veränderung in der Luft, doch die vollzieht sich vermutlich nicht in einem einmaligen Ereignis, sondern eher in ganz kleinen Schritten.

Ihre Lage schildert die Bloggerin Yoani Sánchez aus Havanna so: »Ich lebe eine Utopie, die nicht die meine ist. Eine Utopie, für die meine Großeltern ihr Leben gegeben haben und meine Eltern ihre besten Jahre geopfert haben. Für mich ist sie eine Last, sie drückt mich nieder, aber ich weiß nicht, wie ich sie abschütteln soll. Manch einer, der diese Utopie nicht erlebt hat, will mir einreden, dass man sie bewahren muss. Aber solche Leute können eben nicht ermessen, wie unfrei es macht, die Träume anderer mit sich herumzuschleppen und mit Illusionen zu leben, die einem eigentlich fremd sind.«

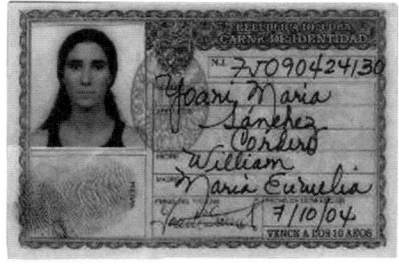

Yoani Sánchez, das Gesicht des unabhängigen Kuba, auf ihrem von ihr selbst im Internet abgebildeten Personalausweis

# Das alte Kuba

**Reich, modern und ungerecht – Fast wäre die Insel ein US-Bundesstaat geworden – Batista, der Präsident der Kommunistischen Partei – Gesetzlicher 8-Stunden-Tag und Mindestlohn mit Verfassungsrang – 1950 wird das Fernsehen in Kuba als zweitem Land der Welt eingeführt – Gesundheitsversorgung auf dem Niveau von Industrieländern, Bildung in den Städten vorbildlich – auf dem Land nicht.**

\* \* \*

Liest man die meisten Darstellungen der kubanischen Revolution, so werden die Verhältnisse vor 1959 zumeist mit kurzen Stichworten abgehandelt: Batista-Diktatur, ungerechte Verteilung des Wohlstands, arme Landbevölkerung ohne Zugang zu Bildung und Gesundheitsversorgung, bewaffneter Kampf, Sieg Fidel Castros und seiner Rebellen. Danach folgt die Innenwelt der Revolution und ihrer Entwicklung. Ohne den Vorher-nach-her-Vergleich ist es aber nicht möglich, die Frage zu beantworten, die sich bei einer solch tiefgreifenden Veränderung irgendwann stellt: War es das wert?

»Perle der Karibik« – dieser Slogan ist nicht einem cleveren Tourismusmanager eingefallen, sondern war Ausdruck einer grenzenlosen Bewunderung seit Jahrhunderten: Strategisch außerordentlich gut gelegen, als größte Insel der Karibik von angemessener Ausdehnung, mit besten Voraussetzungen für die tropische Landwirtschaft und wertvollen Bodenschätzen ausgestattet, war Kuba die schönste der verbliebenen spanischen Kolonien.

Seit Staatsgründung waren die Vereinigten Staaten von Amerika an Kuba außerordentlich interessiert. Mit zahlreichen Häfen zur Karibik und zum Golf von Mexiko und nur 90 Meilen von Florida entfernt, mussten sie befürchten, dass die Insel in die Hände anderer europäischer Kolonialmächte fallen könnte.

1762 hatten die Briten Havanna schon einmal eingenommen – und ein Jahr später im Tausch gegen ganz Florida den Spaniern zurückgegeben.

1809 schickte US-Präsident Jefferson einen Boten nach Spanien mit dem Auftrag, Kuba zu kaufen – umsonst. »Ich bekenne aufrichtig, dass ich schon immer in Cuba die interessanteste Erwerbung für unser Staatensystem gesehen habe«, schrieb er seinem Nachfolger Madison. Der wies seinen Botschafter in London an, Großbritannien von allen Absichten abzubringen, seinerseits begehrliche Blicke auf Kuba zu werfen.

Spanien spürte den Druck und gestattete Kuba ab 1818 den Freihandel. Alle Häfen der Insel durften fortan ohne Behinderungen angelaufen werden. Zwei Jahre später waren die Vereinigten Staaten Kubas größter Handelspartner. Die USA kauften den größten Teil des kubanischen Zuckers, Tabaks, Kakaos, Kaffees, seine tropischen Früchte und Nüsse, Eisenerz und Kubas gesamte Kupferproduktion. US-Präsident Adams schrieb schon in Vorfreude, Kuba werde eines Tages den USA »wie ein reifer Apfel in den Schoß fallen«.

Sein Nachfolger James Monroe erklärte 1823 den gesamten Doppelkontinent Amerika zum Einflussgebiet der USA und warnte damit die europäischen Großmächte, sich einzumischen. (Was die USA nicht daran hinderte, sich ihrerseits mit Bezug auf die »Monroe-Doktrin« in den folgenden 150 Jahren in die inneren Angelegenheiten der Länder Lateinamerikas einzumischen.) 1848 legten die USA den Spaniern erneut ein verlockendes Angebot vor: 100 Millionen Dollar – das entspräche heute etwa 2,3 Milliarden. Spanien wusste aber um den Wert der Besitzung und blieb stark. Auch ein erhöhtes Angebot von 130 Millionen fand kein Gehör.

Die Unabhängigkeit Kubas leiteten zunächst Plantagenbesitzer um Carlos Manuel de Céspedes ein. 1869 wurde er einseitig zum ersten unabhängigen Präsidenten erklärt. Den zehnjährigen Kampf führten befreite Sklaven mit amerikanischen Waffen.

Doch eine offizielle Anerkennung durch Washington blieb aus. Zu dieser Zeit machte der kubanische Handel mit den USA bereits 83 Prozent aus, Spanien blieb nur noch ein Rest von sechs Prozent.

1898 griffen US-Truppen in den Kampf um die Unabhängigkeit Kubas ein. Anlass war die Explosion der »Maine«, eines amerikanischen Schlachtschiffs, das gegen den entschiedenen Protest der spanischen Kolonialverwaltung zu einem »Freundschaftsbesuch« nach Havanna entsandt worden war. Geschwächt durch einen jahrzehntelangen Kampf gegen die kubanische Unabhängigkeitsbewegung unterlag die erschöpfte Kolonialmacht den überlegenen US-Truppen. Allein an einem Tag wurde nahezu die gesamte spanische Atlantikflotte vernichtet.

Spanien verlor seine letzten bedeutsamen Kolonien: Kuba, Puerto Rico (inklusive der Spanischen Jungferninseln), Guam und die Philippinen. Kuba wurde zwar formal unabhängig, blieb aber zunächst unter US-Besatzung. Der Plan, Kuba als neuen Staat der USA aufzunehmen, scheiterte am Widerstand der amerikanischen Zuckerproduzenten, die die Konkurrenz nicht ins Land lassen wollten.

Der konstituierenden Versammlung in Havanna legten die US-Vertreter ans Herz, in die neue Verfassung einen Zusatz aufzunehmen, der den USA das Recht einräumte, »zur Wahrung der kubanischen Unabhängigkeit« zu intervenieren (Artikel III). Außerdem schrieb ein Verfassungszusatz, das sogenannte Platt Amendment, in Artikel VII das Recht der USA fest, Land von Kuba zu kaufen oder zu pachten und dort Marinestützpunkte zu errichten.

Die Kubaner lehnten dieses Ansinnen zunächst mit 24:2 Stimmen entschieden ab. Man bat sie daraufhin nach Washington, wo man ihnen drohte, die Insel so lange besetzt zu halten, bis eine Mehrheit für die Annahme stimmte. Die Verfassung wurde wunschgemäß verabschiedet und Kuba 1902 zur Republik erklärt. Erst 1934 hob US-Präsident Franklin D. Roosevelt im Rahmen

Havanna – 1910 reich, modern und hochentwickelt

seiner »Politik der guten Nachbarschaft« die eingeschränkte Souveränität Kubas wieder auf – mit einer Ausnahme: Artikel VII, der den Bestand des 1903 errichteten US-Marinestützpunktes Guantánamo Bay sicherte.

Kuba wies zu diesem Zeitpunkt gegenüber dem Rest Lateinamerikas bereits einen bemerkenswerten Entwicklungsstand auf:

– 1829 setzte es als erstes Land Dampfmaschinen in der Schifffahrt und bei der Verladung ein;
– 1837 wurde hier die erste Eisenbahnlinie eröffnet – es war weltweit erst die fünfte;
– 1877 erstrahlte in Havanna die erste öffentliche Straßenbeleuchtung;
– 1900 fuhr die erste Straßenbahn durch Havanna;
– 1900 fuhren hier die ersten Autos;
– 1907 wurde hier die erste direkte Telefonverbindung ohne Vermittlungsstelle in Betrieb genommen;
– 1907 führte man das erste Röntgengerät ein;
– 1913 startete das erste Flugzeug;

- 1918 führte Kuba als erstes Land des Kontinents das Scheidungsrecht ein;
- 1922 wurde hier die erste Radiosendung ausgestrahlt (als 2. Land der Welt);
- 1940 führte Kuba als erstes Land den Acht-Stunden-Tag, den Mindestlohn und die Universitätsautonomie ein;
- 1940 wurde hier eine der fortschrittlichsten Verfassungen der damaligen Zeit mit der Einführung des Frauenwahlrechts, der sexuellen und rassischen Gleichberechtigung sowie dem Recht der Frau auf Arbeit verabschiedet;
- 1950 führte Kuba als zweites Land der Welt das Fernsehen ein;
- 1951 eröffnete mit dem »Riviera« in Havanna das weltweit erste Hotel mit zentralgesteuerter Klimaanlage;
- 1952 wurde mit dem FOCSA-Gebäude in Havanna das weltweit zweite Hochhaus aus Stahlbeton gebaut;
- 1957 wurde mit dem El Cine Radio in Havanna das erste Multiplex-Kino eröffnet;
- 1958 führte Kuba das Farbfernsehen als zweites Land der Welt ein (in Deutschland West: 1967/Ost: 1969).

Havanna entwickelte sich zur schönsten Stadt Lateinamerikas. Hier entstanden luxuriöse Theater, traten die bekanntesten Künstler der damaligen Zeit auf. Die Zuckerbarone bauten sich Paläste und die aufsteigende Mittelschicht repräsentative Villen. Das einheimische Bürgertum stieg ungeachtet der starken amerikanischen Präsenz auf, die Wirtschaft boomte, und nach der Weltwirtschaftskrise verzeichnete Kuba Wachstumsraten von über zehn Prozent jährlich und stand damit an der Spitze aller lateinamerikanischer Länder. Die USA investierten zwischen der Unabhängigkeit und der Revolution drei Mal so viel (!) in Kuba wie in ganz Lateinamerika.

# Das Phänomen Batista

Lateinamerikas Geschichte ist voll von Diktatoren, den sogenannten *Caudillos*. So könnte man annehmen, Fulgencio Batista wäre nur einer mehr – doch weit gefehlt. Der spätere Präsident Kubas entstammte einer Familie des Unabhängigkeitskampfes. Sein Vater war ein *Mambí*, ein Angehöriger des schlecht bewaffneten Heeres der Unabhängigkeitskämpfer gegen die spanische Kolonialherrschaft. Auch seine Mutter unterstützte aktiv die Bewegung. Er wurde als Rubén Zaldívar geboren, weil sich sein Vater weigerte, ihn anzuerkennen. Erst mit der Einschreibung in das Militär gelang es ihm, unbemerkt den Namen seiner Vaters einzufügen. (Für seine spätere Präsidentschaftskandidatur war das misslich, denn im Geburtsregister in seinem Ort in der heutigen Provinz Holguín blieb der Name unverändert.)

Die Familie galt als eher arm, und Batista musste schon mit acht Jahren arbeiten gehen, zunächst als Bote im Büro, ab 12 dann bei der kubanischen Eisenbahn. Mit 21 schrieb er sich beim Militär in Havanna ein, war zunächst bei der Landwehr, der Guardia Rural, eingesetzt, wechselte dann aber als Telegrafist in den Generalstab. Es war die Zeit der Präsidentschaft von Gerardo Machado, der 1925 die Wahlen gewonnen hatte, sich aber zunehmend seiner breiten politischen Unterstützerfront entledigte und seine Machtbasis beim Militär konzentrierte. Dort war er bei den unteren Rängen sehr beliebt, weil er den Aufstieg zahlreicher Unteroffiziere in den Offiziersrang förderte. In seiner Amtszeit wurden die das ganze Land durchquerende Autobahn – die Carretera Central – sowie der Sitz des Parlaments, das Kapitol in Havanna, gebaut. Es entstand nicht zufällig nach dem Vorbild in Washington, denn Machado war auch ein Interessenvertreter der großen US-Konzerne in Kuba.

Im August 1933 wurde Machado von einer breiten Protestbewegung gestürzt, und Ramón Grau San Martin, der Vertreter der Studentenbewegung, die den Kampf maßgeblich initiiert hatte, wurde Präsident. Im kubanischen Militär nahm man den Regierungswechsel schlecht auf. Im September 1933 kam es zu Protesten, unter deren Anführern Batista war. Der war kein Afrokubaner im klassischen Sinne, sondern Mulatte mit schwarzen, chinesischen und spanischen Vorfahren. In der Truppe hieß er nur *El Indio*. In der damaligen kubanischen Gesellschaft blieb ihm der Zugang zur Oberschicht wegen rassistischer Vorbehalte zunächst verschlossen. So weigerte sich auch der noble Havana Yacht Club, ihn als Mitglied aufzunehmen. Der von ihm maßgeblich mitgetragene »Aufstand der Unteroffiziere« richtete sich gegen die eigenen Offiziere. Bei einer Versammlung wurde Batista von einem solchen zur Ordnung gerufen, doch der Subalterne antwortete: »Sie haben nur die Unterordnung unter die Disziplin, doch ich habe 15 000 Bajonette.«

Das Offizierskorps entledigte sich des Problems, indem es den populären Anführer per Dekret zum Oberst beförderte. Eines der ersten Treffen nach seiner Ernennung hatte Batista mit dem Botschafter der Vereinigten Staaten in Havanna, dem späteren stellvertretenden Außenminister Sumner Wells, der ihm seine Besorgnis über die »radikalen Elemente« in der neuen Regierung anvertraute. 1934 wurde Grau San Martín als Präsident abgesetzt und Batista zum Oberbefehlshaber der Streitkräfte Kubas ernannt.

Er erwies sich als politisches Naturtalent und verstand es geschickt, die unterschiedlichsten Kräfte zu bündeln. Während er den wachsenden Einfluss der Kommunistischen Partei als Gegengewicht zur Studentenbewegung förderte, war er gleichzeitig der Mann des Vertrauens des US-Kapitals und der Regierung in Washington. 1939 stellte er sich an die Spitze eines breiten Bündnisses unter Einbeziehung der Kommunistischen Partei Kubas, die vor allem in den Gewerkschaften stark verankert war, und erreichte schließlich eine Mehrheit in der verfassunggebenden Versammlung. Danach wurde er von der breiten Linkskoalition zum Präsidentschaftskandidaten ernannt und gewann die Wahlen von 1940. Die Kommunistische Partei folgte mit ihrer Teil-

Ein Wahlplakat von 1939.
Die Kommunisten Kubas bilde-
ten mit Batista die Regierung
und verweigerten sich dem
Guerillakampf von 1956–1958.

nahme an der Regierung den Vorgaben der Kommunistischen Internationale in Moskau zur Bildung von breiten Volksfrontregierungen zur Unterstützung der Sowjetunion und stellte zwei Minister.

Kuba nahm Flüchtlinge aus Nazideutschland ebenso auf wie die unterlegenen republikanischen Kämpfer des spanischen Bürgerkrieges. Auch die Aufnahme diplomatischer Beziehungen mit der Sowjetunion folgte. Die Gewerkschaften erhielten breite Entfaltungsmöglichkeiten und wurden von der Lotterie mit großen Summen bedacht. Die beiden kommunistischen Minister (ohne Geschäftsbereich) Carlos Rafael Rodríguez und Juan Marinello sollten in der kubanischen Revolution später noch eine wichtige Rolle spielen.

Die erste Regierungszeit Batistas stand wirtschaftlich unter einem guten Stern: Die Alliierten kämpften gegen die Nazis, und Kuba konnte seine Produkte aus der Landwirtschaft und aus Bodenschätzen zu Höchstpreisen verkaufen. Die Regierung investierte in die Infrastruktur, baute neue Schulen, förderte die

Mechanisierung der Landwirtschaft und entwickelte gezielt den Aufbau einer eigenen Leichtindustrie.

Die Wahlen von 1944 kehrten die Verhältnisse um: Diesmal gewann Ramón Grau San Martín, den Batista zehn Jahre zuvor abgesetzt hatte. Doch der Geschlagene hatte vorgesorgt: In die Bestimmungen zur Versetzung in die Reserve von Generälen hatte Batista einen Passus einfügen lassen, der ihm als oberstem militärischen Befehlshaber jederzeit die Rückkehr in den aktiven Dienst ermöglichte. Und er hatte finanziell vorgesorgt. Der damalige US-Botschafter notierte in einem Lagebericht an das State Department: »Es wird immer deutlicher, dass Präsident Batista der neuen Regierung mit allen Mitteln das Leben so schwer wie möglich machen will, insbesondere im Finanzbereich.« Der Diplomat wurde ganz undiplomatisch, sprach von einem »systematischen Raub der Ressourcen« und prognostizierte: »Doktor Grau wird bei seinem Amtsantritt leere Kassen vorfinden.«

Rückblickend betrachtet war die erste Regierung Batista dennoch ein Glücksfall für Kuba: Die breite – nach heutiger Betrachtung sozialdemokratisch ausgelegte – Regierungsbasis gab dem Land eine neue Perspektive. Die Verfassung war eine der fortschrittlichsten der damaligen Zeit: Umfassende Arbeitnehmerrechte wie Mindestlohn und Acht-Stunden-Tag, Landreform, Allgemeine Schulpflicht, Recht auf Eigentum und Unabhängigkeit der Justiz waren festgeschrieben. Die Gewinne aus der Sonderkonjunktur wurden in die soziale Infrastruktur und die Diversifizierung der Wirtschaft investiert. Das schlug sich in den darauffolgenden Jahren bis zur Revolution von 1959 in den sozioökonomischen Fakten nieder:

**Allgemeine Wirtschaftsdaten:**
- Mit einem Pro-Kopf-Einkommen von 356 Dollar kam Kuba 1958 auf Platz drei in Lateinamerika; weltweit lag Kuba unter den Wirtschaftsnationen auf Platz 29 (1958) – ungeachtet seiner geringen Größe und mit nur 6,5 Millionen Einwohnern.

- Die Staatseinnahmen betrugen 387 Millionen aus Steuern, die Staatsausgaben lagen bei 385 Millionen, die Gesamtverschuldung betrug 9 Millionen Dollar.
- Größter Einzeletat waren 1958 die Ausgaben für Bildung mit 23 Prozent, gefolgt vom Militär (13) und für öffentliche Gesundheit mit 7 Prozent.
- 1958 lag der Durchschnittslohn pro Tag nach Angaben der Weltarbeitsorganisation ILO in der Industrie bei 6 Dollar (weltweit auf Platz acht und noch vor Westdeutschland) und in der Landwirtschaft bei 3 Dollar (das entsprach Platz sieben).
- Kuba besaß eine starke Mittelschicht, der ein Drittel der Bevölkerung zugerechnet wurde, 23 Prozent der Arbeiter hatten eine Berufsausbildung.
- Kuba war mit 87 Prozent das am weitesten elektrifizierte Land Lateinamerikas.
- 1953 lebten 57 Prozent der Kubaner in Städten, ein Sechstel davon in Havanna, das damit die drittgrößte Hauptstadt der Welt nach London und Wien im Verhältnis zur absoluten Einwohnerzahl war.
- 1958 hatte Kuba mit 24 die höchste Anzahl von Autos pro 1000 Einwohner in Lateinamerika (Spanien: 6, Japan: 4), ebenso die höchste Dichte an elektrischen Haushaltsgeräten, die meisten Radiogeräte und das längste Schienennetz des Subkontinents.

**Soziale Indikatoren:**
- Mit 7 Prozent hatte Kuba 1958 die niedrigste Arbeitslosigkeit Lateinamerikas.
- 1957 lag der Selbstversorgungsrad der kubanischen Landwirtschaft bei 75 Prozent.
- 79,9 Prozent der Häuser verfügten über ein Innen-WC.
- Nach Uruguay war Kuba mit einer durchschnittlichen Kalorienzahl von 2870 kcal pro Person und Tag die Nummer zwei des Subkontinents.
- Beim Fleischkonsum lag es hinter Argentinien und Uruguay.

– 1954 kam auf jeden Kubaner statistisch fast eine Kuh (Viehbestand: 6 Millionen), die Milchproduktion lag 1958 bei 800 000 Tonnen.

**Gesundheitsversorgung:**
– Kuba belegte 1958 mit 32 auf 1000 Geburten Platz zwei bei der geringsten Kindersterblichkeit in Lateinamerika – und lag im weltweiten Vergleich noch vor Frankreich, Belgien, der Bundesrepublik, Österreich, Italien, Spanien und Portugal.
– Mit einem Arzt pro 1000 Einwohner lag Kuba laut UNO-Statistik an der Spitze in Lateinamerika (1957) und vor den USA.
– Mit 35 000 Krankenhausbetten kam Kuba auf ein Verhältnis von einem Bett pro 190 Einwohner und lag damit im Mittelfeld der westlichen Industriestaaten.

**Bildung:**
– Laut UNO-Statistik (1956) belegte Kuba mit 23,6 Prozent Analphabeten Platz zwei in Lateinamerika (zur gleichen Zeit hatte das benachbarte Haiti 90 Prozent Analphabeten).
– Mit 23 Prozent der Staatsausgaben für Bildung lag Kuba vor Costa Rica (20 Prozent) in Lateinamerika vorn.
– Kuba hatte drei staatliche und drei private Universitäten, 35 000 Lehrer arbeiteten im staatlichen Schulwesen, weitere 3500 in Privatschulen.

**Medien:**
– Kuba hatte in Lateinamerika eine der höchsten Zeitungsdichten aufzuweisen: 18 Tageszeitungen allein in Havanna, über 60 im ganzen Land, die verbreitetste Wochenzeitschrift *Bohemia* hatte eine Auflage von 250 000 Exemplaren.
– Schon 1928 sendeten in Kuba 61 Radiostationen, 43 davon allein in Havanna, 1958 gab es 23 Fernseh- und 160 Radiosender.

# Elend auf dem Land

So modern, so reich und so entwickelt das Leben in Havanna und den großen Städten Kubas war, so elend waren die Verhältnisse auf dem Land. Die Zuckerwirtschaft gab den Landarbeitern nur drei bis vier Monate Arbeit, die restliche Zeit mussten sie mit dürftigen Erträgen aus eigenen kleinen Beeten überleben.

Eine Statistik gab an, dass ein Landarbeiter am Tag durchschnittlich 25 Centavos (der kubanische Peso stand seit der Unabhängigkeit paritätisch zum US-Dollar) für Essen und Kleidung zur Verfügung hatte. 60 Prozent wohnten in *bohíos*, Lehmhütten ohne Fußböden, ohne Latrinen, ohne fließendes Wasser. 85 Prozent hatten generell keinen Zugang zu fließendem Wasser, 44 Prozent nie eine Schule von innen gesehen. Licht, Strom, Fernseher oder Kühlschrank waren Fremdworte. So konnten auch keine Lebensmittel über längere Zeit aufbewahrt werden.

Die Ernährung bestand hauptsächlich aus Reis, Bohnen und Kochgemüse. 96 Prozent der Landbevölkerung aßen kein Fleisch – und keineswegs deshalb, weil sie Vegetarier waren. Nur 11 Prozent hatten frische Milch. Vitamine waren ebenso rar wie lebensnotwendige Mineralien in der Ernährung. Statistisch fehlten jedem Landbewohner täglich durchschnittlich 1000 kcal. Die Folgen der Unterernährung waren grassierende Krankheiten wie Tuberkulose oder Typhus.

Doch wohin mit den Kranken? Es gab im ländlichen Raum Kubas nur ein einziges Krankenhaus. Und das bei einer Ost-West-Ausdehnung von rund 900 Kilometern. Havanna hatte dagegen mit nur einem Fünftel der Bevölkerung 65 Prozent aller Ärzte und 62 Prozent aller Krankenhausbetten. Die Kindersterblichkeit auf dem Land war hoch, die Lebenserwartung mit 58 Jahren niedrig.

## Havanna als Jackpot der Mafia

Amerikanische Touristen liebten die Insel. In den 20er Jahren lockte sie vor allem der unbegrenzt fließende Rum – zuhause herrschte Alkoholverbot. In den 50er Jahren kamen schon Millionen: Der Weg war kurz und das Vergnügungsangebot riesig. 270 Bordelle hatten sich in Havanna offiziell registrieren lassen, Tausende Frauen arbeiteten als Prostituierte. Für seine wenigen Urlaubstage bekam der Durchschnittsamerikaner in Kuba, was zuhause entweder illegal war oder missbilligt wurde. Susan Sonntag, scharfzüngige Schriftstellerin, beschrieb 1969, was ihre Landsleute an Kuba so geliebt hatten: »Tanz, Musik, Prostituierte, Zigarren, Abtreibungen, Kluburlaub und Pornos«.

In der Aufzählung fehlte allerdings eine weitere wichtige Attraktion: das Glücksspiel. Seit den 20er Jahren schossen die Kasinos in Kuba wie Pilze aus dem Boden. Glücksspiel war das Kerngeschäft der amerikanischen Mafia. Ihr Kassenwart Meyer Lansky musste zunächst feststellen, dass die kubanische Variante vor allem darin bestand, die Kunden übers Ohr zu hauen. Bei der US-Botschaft häuften sich die Klagen über das betrügerische Treiben in den Kasinos. Lansky eröffnete eine Croupier-Schule und beschäftigte später nur noch ausgebildete Kräfte, denn nur so konnte er die wirklich großen Fische anziehen. In seinem »Montmartre« kamen die Blackjack-Karten aus dem Automaten, überwachten professionelle Beobachter das Geschehen.

Havanna wurde zu einem sicheren Ort der Mafia-Paten. In der Vorweihnachtszeit 1946 trafen sich im Hotel »Nacional« die *Capos* der einflussreichsten Familien unter Vorsitz von Lucky Luciano. Der sollte eigentlich in den USA eine jahrzehntelange Haftstrafe verbüßen, doch die Geheimdienste waren mit der Bitte an Meyer Lansky herangetreten, ob er über seinen Einfluss bei den Hafenarbeitergewerkschaften an der Ostküste mögliche Sabotageakte der Nazis verhindern könne. Lanskys Preis war die Freilassung Lucianos.

Nach Kriegsende wurde Lucky nach Italien deportiert und seine Einreise in die USA auf Lebenszeit verboten. Über Venezuela und Mexiko traf er schon im Dezember 1946 in Havanna ein. Lansky empfing ihn und empfahl, sich mit einem »Eintrittsgeld« von 150 000 Dollar am Hotel »Nacional« zu beteiligen, das ihm gehörte – und seinem stillen Teilhaber, dem kubanischen Expräsidenten Fulgencio Batista. Das Geld war schnell zusammen, denn alle Eingeladenen *Capos* drückten ihre Ergebenheit mit prall gefüllten Umschlägen für Luciano aus. Auch der Eröffnungsabend hatte es in sich: Als Überraschungsgast trat Frank Sinatra auf. Er kam zusammen mit Al Capones Cousins, die Luciano als Gastgeschenk einen Koffer mit 2 Millionen Dollar überreichten.

Das Spitzentreffen von Havanna – das wichtigste seit dem Gipfel von 1929 in Atlantic City – stellte die Weichen für die weiteren Investitionen im kubanischen Kasinogeschäft, dem weltweiten Drogenhandel und dem Glücksspiel in Las Vegas. Man beschloss, künftig Drogen über Kuba in die USA und Kanada zu verteilen. Luciano sollte für die Kontrolle der Häfen in Kuba sorgen, Lucianos Gewährsleute für die Sicherheit in den Häfen entlang der amerikanischen Ostküste. Auf dem Treffen wurde auch das Todesurteil über Bugsy Siegel, den Verantwortlichen für das Casinogeschäft in Las Vegas, gefällt. Sein »Flamenco« war gefloppt. Monate später wurde er in seinem Haus in Los Angeles hingerichtet.

Die Anwesenheit Lucianos in Havanna blieb den US-Behörden nicht lange verborgen. Sie forderten die Auslieferung, was die Regierung zunächst verweigerte. Doch die Drohung, sofort alle Medikamentenlieferungen nach Kuba einzustellen, sorgte für einen Sinneswandel. Lucky wurde verhaftet und wieder an Italien ausgeliefert. In Kuba lief derweil weiter alles nach Plan: Unter Nutzung staatlicher Kredite der kubanischen Entwicklungsbank und auch mit Geldern der Pensionsfonds der US-Gewerkschaften entstanden in der Inselhauptstadt so bekannte Kasinohotels wie das »Capri«, das »Riviera« oder das »Havana Hilton« (heute »Havana Libre«).

Kubaner kamen nur selten dort hinein, dafür sorgten schon die Mindesteinsätze. Dabei waren gerade sie sehr empfänglich für Wetten jeder Art. Die Besserverdienenden beteiligten sich an der staatlichen Lotterie, die jeden Samstag ihre Ziehung publikumswirksam bekanntgab. Da aber die offiziellen Lotterielose für viele zu teuer waren, entstanden illegale Parallelwetten, an denen man auch für kleines Geld teilnehmen konnte. *La Bolita* entwickelte sich schnell zu einem eigenen Wirtschaftsimperium mit Bankern, lokalen Agenten und Losverkäufern bis ins letzte Viertel. Der Eigentümer des weltberühmten Cabarets »Tropicana«, Martin Fox, machte so ein Vermögen zunächst als *Bolita*-Banker.

# Revolution

**Batista gratuliert zu Fidels Hochzeit – Die Kommunisten sehen in Castro einen »Abenteurer und Putschisten« – Fidels Schwager ist Innenminister der Diktatur – Ernesto »Che« Guevara glaubt an Stalin und radikalisiert Fidel – Raúl Castro sichert den Rebellen die nachhaltige Unterstützung der Landbevölkerung zu.**

\* \* \*

Wetten waren im vorrevolutionären Kuba überall anzutreffen. Allein die Frage »Kommt das nächste Auto mit einer geraden oder ungeraden Zahl am Ende des Nummernschilds?« forderte sofort zu einer kleinen Wette heraus. Besonders beliebt war auch das Tierlotto. Hier stellte das Pferd das Ass dar – Fidel Castro ist bis heute im Volk *El Caballo* (das Pferd).

Das hat seine guten Gründe. Er hatte schon in jungen Jahren alle Voraussetzungen für einen Volkstribun: Hoch gewachsen, ein begnadeter Redner, spontan, impulsiv – und ein guter Baseballspieler, Kubas Nationalsport. Es hieß sogar, dass er so gut war, dass er das Interesse der US Major League weckte. Interessiert seien so die Pittsburgh Pirates, die Washington Senators und auch die New York Yankees gewesen. Die New York Giants sollen ihm sogar einen Vertrag angeboten haben.

Doch die Legende stimmt wohl nicht. Er war weder begehrt noch interessiert am Profibaseball. Dafür wurde er in der Politik erfolgreich wie kein Zweiter. Mit Ausnahme von Queen Elizabeth II. und dem König von Thailand regierte kein anderer so lange wie er: fast ein halbes Jahrhundert. Fidel Castro war – wie sein Bruder Raúl – unehelicher Sohn eines spanischen Großgrundbesitzers und seiner Köchin. Dementsprechend wies ihn seine Geburtsurkunde 1926 zunächst als Fidel Hipólito Ruz González aus – mit den Namen seiner Mutter. Mit 14 ließ ihm sein Vater

Fidel (l.), Raúl (Mitte) und ihr Bruder Ramón
Castro in Schuluniformen, Ende der 1930er
Jahre.

eine neue ausstellen: Nun war er Fidel Ángel Castro Ruz. Und
nachdem seine Eltern geheiratet hatten, erschien zwei Jahre später auf der Bescheinigung der Name Fidel Alejandro Castro Ruz.
Der blieb.

Fidel hat sechs unmittelbare Geschwister: Ángela María (1923
bis 2012), Ramón Eusebio (1924 bis 2016), Raúl Modesto (1931),
Juana de la Caridad (1933), Emma Concepción (1935) und Agus-
tina del Carmen (1938). Die neue kubanische Geschichte teilte
die Familie: Ramón beteiligte sich nicht an der Revolution, sondern blieb auf der Farm seiner Eltern, Angelita war unpolitisch
und starb 2012, Juanita floh 1964 aus Kuba nach Miami, und auch
ihre Schwester Emma lebt in Mexiko im Exil, während Agusti-
na unter einfachen Verhältnissen in Havanna wohnt und oft gemeinsam mit Bruder Ramón sonntags zur Messe ging.

Zunächst sah alles danach aus, als wäre Fidel für eine gutbürgerliche Existenz bestimmt. Nach einer Erziehung durch Jesuiten studierte er Jura, promovierte in Zivilrecht und heiratete die Schwester seines besten Freundes, Mirtha Díaz-Balart, eine Philosophiestudentin und Tochter aus gutem Haus. Auch Expräsident Fulgencio Batista gratulierte Fidel zur Hochzeit und schickte Lampen für den neuen Hausstand. Doch das Bild trog, denn Fidel war bereits zu dieser Zeit ein höchst politischer Aktivist. 1947 versuchte er mit anderen Rafael Trujillo, den Diktator der benachbarten Dominikanischen Republik, zu stürzen, wofür ihn die Kommunistische Partei Kubas – nicht zum letzten Mal – als »Abenteurer« kritisierte. Schon Jahre zuvor war Fidel mit der KP aneinandergeraten, als der kommunistische Minister Juan Marinello sich gegen private Schulen ausgesprochen hatte und Castro ihm daraufhin vorwarf, das Schulmodell totalitärer Staaten wie der Sowjetunion oder Nazideutschlands einführen zu wollen.

Nach Studentenunruhen in der kolumbianischen Hauptstadt flogen Fidel und weitere Kommilitonen im April 1948 nach Bogotá, um gegen die Gewaltaktionen des Staates zu protestieren. Dort angekommen, fand er sich inmitten eines Aufruhrs wieder und stellte sich an die Spitze der revoltierenden Studenten. Ein Fotograf der kubanischen Illustrierten *Bohemia* lichtete Fidel in einem solchen Moment ab, was ihm nach der Veröffentlichung daheim große Popularität bescherte. Von der kolumbianischen Regierung wurde er als kommunistischer Agitator verfolgt, so dass der kubanische Botschafter ihn und seine Kommilitonen heimlich zurück nach Havanna schaffen musste. Ihre Ankunft geriet zum Triumphzug, die Zeitungen berichteten auf ihren Titelseiten. Nur im Parteiorgan *Hoy* kritisierten die Kommunisten Castro erneut als »Abenteurer und Putschisten«.

In der kubanischen Politik waren viele auf den jungen Politiker aufmerksam geworden. Auch der ehemalige Präsident und spätere Diktator Batista. Es lässt sich nicht mehr mit letzter Sicherheit herausfinden, wer zuerst die Idee zu einem Treffen hatte. Beide nutzten jedoch den gleichen Kontakt: Fidels Schwager Rafael Díaz-Balart, den späteren Innenminister in der Zeit der Diktatur. Das Treffen fand auf der Finca »Kuquine« bei Punta Brava, westlich von Havanna, statt. Batista hatte das weitläufige Anwesen zum Ende seiner Regierungszeit mit abgezweigten Mitteln aus der Staatskasse erworben.

Von Seiten Castros gibt es – verständlicherweise – keine Darstellung dieser Begegnung. Sein Schwager erinnerte sich jedoch, dass Fidel den gerade aus den USA zurückgekehrten Batista indirekt ermuntern wollte, gegen die amtierende Regierung zu putschen. So sei Castro vor den Bücherregalen auf und ab gegangen und habe dann gesagt: »Ein Buch haben Sie nicht: Malapartes ›Die Techniken des Staatsstreichs‹.« Und als er gegangen war, sagte Batista: »Ihr junger Freund ist sehr intelligent, aber gefährlich!« Und Fidel erklärte seinem Schwager gegenüber nach dem Treffen, er habe feststellen müssen, dass Batista nicht mehr der sei, der er einmal gewesen war.

Fidel Castro wurde für die nächsten Wahlen des Abgeordnetenhauses als Kandidat der bürgerlichen Partei des Kubanischen Volkes (PPC) nominiert. Dass er zu dieser Zeit eine Affäre mit Natalia Revuelta hatte, der begehrtesten Frau Havannas, machte deutlich, dass er sich durchaus noch in der High Society bewegte. »Naty« war alles, wofür die Schickeria von Havanna stand: Mitglied im Yacht- und Country-Club, hochgebildet, zunächst mit Toppositionen in der US-Botschaft und später bei Standard Oil, dann gut verheiratet. Sie fand den jungen Revolutionär aufregend, und er bewunderte ihre Erscheinung, die Männer abrupt verstummen ließ. Ein Liebesbrief von »Naty« führte 1955 zu Fidels Scheidung von Mirtha Díaz-Balart. Alina Revuelta, die aus der Affäre hervorging, lehnte es ab, den Namen ihres Vaters zu führen, und flüchtete mit falschem Pass 1993 nach Miami. Ihre Mutter bekannte vor ihrem Tod 2015, es habe viele Jahre gekostet, Fidel wieder aus ihrem Herzen zu bekommen.

Diktator Batista erläutert am 7. April 1958 in Havanna vor Journalisten anhand einer Karte, wo seine Regierungstruppen die Guerillas um Fidel Castro angeblich entdeckt und isoliert haben.

Wer weiß, was geschehen wäre, hätten die Wahlen 1952 stattgefunden. Der junge Anwalt Castro wäre sicher Abgeordneter geworden, hätte sich für soziale Reformen, die Bekämpfung der Korruption und für wirtschaftliche Unabhängigkeit von den USA eingesetzt und wäre vielleicht einmal der gewählte Präsident seines Landes geworden. Doch die Wahlen fanden nicht mehr statt: Batista hatte durch die Wahlprognosen relativ zuverlässig erfahren, dass er nur abgeschlagen auf dem dritten Platz landen würde, und putschte sich daraufhin an die Macht.

Zwar verlief die illegale Machtübernahme unblutig, stieß aber auf breite Ablehnung. Da Batista sowieso nicht mehr auf eine Zustimmung hoffen konnte, bediente er ungeniert die Interessen der USA, brachte sich bei den illegalen Glücksspielen der Mafia als *man in the middle* in Stellung und sicherte seine »Geschäftsinteressen« mit der ganzen Macht des Repressionsapparates ab, der seine Gegner massenhaft verhaftete, folterte und verschwinden ließ.

Batista erhöhte massiv die Gehälter der Armee und Polizei

und bedachte auch sich selbst nicht zu knapp: Sein Jahresgehalt stieg von 26 400 auf 144 000 Dollar – der US-Präsident bezog zur gleichen Zeit nur 100 000 Dollar. Das Parlament wurde suspendiert, die legislative Gewalt einem Ministerrat übertragen, das Streikrecht außer Kraft gesetzt und die Todesstrafe wieder eingeführt. Dennoch gefiel dem US-Botschafter das neue Regime: »Ich glaube nicht, dass wir jemals einen besseren Freund hatten«, lautete die Einschätzung von Arthur Gardner, der die USA von 1953 bis 1957 in Havanna vertrat.

Die wirtschaftliche Entwicklung ging auch in diesen dunklen Jahren voran: So wurden die Autobahn Havanna – Varadero gebaut, die Bucht von Havanna untertunnelt, neue Eisenbahnlinien in Betrieb genommen und der Flughafen Rancho Boyeros erweitert. Fortgeführt wurden auch die Diversifizierungsbemühungen in der Wirtschaft, um Kuba von der Abhängigkeit vom Zucker zu befreien. Man baute die Leichtindustrie weiter aus, und die Tourismusbranche boomte. Und bald war die kubanische Wirtschaft zu 65 Prozent in der Hand kubanischer Investoren.

Castro verklagte Batista 1953 wegen des Bruchs der Verfassung, doch das Oberste Gericht nahm seine Klage nicht an. Daraufhin erklärte der Kläger, er habe nunmehr alle legalen Mittel ausgeschöpft und werde zum aktiven Widerstand übergehen. Am 26. Juli 1953 griffen Fidel und seine Mitstreiter die Moncada-Kaserne in Santiago de Cuba an. Die Aktion scheiterte, wurde aber zum Gründungsmythos der Revolutionäre, die sich fortan »Bewegung des 26. Juli« nannten.

Castro wurde verhaftet. In seiner Gerichtsverhandlung rief er den legendären Satz aus: »Die Geschichte wird mich freisprechen!« Er wurde zu 15 Jahren Zuchthaus verurteilt. Sein Schwager, der neue Innenminister, sorgte dafür, dass er die Zelle mit seinem Bruder Raúl teilen durfte. (Als Raúl 1985 nach der Aufzeichnung einer fünfstündigen Rede Fidels von einem US-Fernsehteam gefragt wurde, ob er die Rede verfolgt habe, antwortete der lachend: »Ich denke, ich habe Fidel für den Rest meines Leben genug gehört.« Und er erinnerte daran, dass er die Haft nach dem Überfall auf die Moncada-Kaserne allein mit ihm verbracht hatte. »Er ließ mich wochenlang nicht schlafen. Und obwohl wir doch ganz allein waren, redete er Tag und Nacht, Tag und Nacht.« Nach zwei Jahren kamen beide aufgrund einer Generalamnestie wieder auf freien Fuß.

## Ein Argentinier radikalisiert Fidel

Fidel ging mit seinen Mitstreitern nach Mexiko, um sich militärisch ausbilden zu lassen. Hier trafen er, sein Bruder Raúl und Camilo Cienfuegos auf den Argentinier Ernesto »Che« Guevara de la Serna. Der ausgebildete Arzt war nach einer Reise durch Südamerika 1953 für einige Monate in Guatemala gelandet. Dort hatte eine demokratisch gewählte Regierung begonnen, eine Agrarreform auf den Weg zu bringen, und war damit dem US-Konzern United Fruit in die Quere gekommen. Der denunzierte die guatemaltekische Regierung in Washington als »kommunistische Bedrohung« und erreichte durch gute Beziehungen zur Regierung, dass die Central Intelligence Agency (CIA) den Regimewechsel organisierte.

Guevara traf in Guatemala zahlreiche linke Lateinamerikaner, lernte seine erste Frau, die Peruanerin Hilda Gadea, kennen und freundete sich mit dem Kubaner Antonio Ñico López an, der beim Überfall auf die Moncada-Kaserne dabei gewesen war. Auf ihn geht auch der Spitzname »Che« zurück, weil der Argentinier dieses Wort laufend gebrauchte. (Es wird einleitend eingesetzt, um die Aufmerksamkeit des Zuhörers zu erlangen – im Deutschen vielleicht mit einem »Hey« vergleichbar).

In Guatemala formte sich Guevaras Weltbild stärker als je zuvor. An seine Tante Beatrix schrieb er: »Ich habe mir die Herrschaft der United Fruit angesehen und mich einmal mehr davon überzeugt, wie schrecklich diese Kraken sind. Ich habe mir vor dem Bildnis des alten und betrauerten Genossen Stalin geschworen, nicht zu ruhen, bis diese kapitalistischen Kraken vernichtet worden sind.« (Stalin war am 5. März 1953 gestorben.)

Ernesto Guevara war dabei, als von der CIA finanzierte Truppen die Regierung Guatemalas stürzten. Er schloss sich einer Brigade junger Kommunisten an, die vergeblich von der legitimen Regierung Waffen zur Verteidigung ersuchte. Schließlich verbündeten sich die regulären Streitkräfte mit den Putschisten und zwangen den Präsidenten zur Abdankung. Guevaras Freundin Hilda wurde verhaftet, er selbst fand Zuflucht in der argentinischen Botschaft in Guatemala-Stadt. Von dort gelang ihm die Flucht nach Mexiko.

Sein Freund aus Guatemala, Antonio Ñico López, brachte ihn mit weiteren ehemaligen Moncada-Kämpfern zusammen, zu denen nach ihrer Freilassung auch Fidel und Raúl Castro stießen. Fidel und »Che« fanden sofort einen Draht zueinander. Schnell war klar, dass Guevara in den Kreis derjenigen aufgenommen wurde, die nach Kuba wollten, um den Diktator Batista zu stürzen.

Zwei Jahre dauerte der Kampf der Rebellen der Bewegung des 26. Juli. Er begann in den Bergen der Sierra Maestra und endete am Neujahrstag 1959 mit dem triumphalen Einzug in Havanna. Tausende Landarbeiter schlossen sich ihnen an. In den Städten waren vor allem Studenten im Kampf gegen Batista aktiv. Die Kommunistische Partei Kubas stand abseits und nahm nicht an den bewaffneten Auseinandersetzungen teil. Zwar war die Armee des Diktators gut ausgebildet und bewaffnet, doch die allgegenwärtige Korruption hatte auch hier ihren Nährboden gefunden: Ein nicht geringer Teil der Waffen der Rebellen stammte aus den Arsenalen der Batista-Armee. 1958 verhängten die USA ein Waffenembargo. Während die Castro-Brüder den Ostteil eroberten, marschierten Ernesto »Che« Guevara und Camilo Cienfuegos nach Westen auf die Hauptstadt zu.

Der Einfluss »Ches« auf Fidel Castro war enorm. Bis dahin war das Programm des jungen kubanischen Anwalts relativ klar umrissen: Wiedereinsetzung der progressiven Verfassung von

1940, eine Neuverteilung des Bodens, die kleinen Bauern zugutekommen sollte, eine Reform der Zuckerwirtschaft, eine Bildungsreform, die Verstaatlichung öffentlicher Dienstleistungen und des Telefonnetzes sowie eine Mietreform. Das entsprach den kubanischen Gegebenheiten und hatte als »historische Mission« lediglich den Sturz des Diktators zur Voraussetzung. Besonders radikal war das nicht.

Es entsprach aber der kubanischen Wirklichkeit, die sich auch in einer Lageeinschätzung des CIA-Residenten in Havanna kurz vor dem Sieg der Rebellen widerspiegelte: »Es ist Castro nicht gelungen, die Mehrheit des kubanischen Volkes davon zu überzeugen, dass es sich lohnt, eher für ihn und sein Programm denn für Batista zu kämpfen. Kuba erfreut sich noch immer eines relativen ökonomischen Wohlstands, und ein Großteil der Bevölkerung scheint, wohl in der Sorge, die Revolution könne ihrem Wohlstand abträglich sein, auf einen friedlichen Übergang von einer autoritären zu einer verfassungsmäßigen Regierung zu hoffen.«

Ernesto Guevara sah in Fidel einen brillanten Führer der bürgerlichen Linken. Er schloss sich dem Kampf der Kubaner an und erwartete, dass er nach dem Sturz Batistas ins nächste Land ziehen würde, um dort die Revolution zu fördern. Seine kommunistischen Überzeugungen behielt er zu diesem frühen Zeitpunkt für sich. Guevaras Tagebücher offenbarten, dass er sich vollkommen im Klaren darüber war, dass seine Mitkämpfer diese radikalen Anschauungen nicht teilten.

Castro sammelte derweil in den Vereinigten Staaten Geld von Unterstützern, worüber die Presse daheim in Kuba auch berichtete. Batista wurde unruhig und erklärte den USA, wo gerade die Verfolgung aller Kommunistenanhänger durch Senator McCarthy im Gange war, dass sich Fidel Castro in ihrem Land nur deshalb so frei bewegen könne, weil ihn die Kommunistische Partei mit einem Pass ausgestattet habe. Castro erwiderte öffentlich, Batista habe es gerade nötig, sei er doch der Präsidentschaftskandidat der Kommunisten gewesen – die Plakate hätten über seinem Porträt Hammer und Sichel gezeigt, und ein halbes Dutzend seiner engsten Minister und Vertrauten seien Mitglieder der Kommunistischen Partei gewesen.

Ende 1956 überquerten 82 Revolutionäre mit der »Granma« den Golf von Mexiko nach Kuba, wo sie den bewaffneten Kampf gegen das Batista-Regime aufnahmen. Fidel Castro war der unbestrittene *Comandante en Jefe* der Befreiungsbewegung. Der Biograf »Che« Guevaras und spätere mexikanische Außenminister Jorge Castañeda schilderte das Verhältnis zwischen Fidel und »Che« im Guerrillakampf so: »›Che‹ drückte alles, was er dachte, in seinen sporadischen Reden klar und unumwunden aus. Fidel lebte in einem ständigen, verschwenderischen Chaos; ›Che‹ war höchst organisiert, diszipliniert, pünktlich und enthaltsam. ›Che‹ glaubte an genau definierte politische Ziele; Fidel überdachte ständig seinen Kurs und war fähig, ihn anzupassen, in Nuancen zu verändern oder auch im Handumdrehen umzukehren.«

Es war vor allem Raúl Castro, der wenig charismatische jüngere Bruder Fidels, der die Unterstützung der Landbevölkerung organisierte. Noch während der Kämpfe in den Bergen schuf er die Grundlagen einer neuen Verwaltung; den Bauern wurden Lebensmittel nicht weggenommen, sondern zu guten Preisen abgekauft, und noch während heftige Kämpfe mit der Batista-Armee tobten, ließ Raúl in den von der Guerilla besetzten Gebieten Schulen, Gesundheitsposten und Apotheken errichten und sogar Straßen anlegen. Das sorgte für eine nachhaltige Verbundenheit, die auch nach dem Sieg der Revolution dauerhaft blieb.

Der Argentinier Ernesto »Che« Guevara de la Serna hatte sich als tapferer Kämpfer und als guter Kommandeur erwiesen, und auch das Glück war ihm hold, als er bei Santa Clara mit einem Panzerzug der Batista-Truppen die größte Beute des ganzen Krieges machte. Das spiegelt sein Aufstieg innerhalb der Bewegung des 26. Juli wider: Er wurde zum *Comandante* ernannt, erhielt das Kommando über eine große Einheit und war de facto die Nummer zwei hinter Fidel Castro.

Das bekannteste Ehepaar im revolutionären Kuba:
Vilma Espín und Raúl Castro auf ihrer Hochzeit im
Januar 1959

Doch als am Neujahrstag 1959 die Rebellen in Havanna ein-
marschierten, war es der dritte *Comandante*, Camilo Cienfuegos,
der hier umjubelt von der Menge die Macht übernahm. Fidel hatte mit sicherem Instinkt erkannt, dass es nicht gut wäre, wenn
ein Fremder, der die kubanische Hauptstadt zum ersten Mal in
seinem Leben betrat, diesen symbolischen Moment verkörperte.

Zur gleichen Zeit verbreitete Batista eine persönliche Erklärung:

*»Eingedenk der Verluste an Menschen und der Schäden, die die
Wirtschaft der Republik zu erleiden hat, bitte ich Gott um die Er-
leuchtung der Kubaner, auf dass sie in Frieden leben, und lege da-*

*her mein Amt als Präsident der Republik nieder und übergebe es an die Verfassungsorgane. Ich wünsche dem Volk, dass es die staatliche Ordnung wahrt und verhindert, dass es Opfer eines Ehrgeizes wird, der Unglück über die kubanischen Familien bringen könnte.*

*Fulgencio Batista Zaldívar*
*Präsident der Republik*
*Havanna, 1. Januar 1959«*

Batista hatte vorgesorgt: Mit 100 Millionen Dollar, verteilt auf zehn Überseekoffer, setzte er sich zu Silvester in die benachbarte Dominikanische Republik ab. Er hatte seine zweite Amtszeit genutzt, um sich in einem unglaublichen Maße zu bereichern. Ihm gehörten allein oder als Mehrheitsaktionär Zuckerzentralen, Anteile an Banken, Immobilien, Baubetriebe, Medien wie Zeitungen, Zeitschriften, Radiosender und Fernsehstationen, Hotels und Ferienanlagen, die offizielle Luftfahrtgesellschaft Cubana de Aviación, ferner die Einnahmen aus den Straßennutzungsgebühren und den Parkautomaten in Havanna. In seiner Finca »Kuquine« fanden sich kistenweise Gold, Juwelen und Diamanten. Batista war zum Obergangster von Havanna aufgestiegen.

\* \* \*

Kuba war trotz der sechsjährigen Diktatur von General Batista noch immer ein Land, dass sich deutlich von seinen lateinamerikanischen Nachbarn unterschied: Es war zu Wohlstand gekommen, hatte mit der Verfassung von 1940 ein tragfähiges Fundament für die Zukunft und verfügte noch immer über ein intaktes soziales Gerüst. Die Rechte der Arbeiter waren umfangreich: 8-Stunden-Tag, Mindestlohn, 44-Stunden-Woche, einen Monat bezahlter Urlaub, vier weitere bezahlte Urlaubstage an den gesetzlichen Feiertagen, neun bezahlte Krankentage, sechswöchiger Mutterschaftsurlaub, gesetzlicher Kündigungsschutz.

Gab es bis Mitte der 40er Jahre gar keinen Grund für einen bewaffneten Aufstand, so konnte das Ziel nach dem Putsch von 1952 eigentlich nur heißen: Sturz des Diktators, Wiederherstellung jener demokratischen Verhältnisse, wie sie Fidel Castro selbst in seiner Rede »Die Geschichte wird mich freisprechen« im Jahr so 1953 beschrieben hatte:

»Es war einmal eine Republik. Die hatte ihre Verfassung, ihre Gesetze, ihre Freiheiten, Präsident, Kongress, Gerichte; alle konnten sich versammeln, organisieren und in völliger Freiheit reden und schreiben. Die Regierung erfüllte die Bedürfnisse des Volkes nicht, aber das Volk konnte die Regierung wechseln. Es gab eine respektierte und geachtete öffentliche Meinung, und alle Probleme von kollektivem Interesse wurden frei diskutiert. Es gab politische Parteien, programmatische Radiosendungen, kritische Fernsehberichte, öffentliche Demonstrationen und das Volk sprühte vor Enthusiasmus.«

Es sollte anders kommen.

# Der Sieg

**Fidel überwindet seinen Groll gegen die Kommunisten – Im Geheimen werden die Weichen in Richtung Sozialismus gestellt – Nixon will »den Linken noch auf den rechten Weg bringen« – Fidel sucht sich eine neue Schutzmacht – Die Sowjetunion sichert das Überleben.**

* * *

Zunächst übernahm nach dem Sieg der Revolution mit Manuel Urrutia ein angesehener Richter das oberste Staatsamt. Er hatte 1957 Angehörige der Bewegung M-26 mit der Begründung freigesprochen, sie hätten nur von ihren verfassungsmäßigen Rechten Gebrauch gemacht. Präsident Urrutia verfügte im Zusammenspiel mit Ministerpräsident Fidel Castro die Schließung der Spielkasinos, verstaatlichte die Hotels im ganzen Land und nahm so der Mafia die Geschäftsgrundlage. Für die kommenden freien Wahlen ließ er die Kommunistische Partei nicht zu, weil sie sich am Kampf gegen Batista nicht beteiligt hatte. Damit begannen seine Probleme.

Nach dem Sieg der Revolution hatte »Che« Guevara erklärt, er kenne nur drei Kommunisten, die sich am Kampf aktiv beteiligt hätten: er selbst, Vilma Espín und ihr Ehemann Raúl Castro. Der fünf Jahre jüngere Bruder Fidels war schon seit seiner Jugend Mitglied im Kommunistischen Jugendverband, Delegierter bei den Weltfestspielen 1953 in Wien gewesen und besuchte anschließend eine Reihe sozialistischer Staaten. Als er sich dem bewaffneten Kampf in Kuba anschloss, wurde er aus dem Kommunistischen Jugendverband ausgeschlossen. In Mexiko, wo er seine militärische Ausbildung absolvierte, nahm er Kontakt zu Nikolai Leonow auf, einem sowjetischen Diplomaten, den er auf seiner Rückreise aus Europa kennengelernt hatte. Er sollte später ein wichtiger Kontakt zur sowjetischen Führung werden.

Präsident Manuel Urrutia (Mitte) mit den Comandantes »Che« Guevara (links) und Camilo Cienfuegos (ganz rechts), Januar 1959

Das Trio Fidel, Raúl und »Che« hatte klare Vorstellungen über die nächsten Schritte: Sicherung der Macht durch neue, revolutionäre Strukturen, Besänftigung des übermächtigen Nachbarn im Norden bis zum Übergang zum eigentlichen Ziel, der Errichtung des Sozialismus auf Kuba mit Unterstützung der Sowjetunion, das zu diesem Zeitpunkt vor allem Raúl und »Che« verfolgten.

Fidel beschuldigte Urrutia, ihn in seiner Regierungsarbeit als Ministerpräsident zu behindern, legte zwischenzeitlich demonstrativ sein Amt nieder, um nach der Rückkehr den Präsidenten noch schärfer zu attackieren. Denn in den Jahren des Kampfes hatte sich der *Comandante en Jefe* gewandelt, vor allem durch den Einfluss von »Che« Guevara, dem er attestierte, dass dessen »revolutionäre Entwicklung, ideologisch gesehen, fortgeschrittener war als meine. Er hatte einen besseren theoretischen Hintergrund, er war als Revolutionär weiter als ich.« Castro wollte sich nicht zu früh offenbaren, um die USA nicht zum Eingreifen zu ermuntern. Unter dem Druck Fidel Castros trat Urrutia nach nur sieben Monaten Amtszeit zurück. Sein Nachfolger wurde der Kommunist Osvaldo Dorticós, der bis 1976 amtierte.

Die Revolutionäre der Bewegung des 26. Juli waren nach Jahren des Kampfes erfahrene Guerrilleros, doch für den Aufbau einer neuen Gesellschaft fehlte ihnen die Expertise. Die hatte die Kommunistische Partei samt ihrer Disziplin und Organisation. Sie war fest in den Gewerkschaften verankert, auch an den Universitäten und hatte vor allem das, was der neuen Führung fehlte: den direkten Kontakt zum Kreml. Dafür war Fidel Castro bereit, seinen persönlichen Groll zu begraben.

Fidel, Raúl und »Che« begannen in absoluter Geheimhaltung die Verhandlungen mit den »alten« Kommunisten. Es ging zunächst gar nicht um eine Regierungsbeteiligung oder um Ministerposten. Man diskutierte den Weg zur Vereinigung in einer neu zu schaffenden Partei, wobei Fidel Castro unmissverständlich klarmachte, dass er die Führung für sich beanspruchte. Ort der Gespräche war zumeist ein sicheres Haus in Cojímar, östlich von Havanna. In der Nähe befand sich die *Casa Vigía* von Ernest Hemingway, wo er auch seinen Roman »Der alte Mann und das Meer« geschrieben hatte.

Auf Seiten der Rebellen nahmen neben Fidel und »Che« Guevara auch der Chef des Stabes der Rebellenarmee, Camilo Cienfuegos, sowie Raúl teil, der dazu fast 900 Kilometer aus Santiago anreiste. Der fünfte Teilnehmer war Ramiro Valdés, ein Veteran der Aufstandsbewegung und Chef der neuen Geheimpolizei. Bis auf Fidel hatten alle anderen klare Sympathien für die Kommunistische Partei und die Sowjetunion.

Auf Seiten der Kommunisten führte Blás Roca die Verhandlungen, der später bekannte, er habe kaum jemand über die Geheimgespräche eingeweiht und schon gar nicht erzählt, dass sich die Partei in absehbarer Zeit Fidel Castro unterordnen würde. Ende 1959 waren die Verhandlungen so weit gediehen, dass konkrete Vorbereitungen für eine neue Partei in Gang gesetzt wurden. Zunächst vereinigte sich die Bewegung des 26. Juli mit der Sozialistischen Volkspartei (den Kommunisten) und dem Revolutionären Studentenrat zur Vereinigten Revolutionären Organisation (ORI). Darin blieben alle drei Organisationen formell weiterhin selbständig, erkannten aber die Führung durch Fidel Castro an. 1965 wurde daraus die Partido Comunista de Cuba (PCC), die Kommunistische Partei Kubas.

Die wichtigste Aufgabe bestand zunächst darin, neue Kader auf die Übernahme der Macht in allen Gesellschaftsbereichen vorzubereiten. Bis Ende 1960 war zwar noch immer kein einziger Kommunist im Ministeramt, dafür aber waren Tausende geschult und auf kommende Aufgaben vorbereitet worden. Fidel Castro hatte inzwischen ein »Küchenkabinett« installiert, das unter dem harmlosen Namen »Büro für Revolutionäre Planung und Koordination« firmierte und in einem Strandhaus im abgelegenen Ort Tarará, östlich von Havanna, tagte. Dorthin hatte sich Ernesto »Che« Guevara zurückziehen müssen, weil er wieder einmal von schweren Asthmaanfällen geplagt wurde.

Die vordringliche Aufgabe dieses Geheimgremiums war die Ausarbeitung der nächsten Phase der Revolution. In der offiziellen Regierung erfuhr davon niemand etwas. Diese Abschirmung sollte in erster Linie die USA von einem verfrühten Eingreifen in Kuba abhalten. Dass dieser Schritt folgen würde, war der Führung um Castro klar. Aber man wollte auch Zeit gewinnen, um die notwendigen offenen Konflikte innerhalb der eigenen Bewegung so lange wie möglich hinauszögern.

## Die Auseinandersetzung mit den USA

In Washington war der Schock über die neue Situation abgrundtief: Kuba war das Kronjuwel, strategisch in einer optimalen geografischen Lage und in den vergangenen 60 Jahren vorrangig mit US-Investitionen in eine Insel des städtischen Wohlstands verwandelt worden. Hatte man schon ein Jahrhundert zuvor Sorge gehabt, dass andere europäische Kolonialmächte sich der Insel bemächtigen könnten, zeichnete sich nun der schlimmste Albtraum ab: dass hier der Kommunismus Fuß fassen würde. Wenigstens war der Einfluss der Sowjetunion (noch) nicht erkennbar, denn die hatte dem Kampf gegen Batista ferngestanden. Es gab auch keine diplomatischen Beziehungen mit Kuba mehr.

Castro war im Kampf gegen Batista zum überzeugten Gegner der USA geworden. In einem Brief an seine Lebensgefährtin Celia Sánchez hatte er am 5. Juni 1958 nach einem Angriff der Batista-Luftwaffe mit amerikanischen Bomben geschrieben: »Ich habe mir geschworen, dass die Amerikaner bitter bezahlen werden für das, was sie angerichtet haben. Wenn dieser Krieg beendet ist, beginnt ein viel größerer Krieg für mich, ein Krieg, den ich gegen sie beginnen werde. Ich fühle, dass dies meine wahre Bestimmung sein wird.«

Das offizielle Washington war zunächst nur skeptisch. Vizepräsident Richard Nixon wollte nach einem Gespräch mit Fidel Castro noch »den Linken auf den rechten Weg bringen«. Doch der Nationale Sicherheitsrat von Präsident Eisenhower hatte sich schon zwei Monate nach dem Einzug der Rebellen in Havanna festgelegt und empfohlen, »eine andere Regierung an die Macht« zu bringen.

Zur damaligen Zeit war es mehr als wahrscheinlich, dass derartige Pläne auch umgesetzt würden. Die Hexenjagd auf Kommunisten von US-Senator McCarthy lag erst wenige Jahre zurück, und jede noch so kleine linke Andeutung wurde konsequent verfolgt. Vier Beispiele aus dieser Zeit:

1947 – Die USA griffen in Griechenland ein, um gemeinsam mit Großbritannien eine kommunistische Regierung zu verhindern.

1950 – Niederschlagung der Unabhängigkeitsbewegung in Puerto Rico.

1953 – Die demokratisch legitimierte Regierung im Iran wollte einen Ölkonzern verstaatlichen, die USA unterstützten einen Putsch, holten den Schah zurück an die Macht, und die englische Ölfirma wurde von einem US-Konsortium übernommen.

1954 – Die demokratische Regierung in Guatemala wollte die United Fruit Co. im Rahmen einer Agrarreform verstaatlichen – die USA organisierten den Sturz der gewählten Regierung.

Die taktischen Manöver Fidel Castros verfingen zunächst und verwirrten auch die Geheimdienste. Die CIA kam im März 1959 zu der Einschätzung, dass es sich bei Castro nicht um einen moskautreuen Kommunisten handle, ein Befund, den auch der neue US-Botschafter teilte. Erst im März 1960 begann die CIA mit der aktiven Unterstützung von Konterrevolutionären, die im Escambray-Gebirge, südlich von Santa Clara, operierten.

Diese Kämpfe dort waren das Ergebnis der harten Abrechnung der Revolutionäre mit ihren früheren Gegnern. Es kam zu hundertfachen Erschießungen und langen Haftstrafen. Der Verantwortliche für diese überharte Abrechnung war Ernesto »Che« Guevara, damals Chef der Cabaña-Festung in Havanna. Dem Protest aus den USA begegneten die Kubaner mit dem nicht zu leugnenden Argument, dass die USA zuvor den Terror des Batista-Regimes auch mit keinem Wort kritisiert hatten. Es war aber eine der seltenen Gelegenheiten, bei denen Fidel Castro das Temperament durchging und er Journalisten in den Block diktierte, man werde alle Batista-Anhänger aburteilen. »Und wenn es den USA nicht passt, was in Kuba geschieht, können sie ja die Marines schicken, dann wird es 200 000 tote Gringos geben«, erklärte er wenige Wochen nach der Machtübernahme. Das machte weltweit Schlagzeilen. Die Castro-Gegner in den USA nutzten dies sofort und initiierten eine breit angelegte Kampagne gegen Kuba.

Fidel nutzte seinerseits eine Einladung der US-Zeitungsverleger und sprach im April 1959 auf deren Jahrestagung in Washington. Seine zweiwöchige Tour in die USA war ein Erfolg. Er erhielt Applaus, zeigte sich publikumswirksam mit seinem neunjährigen Sohn Fidelito (dessen Mutter ohne Komplikationen mit ihrem neuen Mann nach Spanien ausgewandert war) und charmierte mit seinem Publikum. Er traf Senatoren und Kongressabgeordnete (Präsident Eisenhower spielte ostentativ Golf außerhalb Washingtons, aber Castro war ja auch nicht auf einem Staatsbesuch) und begegnete ausgerechnet hier dem ersten offiziellen Vertreter der UdSSR, Botschafter Michail Menschikow.

Und es war wieder auf dem Boden der USA, wo sich wenige Monate später auch die Führer beider Staaten trafen: In New York kamen Fidel Castro und Nikita Chruschtschow am Rande der Generalversammlung der UNO zusammen. Als Castro als Erster aufstand und begeistert der Rede des sowjetischen Partei- und Staatschefs Beifall klatschte, wurde vor aller Welt deutlich, dass Kuba vom Lager der Amerikaner in das der Sowjets gewechselt war.

Nach dieser Demonstration der neuen Machtverhältnisse verschlechterten sich die Beziehungen zu den USA mit jedem Tag. Im Mai 1960 brach dann der Wirtschaftskrieg aus: Kuba wies amerikanische und britische Ölfirmen an, in ihren kubanischen Raffinerien künftig sowjetisches Öl statt des bislang von ihnen in Venezuela Geförderten zu verarbeiten. Zum einen sei es billiger, und zum anderen könne es mit dem überschüssigen Zucker bezahlt werden, den die USA nicht mehr abnehmen wollten. Sollten sie sich weigern, würden ausstehende Forderungen über 50 Millionen Dollar nicht bezahlt. Die unter Druck gesetzten Firmen weigerten sich trotzdem und wurden enteignet. Eisenhower ordnete an, künftig gar keinen Zucker mehr vom weltweit größten Produzenten zu importieren. Castro antwortete: »Wenn wir unsere Zuckerquote verlieren, dann könnten die USA all ihr Eigentum in Kuba einbüßen.« Und so kam es auch: Am 5. August 1960 nationalisierte die revolutionäre Regierung das gesamte US-Eigentum.

# Utopie um jeden Preis

**Interne Abrechnungen – Die CIA erleidet in der Schweinebucht ein Desaster – Die Sowjetunion stationiert Atomraketen auf Kuba – Die Welt am Abgrund – »Che« und Fidel hätten die Atomwaffen auch eingesetzt – 638 Mordanschläge auf Fidel: Guiness-Rekord – Kubas Rolle beim Kennedy-Attentat – Ernesto »Che« Guevara erweist sich als eine Fehlbesetzung.**

\* \* \*

Im gleichen rasanten Tempo, wie sich die Beziehungen zu den Vereinigten Staaten verschlechterten, wurden die Bande zur Sowjetunion immer enger. Nikita Chruschtschow erklärte, die Sowjetunion werde mit Freude die US-Zuckerquote von Kuba übernehmen, und wurde so zum Garanten des wirtschaftlichen Überlebens. Die revolutionäre Führung trat aus dem Schatten und übernahm die Schalthebel der Macht.

Nun wurden die Zügel in Kuba angezogen, die Medien unter Kontrolle genommen und die Gewerkschaften »auf Linie« gebracht, in denen sich Tendenzen bemerkbar gemacht hatten, sich zur eigenständigen Kraft neben der Regierung zu etablieren. Auch die Revolutionäre Studentenbewegung, deren Kampf in den großen Städten maßgeblich zum Erfolg gegen Batista beigetragen hatte, musste sich der Macht des neuen Machtapparats beugen.

Es traf auch Führer der Rebellen, wie den Militärgouverneur der größten Provinz Camagüey *Comandante* Huber Matos. Er entstammte der Kubanischen Volkspartei (für die sich Fidel Castro 1952 als Kandidat für das Abgeordnetenhaus hatte aufstellen lassen) und war Vertreter des nichtkommunistischen Flügels des M-26. Die heimliche Wandlung der Bewegung betrachtete er kritisch. Als Raúl Castro im Oktober 1959 offiziell das Amt des Verteidigungsministers übernahm, reichte er seinen Rücktritt ein und bot an, sich aus dem politischen Leben zurückzuziehen.

Statt den Weggefährten ziehen zu lassen, wurde Huber Matos im Dezember 1959 vor ein Tribunal gestellt und wegen »konterrevolutionären Hochverrats« zu 20 Jahren Haft verurteilt – die er bis zum letzten Tag verbüßen musste.

Doch auch »alte« Kommunisten verweigerten sich der Unterordnung. Es kam zu paradoxen Konstellationen: Aníbal Escalante, einer ihrer Führer, kritisierte nachdrücklich die Enteignung von Privatbesitz auf Kuba, weil dies die Furcht der nationalen Bourgeoisie vor der Revolution nur größer werden lasse. Andere KP-Führer traten öffentlich gegen die *Fidelistas* auf und erweckten den Anschein, sie sprächen im Namen Moskaus. Dort wurde das Unbehagen über die eigenwilligen Genossen schließlich so groß, dass Chruschtschow einen Brief an Castro schrieb, in dem er klarstellte, dass man nur direkt und ohne Vermittler vor Ort miteinander verhandle.

Beide trafen im September 1960 erneut in New York bei der UN-Vollversammlung zusammen. Die CIA versuchte bei dieser Gelegenheit, Castro zu vergiften, konnte aber nicht verhindern, dass sich dieser mit dem Führer der afroamerikanischen Bewegung Malcolm X traf, ehe er mit Chruschtschow in der sowjetischen Vertretung stundenlang darüber konferierte, wie die UdSSR sein Land künftig militärisch unterstützen könnte. Castro flog mit einer Aeroflot-Maschine zurück und begründete dies damit, dass die Cubana-Maschinen von der Beschlagnahme durch die US-Behörden bedroht gewesen seien.

Die US-Regierung schäumte angesichts der fortschreitenden Sowjetisierung Kubas und zog ihren Botschafter aus Havanna ab. Am 19. Oktober 1960 verhängte sie einen sofortigen Stopp aller Exporte mit Ausnahme von nichtsubventionierten Lebensmitteln, Medikamenten und Medizinbedarf. Es war der Beginn des Embargos, das seither in Kraft ist und Kubas Wirtschaft nachhaltig negativ beeinflusste.

## Das Desaster in der Schweinebucht

Nun wurde auch der schon im März 1959 vom Nationalen Sicherheitsrat angeregte gewaltsame Regimewechsel mit Hochdruck vorangetrieben. Über 1300 freiwillige Exilkubaner, die von der CIA rekrutiert worden waren, griffen am 17. April 1961 in Playa Girón (Schweinebucht) an. Fidel Castro wartete schon in seiner Kommandozentrale Punto Uno nahe des Zoologischen Gartens in Havanna, denn der Angriff kam nicht überraschend und wurde ihm auch sofort von Milizionären, die in Playa Girón in Bereitschaft standen, gemeldet. Castro leitete die militärische Operation und konnte nach zwei Tagen den Sieg der Revolution vermelden.

Das CIA-Unterfangen war ein einziges Desaster. Die Kubaner hatten frühzeitig Informationen über eingeschleuste Agenten erhalten und waren vorbereitet. 1200 Angreifer wurden gefangen genommen, mehr als 100 getötet. Zunächst stritt die US-Regierung jede Beteiligung ab, vier Tage später übernahm der gerade erst vier Monate im Amt befindliche Präsident John F. Kennedy die Verantwortung.

Fidel Castro selbst nahm die Gefangenen vor Ort in Empfang, befragte sie und nahm ihnen die Angst, dass sie noch an Ort und Stelle erschossen würden. Nach ihrer Freilassung berichteten sie später über die noble Behandlung, die ihnen zuteil wurde. Man internierte sie im Marinehospital in Havanna, in der Nähe der Festung *La Cabaña*. Castro traf sie dort und bot an, zehn von ihnen auf Ehrenwort in die USA zu schicken, um sie dort verhandeln zu lassen. Für ihre Freilassung verlangte die kubanische Regierung zunächst 500 Traktoren (und die Witwe von US-Präsident Roosevelt übernahm sogar den Vorsitz über das »Traktor-Komitee«), doch das war der US-Regierung dann doch zu viel der Public Relations, und so erfolgte Ende 1962 der Heimweg gegen die Lieferung von Medikamenten im Wert von 50 Millionen US-Dollar.

So schlicht der Angriff auf den ersten Blick erschien, so folgenreich wäre sein Gelingen gewesen: Die Pläne der USA sahen nämlich vor, dass die Exilkubaner nur einen Streifen um die Schweinebucht besetzen sollten, um dort eine provisorische Landepiste anzulegen und dann die provisorische Exilregierung einfliegen zu lassen. Die sollte ihrerseits einen »Hilferuf« an die US-Regierung senden, die, dadurch legitimiert, bereitstehende Marineinfanteristen in Marsch setzen würde. (Dieses Mittel wurde auch von der Sowjetunion bei der Niederschlagung des Prager Frühlings 1968 und beim Einmarsch ihrer Truppen in Afghanistan 1979 eingesetzt.)

Das Fiasko in der Schweinebucht bescherte Fidel Castro einen weiteren Triumph: Es war das erste Mal, dass eine US-Invasion in Lateinamerika gescheitert war. Der sowjetische Staatschef Nikita Chruschtschow nutzte die Gelegenheit, um in einem Brief vom 18. April 1961 die USA zu warnen, einen ähnlichen Versuch noch einmal zu unternehmen: »Wir werden das kubanische Volk und seine Regierung mit aller dafür notwendigen Unterstützung ausstatten, die zur Abwehr militärischer Attacken auf Kuba notwendig ist.«

## Die Raketenkrise von 1962

Die Raketenkrise vom Oktober 1962 war daher die logische Konsequenz des Scheiterns der Invasion. Ab Mitte des Jahres waren bereits Kampfeinheiten und Raketenspezialisten in Kuba eingetroffen, die die Stationierung von Mittelstreckenraketen vorbereiteten. Parallel dazu erhielt die kubanische Luftwaffe moderne sowjetische MiG-Kampfflugzeuge. Am 8. Oktober – die Raketen waren bereits auf Kuba – drohte der kubanische Präsident Dorticós: »Eine Aggression gegen Kuba kann sich zu unserem großen Bedauern und entgegen unserer Absichten in einen neuen Weltkrieg auswachsen.« Dass dies nicht nur propagandistisches

Ausstellung von sowjetischen Raketen im Parque Histórico Militar Morro-Cabaña (Havanna) zur Erinnerung an die Kubakrise, Januar 2013

Gerede war, unterstrich die Tatsache, dass unter dem Revolutionspalast in Havanna ein atombombensicherer Bunker gebaut worden war.

Die Sowjetunion handelte damals durchaus rational und reagierte mit der Stationierung der Raketen auf Kuba auf die Bedrohung, die seit der Aufstellung von US-Atomraketen in der Türkei im April 1962 für die Sowjetunion entstanden war. Im Rahmen der Geheimoperation »Anadyr« schaffte die sowjetische Marine und Handelsflotte damals in 183 Fahrten von 86 Schiffen über 42000 Soldaten und 230000 Tonnen Ausrüstung nach Kuba, darunter 64 Mittelstreckenraketen mit den dazugehörigen Atomsprengköpfen. Die komplette 43. Raketendivision mit fünf Regimentern bezog auf Kuba ihre Stellungen. Die Stationierung sowjetischer Atomraketen auf Kuba war die größte amphibische Operation der UdSSR und zugleich die größte sowjetische Geheimoperation während des Kalten Krieges. Ihre Kosten sind nie bekannt geworden.

Der Chef der sowjetischen Truppen auf Kuba, General Igor Statzenko, hatte die alleinige Kommandogewalt über die Atomwaffen. Die Krise dauerte nur 13 Tage, brachte aber die Welt zum ersten Mal seit der Erfindung der Atombombe an den Rand einer weltweiten nuklearen Katastrophe. Wie real die Gefahr war, lässt sich daran erkennen, dass Ernesto »Che« Guevara entschlossen gewesen wäre, sie auch einzusetzen und damit eine nukleare Vernichtung weiter Teile der Erde auszulösen. »Wenn sie angreifen, werden wir bis zum Schluss kämpfen. Wären die Raketen hier geblieben, hätten wir sie, in unserer Verteidigung gegen die Aggression, alle eingesetzt und sie direkt auf das Herz der USA gerichtet, sogar auf New York. Aber wir haben sie nicht, und daher werden wir mit dem kämpfen, was wir haben.« Und als wäre das noch nicht genug, setzte er Ende 1962 fort: »Wir haben das quälende Beispiel eines Volkes, das bereit war, sich den Nuklearwaffen zu opfern, damit seine Asche Grundlage neuer Gesellschaftsordnungen werden möge.«

Am Ende siegte die Vernunft, und die Sowjetunion zog ihre Raketen aus Kuba gegen die Zusicherung der USA ab, keine weitere militärische Invasion Kubas zu unternehmen. Darüber hinaus sicherte die US-Regierung in einem geheimen Zusatzprotokoll zu, ihre Raketen aus der Türkei abzuziehen. Fortan sollten beide Supermächte das unmittelbare Umfeld des jeweils anderen respektieren. Fidel Castro und »Che« Guevara waren über den Abzug der Raketen nicht nur enttäuscht, sie wandten sich öffentlich gegen ihre Schutzherren. Damals gab es einen populären Spruch in Kuba, der die Stimmung widerspiegelte: »Nikita, mariquita, lo que se da, no se quita.« (Nikita, du Tunte, was man schenkt, nimmt man nicht wieder weg).

Chruschtschow habe mit dem Abzug zwar den Krieg verhindert, »aber den Frieden hat er noch lange nicht gewonnen«, beklagte sich Castro im März 1963 in einem Interview mit der französischen Zeitung *Le Monde*. Und setzte noch hinzu: »Wäre er damals in Havanna gewesen, ich hätte ihm eins hinter die Löffel gegeben.« Fast 50 Jahre später revidierte Fidel Castro seine Haltung. Sein Eintreten für den Einsatz der Atomraketen in der Kubakrise sei eine Jugendsünde gewesen: »Nach allem, was ich gesehen und erfahren habe, war es das nicht wert«, erklärte er 2010 der US-Zeitschrift *The Atlantic*.

## Mordversuche an Fidel Castro

Die getroffenen Regelungen zur Beendigung der Raketenkrise hinderten die US-Geheimdienste nicht, ihre Versuche fortzusetzen, Fidel Castro zu ermorden bzw. seine Reputation nachhaltig zu beschädigen. Wie es im Bericht des Generalinspektors der CIA aus dem Jahr 1967 hieß, sei versucht worden, ein Mittel in sein Rundfunkstudio zu sprühen, das halluzinatorische Anfälle, ähnlich dem von LSD, auslösen sollte. Die daraus resultierende Verwirrung sollte die Bevölkerung zur Abkehr vom Regime bewegen.

Die Technical Services Division (TSD) des Geheimdienstes präparierte Zigarren mit Substanzen, die zeitweilige Verwirrung und Orientierungslosigkeit auslösten. Der Generalinspektor der CIA berichtete auch vom Versuch, Castro Thallium in die Schuhe zu streuen, um so einen Haarausfall zu produzieren, so dass er seinen charakteristischen Bart verloren hätte. Tauchanzüge wurden mit giftigen Substanzen versetzt.

Die USA trachteten bis weit in die 90er Jahre dem kubanischen Revolutionsführer nach dem Leben:

– In der Präsidentschaft von Dwight D. Eisenhower waren es 38 Attentatsversuche,
– in der Präsidentschaft von John F. Kennedy 42,
– in der Präsidentschaft von Lyndon B. Johnson 72,
– in der Präsidentschaft von Richard Nixon 184,
– in der Präsidentschaft von Jimmy Carter 64,
– in der Präsidentschaft von Ronald Reagan 197,

- in der Präsidentschaft von George Walker Bush 16,
- und in der Präsidentschaft von Bill Clinton waren es 21 Attentatsversuche.

Fidel Castro überlebte insgesamt 638 Mordanschläge und schaffte es im hohen Alter von 85 Jahren damit ins Guinness-Buch der Rekorde.

## Kuba und das Kennedy-Attentat

1987 floh mit Florentino »Tiny« Aspillaga einer der ranghöchsten kubanischen Geheimdienstler in die USA und berichtete der CIA von über vier Dutzend Doppelagenten auf der Insel. Die Flucht versetzte die zurückgebliebenen Geheimdienste in Havanna in höchste Aufregung. Der Chef der kubanischen Spionageabwehr schoss sich eine Kugel in den Kopf, doch Fidel Castro verwandelte den Verlust in einen Propagandaerfolg, indem er die Existenz der Doppelagenten nicht nur zugab, sondern sie im Fernsehen vorführen ließ.

Unter den Informationen, die Aspillaga der CIA überbrachte, war auch der Hinweis auf eine mögliche Beteiligung Kubas am Mord an US-Präsident Kennedy. Danach seien die Funker der hochgeheimen Lauschzentrale in Jaimanitas bei Havanna am Morgen des 22. November 1963 – drei Stunden vor dem Attentat – angewiesen worden, ihre Antennen neu auszurichten: auf Dallas in Texas, den Ort des Anschlags. Aspillaga: »Castro wusste es. Sie wussten, dass Kennedy ermordet werden würde.«

Es gab zuvor schon eine andere Spur: Der Kennedy-Mörder, Lee Harvey Oswald, hatte im September 1963 mehrmals die kubanische Botschaft in Mexiko aufgesucht. Zunächst wollte er ein Visum beantragen, dann flirtete er mit der Rezeptionistin, und als ihm das Visum verweigert wurde, stürmte er aus dem Gebäude und rief, er werde Kennedy töten. Der Bezug zwischen seinem Besuch und dem Ausruf waren Fidel Castros Warnungen an Kennedy, die zahllosen Attentate auf ihn zu beenden.

Zu dieser Zeit organisierten die US-Geheimdienste tatsächlich wieder einmal ein neues Attentat auf Castro. Ausführen sollte es dieses Mal der Studentenführer aus Rebellenzeiten und *Comandante* Rolando Cubela. Der traf sich im September 1963 im brasilianischen Porto Alegre mit CIA-Vertretern, um die Einzelheiten zu besprechen. Der Kontaktmann zur CIA hätte ranghöher kaum sein können: Des FitzGerald war Operationschef des Geheimdienstes und handelte als persönlicher Gesandter von US-Justizminister Robert Kennedy. 1985 bestätigte der damalige kubanische Innenminister Ramiro Valdés den Vorgang: »Wir hatten Informationen über seine Reise, dass er Kontakte zur CIA aufnahm und den Auftrag erhielt, Fidel zu ermorden.«

Was die CIA nicht wusste: Auch *Comandante* Cubela (CIA-Codename »AM/LASH«) war Doppelagent des kubanischen Geheimdienstes und berichtete seit 1961 direkt an Fidel Castro. Der erfuhr also haarklein, was bei dem Treffen zwischen Cubela und der CIA in Brasilien besprochen worden war, und nutzte einen Empfang der brasilianischen Botschaft in Havanna, um am 8. September 1963 öffentlich zu warnen: »Wir sind vorbereitet zurückzuschlagen und werden angemessen antworten. Die führenden Politiker der USA sollten eines bedenken, wenn sie Mordanschläge gegen kubanische Politiker unterstützen: Sie gefährden sich damit selbst.« Und wie steht es um die kubanische Spur bei der Ermordung John F. Kennedys?

»Basierend auf der Untersuchung, kam die Kommission überein, dass es keinen glaubwürdigen Beweis dafür gibt, dass Lee Harvey Oswald Teil einer Verschwörung zur Ermordung Präsident Kennedys war«, hieß es im abschließenden Bericht der Warren-Kommission zur Untersuchung des Attentats aus dem Jahre 1964. »Die Kommission hat keinen Beweis dafür gefunden, dass die Sowjetunion oder Kuba in die Ermordung von Präsident Kennedy involviert waren.« Dabei könnte man es bewenden lassen.

Dann strahlte die ARD am 6. Januar 2006 den Dokumentar-
film »Rendezvous mit dem Tod« aus. Drei Jahre hatten der Autor
Wilfried Huismann und ein internationales Recherche-Team die
These untersucht, ob Kuba in das Kennedy-Attentat verwickelt
war. Die kubanische Regierung reagierte auf den Film nach dem
üblichen Muster: Der Autor sei von der CIA, habe eine Million
Dollar erhalten, und das Drehbuch sei in Miami fabriziert worden. Hinter den Kulissen aber wurden Kubas Diplomaten mobi-
lisiert, um Fernsehanstalten unter Druck zu setzen, damit die den
Film nicht ausstrahlen. Es wurde gedroht, dass andernfalls ihre
Journalisten nicht mehr in Kuba einreisen könnten.

Was machte sie so nervös?

Stunden vor dem Attentat wurden nicht nur die Antennen in
Kubas Lauschposten auf Dallas gedreht. Es landete am Morgen
des 22. November 1963 in Dallas auch ein Privatflugzeug aus
Mexiko-Stadt. An Bord befand sich ein einziger Passagier, der
den Tatort am Abend wieder verließ. Zurück in Mexiko, bestieg
er eine Maschine nach Havanna. Sein Name: Fabian Escalante,
der spätere kubanische Geheimdienstchef. Damals war er Offizier
in der Spionageabwehr und für die Unterwanderung der Exilkubaner zuständig.

Im Archiv des mexikanischen Geheimdienstes fand das Recherche-Team einen Brief des Präsidentenamtes an den Geheimdienstchef vom Dezember 1963 mit der Anordnung, alle Er-
mittlungen im Fall Lee Harvey Oswald sofort einzustellen. Dies
geschehe auf persönliche Bitte des neuen US-Präsidenten Lyndon B. Johnson. Kurz nach dem Attentat hatte schon FBI-Chef
Hoover erklärt, mit der Festnahme von Oswald sei der Fall geklärt.
Er sei ein Einzeltäter.

Huismann gelang es, einen außerordentlich prominenten
Zeugen zu gewinnen: den früheren NATO-Generalsekretär, US-
Außenminister, Stabschef des Weißen Hauses und Vier-Sterne-
General Alexander Haig. Der war zum Zeitpunkt des Attentats
Mitglied der geheimen Kuba-Koordinierungsgruppe des Weißen

Hauses. Der neue Präsident berief wenige Stunden nach seinem Amtseid dieses Gremium ein. »In dieser Sitzung sagte Johnson, wir dürften nicht zulassen, dass das amerikanische Volk glaubt, Fidel Castro habe unseren Präsidenten getötet. Denn dann würde es in Amerika einen rechten Volksaufstand geben, und die Demokratische Partei würde die Macht für einen Zeitraum von zwei Generationen verlieren. Johnson war überzeugt, dass Castro hinter dem Mord an Kennedy steckte, und er hat mir oft gesagt: ›Kennedy wollte Castro erledigen, aber Castro erwischte ihn zuerst‹.«

Johnsons Überlegungen lagen auch außenpolitische Erwägungen zugrunde: Hunderte Atomraketen waren auf beiden Seiten abschussbereit. Er hatte die berechtigte Sorge, dass dies zum Ausgangspunkt einer nuklearen Katastrophe werden könnte.

Das ARD-Team fand Zeugen für die tiefe Verstrickung des Attentäters in die Machenschaften sozialistischer Geheimdienste. In seiner Zeit in der UdSSR wurde Lee Harvey Oswald vom Geheimdienst der Sowjetunion KGB kontaktiert, das ihn aber für unzuverlässig hielt. Nach seiner Ausreise schickte KGB-General Wladimir Krjutschkow am 18. Juli 1962 eine Nachricht an den kubanischen Geheimdienstchef *Comandante* Ramiro Valdés, in der er Oswald als »ideologisch ungefestigt« und »psychisch labil« bezeichnete und bat, Oswald weiter zu beobachten.

Oscar Marino, zur Zeit des Attentats Mitglied der operativen Leitung des kubanischen Geheimdienstes G-2, bestätigte im Interview, das Lee Harvey Oswald im Herbst 1962 rekrutiert wurde. »Er wurde keiner Gehirnwäsche unterzogen. Das war nicht notwendig. Er wusste, was er tat, und handelte aus politischer Überzeugung. Er war Soldat der Revolution und bot uns seine Dienste an, um Kennedy zu töten.«

## Die Sorge um Fidels Sicherheit

Auch wenn die Anschläge auf den *Máximo Líder* (was wir im Deutschen besser mit »Höchster Anführer« statt »Größter Führer« übersetzen) allesamt scheiterten, blieben die Anstrengungen, seine Sicherheit zu garantieren, unvermindert hoch. 1979 schenkte ihm Saddam Hussein einen gepanzerten Mercedes 560. Weitere 500er wurden in der Bundesrepublik beschafft und vollständig auseinandergenommen, um sicherzustellen, dass keine Mikrofone oder Sprengstoff versteckt waren. In seinem Wagen hatte Fidel zu seinen Füßen eine Kalaschnikow mit abgeklappter Schulterstütze und fünf vollen Magazinen, eine Pistole mit drei Magazinen sowie weitere Waffen im Kofferraum.

Die Sorge um die Sicherheit des Revolutionsführers führte auch dazu, dass sich seine Lebensverhältnisse rasch dramatisch von denen des Durchschnittskubaners abhoben. So hatte die gescheiterte Invasion in der Schweinebucht für Fidel Castro noch einen weiteren Erfolg: Vor Ort begegnete er nach Abschluss der Kämpfe einem alten Fischer, den er bat, ihm die Gegend zu zeigen. Dabei fuhr ihn der Alte auch zu einer kleinen Insel 15 Kilometer vor der Küste, zum Meer geschützt durch eine felsige Steilküste und an der windgeschützten Seite mit feinem weißen Sandstrand versehen – Cayo Piedra. Castro verfiel dem Ort auf der Stelle und ließ dort sein Privatrefugium errichten. Gegenüber, an der Ostküste der Schweinebucht, wurde eine private Marina gebaut. Die Caleta del Rosario ist seit den 60er Jahren militärisches Sperrgebiet. Von hier sind es 45 Minuten bis Cayo Piedra.

Das Haupthaus steht auf der südlichen Seite, ein Wirbelsturm trennte das kleinere Inselstück ab, das Castro mit einer 250 Meter langen Brücke verbinden ließ. Neben dem Haupthaus befindet sich der Hubschrauberlandeplatz und in 100 Metern Entfernung das Gebäude des Personals, der Wachen und der Leibwächter – auf Kuba die bestausgebildete Spezialeinheit, die es schaffte, alle Attentate gegen Fidel zu verhindern.

Von Castros Privatleben wusste jahrzehntelang kaum jemand Genaues. Bis Oberstleutnant Juan Reynaldo Sánchez 1994 sein Schutzobjekt bat, ihn zwei Jahre früher als geplant von der Funktion als sein Erster Leibwächter zu entbinden. Die Antwort waren eine Anklage wegen Befehlsverweigerung und anschließend zwei Jahre Haft. Danach versuchte Sánchez zehn Mal, aus Kuba zu fliehen, bis es ihm 2008 gelang. Dann veröffentlichte er das Buch »Das verborgene Leben des Fidel Castro – Ich war 20 Jahre Leibwächter des Máximo Líder. Das ist die wahre Geschichte.« Allein seine Schilderung, mit welchem Aufwand diese Wochenendausflüge betrieben wurden, lässt erahnen, warum diese Seite aus dem Leben des Revolutionsführers mit allen Mitteln bis heute verborgen wird.

Fidel Castro liebte es, zu tauchen. Dafür fuhr er mit der Luxusyacht »Aquarama II« aus, die ihm Leonid Breshnew spendiert hatte und die baugleich mit dem Antrieb von Küstenwachschiffen der sowjetischen Marine ist. Bei jedem Ausflug fuhren zusätzlich zwei weitere Yachten mit, die »Pionera I« und die »Pionera II«. Eines der Schiffe hatte eine komplette medizinische Notversorgung an Bord. Ein Schiff der Küstenwache sicherte zusätzlich den Ausflug ab.

Den wahren Umfang der Absicherungsmaßnahmen schilderte nach seiner Flucht der Vizechef der kubanischen Luftwaffe, General Rafael del Pino:

Wenn der »Plan Escudo« ausgerufen wurde und man Fidel binnen 24 Stunden auf Cayo Piedra erwartete, wurden alle kommandierenden Offiziere der Teilstreitkräfte zusammengerufen; eine mit Raketen bestückte Fregatte lief aus, mehrere Mi-8-Hubschrauber patrouillierten über dem Gebiet; die Alarmrotten der Luftwaffenstützpunkte San Antonio de los Baños und Santa Clara wurden in Bereitschaft versetzt; der Luftraum gesperrt, der Seeverkehr umgeleitet. 30 Minuten vor der Landung Castros aktivierte man das »System A«. Nun wurde in den nächsten 60 Minuten jedes Luftfahrzeug am Überflug der Region gehindert, einschließlich der Linienflüge und Agrarmaschinen. Die Kosten für diese Sicherungsmaßnahmen beliefen sich nach Schätzungen del Pinos auf 100 000 US-Dollar pro Tag.

## Fidel privat

Fidel Castro sorgte sich seit seinen frühesten politischen Tagen um sein Erscheinungsbild in der Öffentlichkeit. Damals trug er bei solchen Auftritten stets das schlichte Olivgrün seiner Uniform und schirmte sein Privatleben hermetisch ab. Es hieß, er widme seine Zeit ganz der Revolution. Seit Auskünften seines Leibwächters Sánchez weiß man, dass er im Verborgenen ein halbwegs normaler Familienvater mit unzähligen Seitensprüngen war. Seit 1961 (bis zu ihrem Tod 2010) war Dalia Soto del Valle die Frau an seiner Seite und Mutter von fünf seiner geschätzt neun Kinder. Mit ihnen verbrachte Castro viele Wochenenden – zumeist auf Cayo Piedra. Was ihn aber nicht abhielt, seine älteste Vertraute und »Gefährtin« Celia Sánchez so oft es ging in der 11. Straße im Stadtteil Vedado von Havanna aufzusuchen. Erst nach ihrem Tod 1980 heiratete er Dalia Soto.

Als Fidel 1993 in einem Interview mit *Vanity Fair* nach der Zahl seiner Kinder gefragt wurde, griente er die Interviewerin Ann Louise Bardach an und antwortete: »Es ist schon ein ganzer Stamm.« Das einzige seiner Kinder, das der kubanischen Öffentlichkeit bekannt wurde, ist sein erster Sohn Fidel jr., genannt Fidelito, den er so gekonnt bei seiner USA-Reise präsentierte. Unter dem Pseudonym José Raúl studierte er in den UdSSR Kernphysik und wurde 1980 schon in jungen Jahren Vorsitzender der Kubanischen Atomenergiekommission, 1992 aber wegen Inkompetenz abberufen. Er lebt heute bei Raúl Castro, der ihn in seine große Familie wie selbstverständlich aufnahm.

Fidelitos Halbbruder Jorge Ángel Castro Lopez Laborde wurde wie er 1949 geboren. Er entstammt einer kurzen Liaison Fidels in Santiago de Cuba. Sieben Jahre später wurden Fidel in einem Jahr gleich zwei Kinder von zwei verschiedenen Frauen geboren: Micaela Cardoso brachte Panchita Pupo zur Welt, Naty Revuelta gebar Tochter Alina. Mit Dalia hat er fünf Söhne: Alexis, Alex, Alejandro, Antonio und Angelito. Und natürlich weiß *Radio Bemba* – »Radio Dicke Lippe«, wie die Gerüchteküche in Kuba genannt wird – noch von einigen weiteren Sprösslingen des *Comandante en Jefe*, die angeblich in den Familien hochangesehener Spitzenpolitiker leben.

# Die Planung des Wirtschaftsruins

**10 Jahre Gefängnis für das Schlachten einer Kuh – Schauerleute und Zuckerrohrschneider in die Banken? – »Che« will die USA ökonomisch überholen – In Kuba sollte sich der Lebensstandard bis 1964 verdoppeln – Wer nicht arbeiten will oder homosexuell ist, geht ins Umerziehungslager – 58 000 Geschäfte werden konfisziert, die Versorgung bricht zusammen – Rationierung ist der einzige Ausweg.**

\* \* \*

Die Machtbasis der Rebellen war auf breiter Front gesichert. Wer mit den neuen Verhältnissen nicht einverstanden war, hatte dem Land den Rücken gekehrt. Zwischen 1960 und 1962 verließen rund 200 000 Kubaner die Insel. Das war praktisch die gesamte ehemalige Oberschicht, ein großer Teil der städtischen Mittelschicht – Fachkräfte wie Ärzte, Rechtsanwälte –, Geschäftsleute und Unternehmer kleinerer und mittlerer Betriebe sowie höhere und mittlere Angestellte und Beamte.

Neben den neuen staatlichen Institutionen wurde mit den Komitees zur Verteidigung der Revolution (CDR) ein einzigartiges Netz gespannt, um die gesamte Bevölkerung zu mobilisieren. Bis heute gehören diesem Nachbarschaftskontrollorgan nahezu alle Erwachsenen an. (2010 wurde ihre Zahl mit 8,5 Millionen Mitgliedern bei einer Gesamtbevölkerung von 11,5 Millionen Einwohnern angegeben.) Über die CDR werden kommunale Angelegenheiten ebenso abgewickelt wie Impfaktionen, aber bis heute sind diese Komitees auch »Auge und Ohr« der Partei und des Sicherheitsapparates. Zu den 25 000 kampferfahrenen Mitgliedern der Rebellenarmee kamen 200 000 Milizionäre, die in Bataillonen zusammengefasst an strategischen Orten über ganz Kuba verteilt waren.

Die Unterstützung der siegreichen Rebellen durch die verbliebene Bevölkerung erreichte Traumwerte: Im Frühjahr 1960 konnte das Institute for Social Research der amerikanischen Princeton-Universität auf Kuba eine Meinungsumfrage durchführen. Danach waren 43 Prozent der Befragten begeisterte Anhänger Castros, weitere 43 Prozent allgemein für die Regierung, und nur zehn Prozent sprachen sich dagegen aus. Als wichtigste Errungenschaften der Revolution wurden in der aufgezählten Reihenfolge genannt: Agrarreform, Ausmerzen der Korruption, Bildung für alle und kostenlose medizinische Betreuung sowie größere soziale Gerechtigkeit.

Die Landbevölkerung erfuhr zum ersten Mal die zentrale Aufmerksamkeit des Staates. Heute gibt es auf dem Land 70 Krankenhäuser, vorher gab es nur eins. Malaria und Magen-Darm-Krankheiten sind nahezu ausgerottet. Die Kindersterblichkeitszahl liegt noch immer auf dem Niveau europäischer Industrieländer. Medizinische Behandlung und Medikamente sind kostenlos – nur fehlen diese vielerorts.

Zwei Agrarreformen änderten die Verhältnisse auf dem Land: Gleich nach dem Sieg der Rebellen wurden der Großgrundbesitz (Güter über 400 Hektar) und ab 1963 auch Flächen über 67 Hektar enteignet und in Staatseigentum verwandelt. Das verbliebene Viertel der landwirtschaftlichen Nutzfläche wurde unter strenge staatliche Kontrolle gestellt. Alle Erzeugnisse mussten fortan zu Festpreisen an den Staat verkauft werden. Drastische Strafen drohten für die illegale Schlachtung z. B. einer Kuh: bis zu zehn Jahre Gefängnis für das Töten, drei bis acht Jahre Haft für den Transport oder Verkauf, zwei bis fünf Jahre für das Anbieten von Rindfleisch, drei Monate bis zu einem Jahr für den Erwerb des Rindfleischs aus nichtstaatlichen Quellen. Parzellen zur Selbstversorgung der Familien der Landarbeiter auf den staatlichen Gütern wurden ebenso abgeschafft wie der Tauschhandel mit landwirtschaftlichen Erzeugnissen. Und da auch fast das gesamte Transportwesen sowie die Industrie verstaatlicht wurden, war die private Versorgung beendet.

Der Kapitalismus auf Kuba war drei Jahre nach dem Sturz Batistas so gut wie beseitigt. Mit ihm waren auch die ökonomischen Vorteile verschwunden, die die Revolutionäre für ihren weiteren Weg hätten gut gebrauchen können: eine funktionierende Wirtschaft. Für ihre Zerschlagung war maßgeblich Ernesto »Che« Guevara verantwortlich – teils aus Unkenntnis, teils mit voller Absicht.

## Die Irrtümer des Ernesto »Che« Guevara

Wenn es den Revolutionären an etwas dramatisch mangelte, so war es ökonomischer Sachverstand. Und ausgerechnet derjenige, der besonders wenig davon hatte, übernahm die Führung der Zentralbank und später des Industrieministeriums – Ernesto »Che« Guevara de la Serna. Als Begründung für seine Ernennung ging die Legende um, Fidel habe im Revolutionsrat gefragt, ob unter den Anwesenden ein *economista* – ein Ökonom – sei. Der unaufmerksame Argentinier habe stattdessen *comunista* – ein Kommunist – verstanden und sich gemeldet. Darauf Castro: »Gut, dann übernimmst du die Banco Nacional!«

Kubanische Banknote mit dem Konterfei »Che« Guevaras

Als Jugendlicher wollte Ernesto Guevara Ingenieur werden, dann starb seine Großmutter, die er monatelang gepflegt hatte, und er entschied sich für Medizin. Von seinem Vater bekam er höchstens mit, dass Wirtschaft mit persönlichen Risiken verbunden war. Erst machte die von Guevara senior betriebene Werft Pleite, später folgte auch noch eine Farm. Die Familie lebte hauptsächlich von den Pachteinkünften der Mutter, deren Familie auf General José de la Serna e Hinojosa zurückging, den letzten spanischen Vizekönig von Peru.

Schon gleich bei seinem Amtsantritt in der Nationalbank stellte Guevara seine Unkenntnis unter Beweis. Beim Rundgang fragte er eine Sekretärin, was sie verdiene. 375 Dollar im Monat. »Che«: »Ab jetzt sind es für alle hier nur noch 350. Das reicht.« Auf den Einwand des Vize-Direktors, dass die Angestellten ein Recht auf ihr Gehalt hätten und andernfalls die Bank verlassen würden, sagte »Che«: »Lass sie gehen, wir holen für sie Schauerleute aus dem Hafen oder Zuckerrohrschneider von den Feldern, die können das auch.« Wenig später verfügte er den Austritt aus dem Internationalen Währungsfonds IWF und gab, wie Jorge Castañeda in seiner »Che«-Biografie schreibt, zur Begründung an: »Wir schließen uns der Sowjetunion an, die ist den Vereinigten Staaten technologisch 25 Jahre voraus.«

Doch auch seine sowjetischen Partner waren über den wirtschaftlichen Unverstand ein ums andere Mal verblüfft. Guevaras Ziel war es, Kuba über Nacht zu industrialisieren. Er sprach davon, Metall und Stahlblech für die gesamte Region zu exportieren. Die Berater aus Moskau rechneten ihm vor, dass die Insel keine Kohle- und Eisenerzvorkommen habe, deshalb alles per Schiff herbeigeschafft werden müsse, dass keine ausgebildeten Facharbeiter vorhanden waren – umsonst. »Che« blieb bei seiner Meinung: Möge es auch ökonomisch unsinnig sein, für Kuba sei es von strategischer Bedeutung.

»Was sind Kubas Pläne für 1980? Nun, ein Pro-Kopf-Einkommen von 3000 Dollar, mehr als in den Vereinigten Staaten heutzutage«, schwadronierte er auf einem regionalen wirtschaftlichen Gipfeltreffen in Punta del Este 1961. »Sie [die USA, H.B.] sollten uns in Ruhe lassen; entwickeln wir uns und kommen wir alle in zwanzig Jahren wieder hierher, und wir werden sehen, ob es sich um den Schwanengesang des revolutionären Kuba oder um ihren eigenen gehandelt hat.« Im selben Jahr verkündete er den ersten kubanischen Vier-Jahres-Plan: jährliche Wachstumsraten von 15 Prozent, Ablösung aller Importe durch eigene Produktion, bis 1965 Selbstversorgung mit Nahrungsmitteln, sofortige Vollbeschäftigung, stabile Preise, Steigerung der Zuckerrohrernte bis 1965 auf 9,4 Millionen Tonnen (sie war 1963 um 40 Prozent auf 4,3 Millionen Tonnen zurückgegangen), Verdopplung des Lebensstandards der Kubaner binnen vier Jahren!

Wer vieles davon leisten sollte, war für Guevara auch klar: die Sowjetunion. Dabei hatte ihm deren Außenminister Anastas Mikojan eingestanden: »Für uns steht in Kuba sowohl materiell als auch moralisch und auch in militärischer Hinsicht viel auf dem Spiel. Denken Sie nach, helfen wir Ihnen wirklich aus (unserem) Überfluss heraus? Haben wir irgendetwas übrig? Wir haben nicht genug für uns selbst.«

Wie sein Vorbild Josef Stalin war Guevara ein großer Anhänger der Zentralisierung. Da er den Verantwortlichen der Betriebe nicht traute, zog er deren Kontrolle immer stärker an sich. Fortan musste jeder Betrieb seine gesamten Einnahmen sofort dem Industrieministerium überweisen, das die notwendigen Mittel nach Prüfung der Notwendigkeiten, meistens aber zu spät, zurücküberwies. Die Betriebe durften auch untereinander ohne Mitwirkung des Ministeriums nicht handeln.

Das Modell von Ernesto »Che« Guevara orientierte sich an Stalins Industrialisierung um jeden Preis in den 30er Jahren und Maos Strategie des »Großen Sprungs nach vorn«: Stalins Plan zog eine Hungersnot nach sich und kostete fast 15 Millionen Menschen das Leben; die chinesische Variante wurde 1961 abgebrochen, gefolgt von der größten Hungerkatastrophe der

Menschheitsgeschichte und vielen Millionen Toten. In Kuba starb niemand an Hunger, aber der Wirtschaft wurde ein nicht wiedergutzumachender Schaden zugefügt.

Guevara schonte sich zwar später nicht in seiner Selbstkritik und gab als Grund für das komplette Scheitern an, dass er »einen absurden, realitätsfernen Plan mit absurden Zielen und imaginären Mitteln« erarbeitet hatte. Doch der Schaden war angerichtet.

### Der »neue Mensch«

Wie sollte die neue, sozialistische Gesellschaft aufgebaut werden?

Darüber gab es Mitte der 60er Jahre in Kuba durchaus unterschiedliche Ansichten. Die neuen sozialen Leistungen, wie kostenlose Bildung und Gesundheitsbetreuung, minimale Preise für Wohnen, Energie und Wasser, mussten erwirtschaftet werden. Die Höhe der Mieten wurde auf sechs Prozent des Einkommens festgesetzt, für Familien mit geringem Einkommen war sie kostenlos. Einkommenssteuern waren abgeschafft worden.

Während sich führende Funktionäre der alten kommunistischen Kader für eine Stimulierung der Produktion durch Lohnanreize einsetzten, wollte Ernesto »Che« Guevara den »neuen Menschen« erschaffen. Ihm widerstrebte das bisherige Anreizsystem von differenzierten Löhnen nach Arbeitsleistung, das nach seiner Meinung die Werktätigen nur korrumpiere. Er setzte auf das revolutionäre Bewusstsein der Kubaner. Und tatsächlich wurde von ihm der Lohn von der erzielten Leistung abgekoppelt.

Die Folge war, dass die Arbeitsleistung drastisch zurückging, wodurch sich das wirtschaftliche Gesamtergebnis erneut dramatisch verringerte. Das »Bummelantentum« nahm bedenkliche Ausmaße an. Die Fabriken waren nur noch zu 60 Prozent ausgelastet, und in der für Kuba so wichtigen Zuckerrohrernte mussten mehr als 50 Prozent an zusätzlichen Arbeitskräften eingesetzt werden, um den Rückgang auszugleichen. Die gesamte

Wirtschaft drohte angesichts des zunehmenden »Absentismus« (*absentismo*) zusammenzubrechen. Immer mehr Freiwillige wurden rekrutiert, um das Schlimmste zu verhindern. Schließlich blieb der Führung nichts anderes übrig, als sich vom Experiment dieser sozialen Utopie zu verabschieden. Rückblickend musste Fidel Castro im November 1973 auf einem Gewerkschaftskongress feststellen, »dass wir viel mehr Arbeitskraft einsetzen, als es die Kapitalisten taten, um die Fabriken mit geringerer Effizienz zu handhaben, als es die Kapitalisten taten«.

Der Wirtschaftskrise begegnete die Führung zunächst mit einer Währungsreform, der Kontrolle der Preise für Konsumgüter, die angesichts der gestiegenen Nachfrage nach oben geschnellt waren, sowie einer Politik der radikalen Konsumreduzierung. Die Einführung von Lebensmittelmarken in Form der *Libreta de Abastecimiento* war einerseits ein Mittel zum Ausgleich der sozialen Unterschiede und andererseits Ausdruck der zunehmenden wirtschaftlichen Schwierigkeiten. Noch im November 1960 hatte Fidel den Kubanern angesichts der ersten knappen Lebensmittel vergeblich versprochen: »Merkt euch, was ich euch jetzt sage: Die Nahrungsmittel sind schon im Dezember wieder da – und werden dann nie wieder verschwinden!«

Seit 1962 erhalten alle Kubaner einmal jährlich das Heftchen (*Libreta*), in dem Anzahl und Altersgruppen der Bezugsberechtigten stehen sowie Hinweise auf eventuelle Diäten. In den ersten Jahren wurden neben den Basislebensmitteln über die *Libreta* auch alle notwendigen Waren rationiert: Kleidung, Schuhe, Tabakwaren, Brennstoff, Glühlampen und Waren für den Haushaltsbedarf. Auch Spielzeug für Kinder gab es gegen darin enthaltene Coupons zum Abreißen. Die Preise waren gering, entsprachen rund zehn Prozent des realen Marktwerts und werden bis heute vom Staat subventioniert. Die zu beziehenden Waren und deren Menge haben sich in den letzten Jahrzehnten geändert, die Rationierung und damit die *Libreta* ist geblieben.

Man kann die rationierten Waren nur in seinem zuständigen Ladenlokal beziehen. Dieses ist meist schlecht ausgeleuchtet, weil in den Auslagen sowieso nichts angeboten wird. Bei einem Umzug müssen die Daten in der *Libreta* umgeschrieben werden – womit eine Kontrolle der Aufenthaltsorte der Kubaner zwangsläufig einhergeht. (Geschäfte oder gar die früher gern besuchten Warenhäuser gibt es nicht mehr, seit der Staat den privaten Kleinhandel von 1960 bis 1968 vollkommen beseitigte und insgesamt 58 000 Geschäfte konfisziert wurden.)

Die Enteignung war ein Federstrich, der Ersatz für die zerstörten Handelsnetze dafür umso schwerer. Der private Handel und die Subsistenzwirtschaft hatten den Lebensmittelmarkt enorm entlastet. Durch ihren Wegfall und zusammen mit den immer geringeren Produktionsergebnissen verschlechterte sich die Versorgung der Bevölkerung dramatisch. Die Zuckerproduktion ging um ein Drittel zurück, die Getreideproduktion halbierte sich, die Industrialisierungspläne wurden verschoben.

Ernesto »Che« Guevara zeigte sich einsichtig-uneinsichtig: »Kuba ist das erste sozialistische Land Lateinamerikas, die Vorhut Lateinamerikas, aber es gibt keine *malanga,* keine *yuca* [einheimisches Gemüse, H.B.] und überhaupt nichts; hier in Havanna ist die Rationierung mehr oder weniger dezent, aber geht nach Santiago, da bekommt ihr vier Unzen Fleisch (112 Gramm) pro Woche; es fehlt an allem, und es gibt nur Bananen und die Hälfte an Schweinefett; hier in Havanna haben wir von allem das Doppelte. Alle diese Dinge sind schwer zu erklären, und wir müssen sie durch eine Politik der Opfer erklären«, so Guevara 1964. Der Widerspruch zwischen der propagierten Vision einer sozial gerechten Gesellschaft, in der Löhne und Geld zusehends verschwinden, und der miserablen realen Situation wurde für jedermann sichtbar.

## Disziplin durch Umerziehung

»Che« Guevara lebte in einer anderen Welt: Der »neue Mensch« auf Kuba kümmere sich nicht darum, wie viele Kilogramm Fleisch jemand isst, nicht, wie oft man am Strand bade, und auch die importierten Annehmlichkeiten, die man mit seinem Lohn kaufen könne, seien nicht wichtig. Es handele sich bei ihm um ein Individuum, das sich vollkommener, innerlich reicher und viel verantwortlicher fühle.

Und wer nicht derart vollkommen war?

Den schickte der gleiche Guevara ins Arbeitslager. Schon im Herbst 1960 hatte er in Guanahacabibes in der westlichsten Provinz Pinar del Rio das erste Lager errichten lassen. Es war ausschließlich zur Umerziehung für Funktionäre des neuen Staatsapparates sowie Angehörige der Armee und Polizei gedacht. »Wir senden nach Guanahacabibes nur solche zweifelhaften Fälle, bei denen wir uns nicht sicher sind, ob sie ins Gefängnis müssen. Ich glaube, Leute, die ins Gefängnis gehören, sollen auf jeden Fall ins Gefängnis gehen. Ob sie nun langjährige Mitkämpfer sind oder sonst etwas, sie sollten ins Gefängnis. Nach Guanahacabibes schicken wir solche Leute, die nicht ins Gefängnis gehen sollten, Leute, die sich mehr oder weniger gegen die revolutionäre Moral vergangen haben. Dazu kommen flankierende Strafen wie die Absetzung von ihren Posten; und in anderen Fällen gibt es nicht diese Strafen, sondern eher eine Umerziehung durch Arbeit. Es ist schwere Arbeit, keine tierische Arbeit, die Arbeitsbedingungen sind eher hart, aber sie sind nicht brutal.« Später wurde eine interne Liste mit 32 Verfehlungen herausgegeben, darunter die »durch Fahrlässigkeit verursachte Nichterfüllung von Produktionszielen«. Tausende Kubaner mussten sich bei harter körperlicher Arbeit »bewähren«.

Auch dieses Vorgehen findet sich in der Unterdrückungspolitik von Josef Stalin wieder, den Guevara ja bewunderte. So ließ er sich bei seinem Staatsbesuch in Moskau 1960 auch vom kubanischen

Botschafter Faure Chomón nicht davon abbringen, ein Blumengebinde an Stalins Grab niederzulegen, obwohl der aus dem offiziellen Leben der Sowjetunion längst verbannt worden war.

Seine tiefsten Überzeugungen, wie sie nach seinem Bruch mit Fidel 1967 in einem Aufsatz in der Zeitschrift *Tricontinental* veröffentlicht wurden, zeugen davon, dass er dem Tyrannen-Vorbild kaum nachstand. »Che« pries darin die Gewalt mit drastischen Worten: »Haß als ein Element des Kampfes; unbeugsamer Haß auf den Feind, der einen Menschen über seine natürlichen Grenzen hinaustreibt und ihn zu einer wirkungsvollen, gewalttätigen, selektiven und kaltblütigen Tötungsmaschine macht. Das ist es, was unsere Soldaten werden müssen; ein Volk ohne Haß kann über einen brutalen Feind nicht triumphieren.«

Diese Überzeugung brachte die kubanische Führung auch dazu, die Praxis der willkürlichen außergerichtlichen Internierung ohne Nachweis konkreter Straftaten noch auszuweiten. Nachdem die staatlichen Leiter diszipliniert worden waren, ging man daran, auch diejenigen »umzuerziehen«, die bei der Schaffung des *Hombre Nuevo* (des »neuen Menschen«) als unbrauchbar angesehen wurden:

- »Religiöse« (Zeugen Jehovas, Siebenten-Tags-Adventisten, Katholiken, Baptisten, Methodisten, Episkopale, Anhänger afrokubanischer *santería*-Kulte)
- »Republikflüchtlinge«
- kritische Intellektuelle
- Homosexuelle
- »Hippies«
- *Mariahuaneros*
- Prostituierte und Zuhälter
- illegale Gewerbetreibende
- Alimentenschuldner
- »Anti-Soziale« (das konnte jeder sein)
- CR = »Konterrevolutionäre«.

Sie wurden in Arbeitslager der Unidades Militares de Ayuda a la Producción (UMAP, Militärische Einheiten zur Unterstützung der Produktion) eingewiesen, die 1965 errichtet wurden und bis 1968 bestanden. Schätzungen besagen, dass der Staat insgesamt 30 000 bis 40 000 Kubaner in diese Lager schickte. Die Mehrzahl von ihnen waren homosexuell und Opfer von Denunziationen oder wurden allein aufgrund ihres Aussehens auf der Straße aufgesammelt und eingeliefert. Es genügten: »enge Hosen, Sonnenbrille und Sandalen«.

Zu dieser Zeit führte die kubanische Regierung einen regelrechten Feldzug gegen Homosexuelle. Der Schriftsteller Samuel Feijóo publizierte 1965 einen Artikel zum Thema »Revolution und Laster«, in dem es hieß, es gelte jetzt, der zur Schau gestellten und provokativen Homosexualität in Kuba entschieden zu begegnen, ihren gesellschaftlichen Einfluss »zu zerstören«. Der Beitrag endet: »So etwas nennt man revolutionäre Sozialhygiene.« Es blieb nicht bei Aufrufen.

Der kubanische Autor Abel Sierra Madero (»La sexualidad en construcción de la nación cubana«) berichtete im Januar 2016 von Ärzten und Medizinern, die in den Lagern im Auftrag der Armeeführung nach Methoden der Umerziehung und der »Heilung« der Homosexualität forschten. Die Experimente umfassten danach nicht nur die psychische Beeinflussung, sondern auch massive Methoden wie den Einsatz von Elektroschocks und Insulininjektionen.

Es wurde in den Lagern auch gefoltert. Sierra Madero interviewte ausführlich ehemalige Offiziere der Lager, die ihm berichteten, Insassen hätten bis zum Kopf eingegraben stundenlang ausharren müssen, seien bis zur Bewusstlosigkeit in Wassertanks untergetaucht worden oder an einen Pfahl gefesselt und über Nacht den Moskitos ausgesetzt worden. Die Folterer dachten sich auch Namen für ihre Methoden aus: »der Galgenstrick«, »das Trapez« oder »der Ziegelstein«. Nach Berichten von Überläufern des kubanischen Geheimdienstes kamen in den drei Jahren der

Existenz dieser Lager 250 Insassen ums Leben, 180 von ihnen begingen Selbstmord, 500 kamen anschließend in psychiatrische Einrichtungen.

Die theoretische Basis dieser Lager war die *ingenería social*, die Einwirkung auf die Seelen der Bevölkerung. Ihr Erfinder, Josef Stalin, sagte dazu auf einem Treffen von Schriftstellern 1932: »Unsere Panzer sind wertlos, wenn die Seelen, die sie lenken müssen, aus Ton sind. Deshalb sage ich: Die Produktion von Seelen ist wichtiger als die von Panzern.« Auf kubanische Realitäten übertragen, bestand die Aufgabe nach den Worten von Raúl Castro in einer Rede am 17. April 1965 darin, eine Jugend zu formen, die durch Opferbereitschaft gestählt und ohne »Willensschwäche« sei, die sich »weder für Twist oder Rock and Roll interessiere noch für die Zurschaustellung irgendeiner Pseudointellektualität«.

Trifft man heute in Kuba auf Funktionäre, die sich hinter einem bürokratischen Bollwerk verschanzen, nichts entscheiden, die sich drücken vor jeder Verantwortung, dann wurde damals die Saat in der Umerziehung gelegt. Die Disziplinierung der Führungsschicht auf absoluten Gehorsam hat sich bis heute nicht geändert. Verantwortliche in Kuba haben nur die Wahl zu gehorchen oder zu fliehen. Nur so lässt sich die abenteuerlich lange Liste von Ministern, hohen Funktionären, Offizieren, Geheimdienstlern, Sportlern und Künstlern erklären, die das Land verlassen haben. Diese frühe außergerichtliche Disziplinierung der Führungskader hat einen unermesslichen Schaden angerichtet. Seit dem Sieg der Revolution bis heute sind Säuberungen die Regel, werden die hohen Funktionäre im Staat nahezu lückenlos überwacht. Wer dem zum Opfer fällt, muss öffentlich auch noch die unglaubwürdigsten Geständnisse und Selbstbezichtigungen abgeben. Eigenständiges Handeln und selbstbewusste Entscheidungen sind heute auf allen Führungsebenen des Partei- und Staatsapparates selten. Dies ist allein das Privileg einer Handvoll Auserwählter.

Ernesto »Che« Guevara gehörte dazu. Seine Bilanz als Verantwortlicher für die nachrevolutionäre Entwicklung der Wirtschaft war verheerend: Sein Ziel, die Abkehr von der Zuckermonowirtschaft durch eine forcierte Industrialisierung, endete im Desaster. Es mangelte vor allem an Geld, um sie zu finanzieren. Das wenige, was durch Kürzung der Mittel in anderen Bereichen zusammengezogen worden war, schwächte die devisenbringende Landwirtschaft nachhaltig. Das Geld war weg, die Stimmung unter den Arbeitern miserabel, und das blieb auch Fidel Castro nicht verborgen.

# Der Abschied von der Utopie

**Der Bruch zwischen »Che« und Fidel – »Che«: »Ich wäre gern der Mao unseres Kontinents.« – Schauprozesse in der Kommunistischen Partei Kubas – Fidel will keine Zwangsjacke der Planung – Die »Große Zuckerrohrernte« wird ein Fiasko und bringt das Land an den Rand der Pleite – Repression nach innen – Das Ende des Honeymoons mit den westlichen Intellektuellen.**

\* \* \*

Fidel Castro nahm nun zunehmend Einfluss auf die weitere wirtschaftliche Entwicklung. Er wog kühl ab und erkannte, dass die einzige Macht, die in der Lage war, Kuba aus der Krise zu führen, die UdSSR war. Im Frühjahr 1963 besuchte Castro die Sowjetunion – wo er volle 40 Tage blieb. Dort vereinbarte er die Grundlagen der weiteren Zusammenarbeit im Handel und in der Industriekooperation. Ernesto »Che« Guevara erfuhr davon nach Fidels Rückkehr.

Je enger die Beziehungen zur Sowjetunion wurden, desto mehr Probleme tauchten mit der zweiten und zunehmend konkurrierenden sozialistischen Supermacht, der Volksrepublik China, auf. Mal kürzten die Chinesen die Reislieferungen an Kuba um mehr als die Hälfte, dann wieder nahmen sie die vereinbarte Lieferung von 800 000 Tonnen Zucker nicht ab. Die Auswirkungen waren umgehend spürbar: Die für die Kubaner so notwendigen Reisrationen mussten halbiert werden. Fidel Castro war außer sich und beschuldigte die chinesischen Kommunisten »der Erpressung, des Wuchers, der Aggression und der Abschnürung sowie der schlimmsten Methoden der Piraterie und der Unterdrückung«. Die Pekinger Führung beklagte sich im Gegenzug, Kuba verwandle sich zunehmend in einen Satellitenstaat der Sowjetunion.

Fidel ging nun zunehmend auch gegen die Thesen Ernesto »Che« Guevaras vor und verkündete 1964 ein Programm, mit dem die besten Zuckerrohrschneider mit Motorrädern, Auslandsreisen und Aufenthalten in kubanischen Hotels zu höheren Leistungen angespornt werden sollten. Dann folgte sein direkter Angriff: »Es wäre absurd, würde man versuchen, die große Masse der Menschen zu ›überzeugen‹, Zuckerrohr zu schneiden, nur damit sie aus ihrem Pflichtgefühl heraus ihr Bestes geben, egal, ob sie mehr oder weniger verdienen.«

Ernesto »Che« Guevara besuchte derweil China, und nach mehrmaligen Treffen mit Mao Tse-Tung wurde das Verhältnis Guevaras zur UdSSR immer kritischer. Höhepunkt des Konflikts war »Ches« Rede 1965 auf einer Tagung des Wirtschaftsseminars der afroasiatischen Solidarität in Algier, als er die Sowjetunion indirekt angriff: »Es sollte nicht mehr über den ›Handel zum gegenseitigen Nutzen‹ gesprochen werden, (wenn dieser) auf den Preisen basiert, die den unterentwickelten Ländern aufgebürdet wurden vom Wertgesetz und von den internationalen Beziehungen des ungleichen Wechselkurses, der ebenfalls vom Wertgesetz hervorgebracht wurde ... Wie kann jemand es ›gegenseitigen Nutzen‹ nennen, wenn die unter grenzenlosen Mühen und Opfern geförderten Rohstoffe zu Weltmarktpreisen verkauft werden, um die in großen, automatisierten Fabriken produzierten Waren zu kaufen?«

Nun war es ausgesprochen, das Grundproblem des Argentiniers Ernesto Guevara de la Serna: Im Grunde seines Herzens interessierte ihn Kuba nicht. Es war nur eine Etappe auf seinem revolutionären Weg, der ihn um die Welt führen sollte, um überall die Fackel der gesellschaftlichen Veränderung zu entzünden. Zunächst war der Kampf in der Sierra Maestra sein Ziel, und schon kurz nach dem Sieg hatte er sein Grundproblem erkannt, dass er als Ausländer in Kuba langfristig nichts mehr zu suchen hatte. Ein letztes Mal traf er noch mit Fidel Castro zusammen. Dann gab er alle seine Ämter und Funktionen ab, legte auch seine kubanische Staatsbürgerschaft nieder und erklärte, er werde in Zu-

In dieser Maskerade wäre Ernesto »Che« Guevara niemals zur Ikone geworden – so reiste er 1966 unerkannt nach Bolivien.

kunft »anderen Völkern in ihrem Kampf helfen«. Auch Fidel hatte mit »Che« abgeschlossen: »Diese Insel war zu klein für uns zwei«, merkte er in seinen Memoiren an. Sollte der doch künftig quer durch Lateinamerika als »unser letzter Heiliger« herumgeistern.

Der französische Journalist Jean Marcilly interviewte Guevara nach dessen Abreise aus Kuba in Venezuela vier Tage lang und veröffentlichte diese Gespräche später in Buchform. Guevaras Bilanz fiel vernichtend aus: »Von Kuba aus hätte man ganz Südamerika befreien können. Und was ist geschehen? Statt reihenweise Guerrilleros auszubilden hat man Funktionäre fabriziert, und hätte ich das unterstützen sollen? Ich wünschte, Fidel hätte mich verstanden, aber dafür war er zu sehr Kubaner. Er will schlicht und einfach und egoistisch das Wohl der Kubaner. Welche Verschwendung, da Fidel doch als Revolutionär wirklich die Menschen mitzureißen vermag – aber er hat seinen Zug im Bahnhof Kuba gestoppt, auf einem toten Gleis.«

Sich selbst beschrieb er gegenüber dem französischen Reporter mit folgenden Worten: »Man mag mich für einen Kommunisten halten, aber ich will nicht, dass man das sagt, weil ich fürchte, mit denen in einer Topf geworfen zu werden, die sich selbst Kommunisten nennen und die ich verachte. Es gibt keine Kommunisten mehr, vor allem seit man dieses Wort systematisch für die Russen verwendet. Die Russen haben mit diesem schönen Wort Schindluder getrieben und ein kleinbürgerliches, stinkiges Ragout daraus gemacht. Ich will kein Castro, kein Bolívar, kein Chruschtschow sein. Ich wäre gern der Mao unseres Kontinents.«

Seine bitteren Erfahrungen im Guerrilla-Kampf machte Ernesto Guevara 1965 im Kongo. Dort war kurz nach der Unabhängigkeit von Belgien 1961 der Premierminister Patrice Lumumba ermordet worden. Westliche Söldner kämpften für die Interessen der ehemaligen Kolonialmacht, die reiche Bergbauprovinz Katanga spaltete sich ab, und das kleine kubanische Expeditionskorps hoffte, im Kongo eine sozialistische Revolution in Gang setzen zu können. Die siebenmonatige Aktion war schlecht vorbereitet und endete in einem Desaster. »Che« Guevara verfasste ein Tagebuch, das lange als verschollen galt und 2000 auch in deutscher Sprache erschien. Der Autor leitet mit dem Satz ein: »Dies ist die Geschichte eines Scheiterns.« Tief enttäuscht über seine afrikanischen Partner schrieb er: »Es werden utopische Bilder gezeichnet, die nichts mit der Realität zu tun haben. Versprechen werden nicht eingelöst, wir werden hintergangen und belogen. Es gibt eine allgemeine Disziplinlosigkeit, fehlende Kameradschaft sowie Befehle ohne Sinn und Verstand. Stattdessen prahlen die Führer und fordern immer neue Gelder und Waffen. Sie wollen oben sein und mächtig.«

Die Hauptursache des Scheiterns sah »Che« Guevara im Fehlen jeden Kontaktes mit der Außenwelt und folglich dem Fehlen der Unterstützung durch die Bauern. Hätte der Autor die Lehren aus der gescheiterten Kongo-Mission gezogen, hätte er sich nicht in das nächste Abenteuer gestürzt, das ihn 1967 in Bolivien das Leben kostete.

Ernesto Guevara de la Serna scheiterte dort nicht zuletzt,

weil er Maos chinesische Guerilla-Strategie für Lateinamerika adaptierte und seine Aktivitäten auf die Landbevölkerung konzentrierte. Die Bauern im tropischen Tiefland Boliviens waren jedoch, wie er selbst in seinem Tagebuch notierte, »stumpf wie Steine«. Und wieder geriet er zwischen die Fronten: Die UdSSR war an Guerillaaktionen in Lateinamerika nicht interessiert. So weigerte sich auch die Kommunistische Partei in Bolivien, die Revolutionäre aus Kuba zu unterstützen. Seit dem Sieg der kubanischen Revolution hatten Aufständische in 15 lateinamerikanischen Ländern 17 Mal vergeblich versucht, den Erfolg in der Sierra Maestra zu wiederholen – ohne Erfolg.

## Kampf im Inneren der Partei

Auch im Inneren der Kommunistischen Partei gärte es. Während die Fidelisten auf ein gewisses Maß an Unabhängigkeit von der Sowjetunion drängten, beschwerten sich die alten Kader in Moskau über das »Abenteurertum« ihrer Führung, insbesondere bei der Unterstützung südamerikanischer Guerilla-Gruppen. 1968 kam es zum Knall: Fidel Castro und sein Bruder machten eine *Microfracción* innerhalb des Zentralkomitees der eigenen Partei aus, die mit Wissen Moskaus gegen die Revolution gearbeitet hätte.

Der Kopf der Frondeure, Aníbal Escalante, wurde als Moskaus Mann in Havanna ausgemacht. Seine Kontaktmänner seien der Zweite Sekretär der Sowjetbotschaft in Havanna, Rudolf P. Schljapnikow, Korrespondenten der sowjetischen Nachrichtenagenturen Nowosti und TASS, Mitglieder des sowjetischen Zentralkomitees und DDR-Funktionäre gewesen. Notgedrungen übte Escalante »Selbstkritik«: Sein größter Irrtum sei gewesen, Moskau als Zentrum der Weltrevolution anzusehen. Er erhielt 15 Jahre Gefängnis. Mit ihm wurden zahlreiche Funktionäre verurteilt. Der Prozess erinnerte an stalinistische Schauprozesse.

## Fidel Castro omnipotent

Von den drei Ikonen der Rebellen war nur noch eine übrig: Fidel Castro. »Che« Guevara war in Bolivien gefallen und der dritte, Camilo Cienfuegos, schon im Herbst 1959 unter ungeklärten Umständen bei einem Flugzeugabsturz ums Leben gekommen. Zeitgleich kam es zu einem »Zwischenfall«, der auch nie geklärt wurde, bei dem Camilos engster Vertrauter, Major Christino Naranjo Vázquez, »versehentlich« erschossen wurde. Naranjo, der zum nichtkommunistischen Teil der Streitkräfte gehörte, erhielt vom frisch ernannten Verteidigungsminister Raúl Castro den Befehl, sich zu nächtlicher Stunde in Zivil in der Militärgarnison Libertad in Havanna zu melden. Parallel dazu erhielt der Kommandant der Garnison, Hauptmann Manuel Beatón, von Raúl den Hinweis, es sei mit einem Sabotageakt durch Zivilisten zu rechnen. Beatón gehörte ebenfalls zur nichtkommunistischen Fraktion. Er erschoss den »Zivilisten« Naranjo, wurde anschließend verhaftet und kam wegen Mordes in Haft. Er konnte fliehen, die Intrige öffentlich machen, ehe er wieder ergriffen und hingerichtet wurde.

Es war übrigens »Che« Guevara, der Fidel für den Tod von Cienfuegos verantwortlich machte. »Dieser Argentinier ist ein Stück Scheiße«, erregte sich der so Denunzierte. »Mir den Tod von Camilo unterzuschieben, ist ein Dolchstoß in den Rücken. Das werde ich ihm nie vergeben«, liest man in der Autobiografie Fidels, die Norberto Fuentes aufgeschrieben hat.

Fidels Machtfülle als Oberkommandierender der Streitkräfte, als Vorsitzender der Kommunistischen Partei und ihrer obersten Organe sowie als Vorsitzender des Ministerrats war damit jedoch nicht hinreichend beschrieben. Er führte sein Land in dieser Phase weitgehend an den neu geschaffenen Strukturen vorbei: Häufig fuhr er in dem von ihm so geliebten *Gasik*, einem sowjetischen Militärjeep, kreuz und quer über die Insel, sprach mit Menschen, die ihm gerade begegneten, versprach Abhilfe für angesprochene Probleme, ohne sich mit den dafür Verantwortlichen abgesprochen zu haben, und kündigte ohne Konsultation neue Initiativen an. Mit dieser direkten Führung erreichte er eine hohe Verbundenheit, denn wer mit ihm je bei solchen Gelegenheiten gesprochen hatte, verehrte ihn oft bis an sein Lebensende. Ergänzt wurde diese direkte Kommunikation durch seine häufigen Reden vor Hunderttausenden Zuhörern, die auch live im Fernsehen ausgestrahlt wurden.

Regelmäßige Sitzungen lehnte Castro ab. Auf einer Versammlung in Havanna, auf der über notwendige Planungsmaßnahmen gesprochen wurde, unterbrach er den Redner und fragte: »Planung? Ist das nicht wie eine Zwangsjacke?« Der bejahte. Daraufhin Castro: »Mich steckt niemand in eine Zwangsjacke!« Oft wusste selbst seine engste Führung nicht, wo er sich gerade wieder aufhielt. Die Fäden hielt in seiner Abwesenheit sein Bruder Raúl in der Hand.

Ratschläge seines Führungsstabes kamen selten an. Das musste zwangsläufig zu Fehlentscheidungen führen. Die schlimmste war der Plan Fidels, die Zuckerrohrernte ungeachtet aller Schwierigkeiten auf eine Rekordmarke von 10 Millionen Tonnen Rohzucker zu steigern und dies vorab auch noch zu verkünden. Die Verteilung hatte er schon präzise bestimmt: Zwei Drittel sollten die sozialistischen Staaten Europas zum Dreifachen des Weltmarktpreises abnehmen, davon allein die UdSSR fünf Millionen Tonnen; sogenannte freie Spitzen sollten auf dem Weltmarkt gegen Devisen verkauft werden, und der Rest sollte auf Kuba bleiben, um die Zuckerrationen aufzubessern.

Die anvisierte Rekordernte – *gran zafra* genannt – erforderte die Konzentration nahezu der gesamten Wirtschaftsressourcen. Seine Berater warnten Castro: Kubas Zuckermühlen waren mehrheitlich nur noch Schrott. Die älteste stammte aus dem Jahr 1796, die Hälfte lief schon im vorigen Jahrhundert. Für neue Maschinen fehlt es Kuba an Devisen. Agrarexperten hatten zudem errechnet, dass der Zuckergehalt um zehn Prozent zurückgegangen war, mithin mehr Rohr geschlagen werden müsste, um nur auf das bisherige Rekordergebnis von 7,5 Millionen Tonnen Rohrzucker aus dem Jahr 1952 zu kommen. Umsonst.

Fidel Castro schickte Arbeiter, Büroangestellte, Hausfrauen, Schüler und Studenten zur Schlacht auf die Zuckerrohrfelder – mehr als 500 000 Kubaner. Als auch dies nicht reichte, wurden noch zehn Armee-Divisionen zum Ernteeinsatz abkommandiert.

Selbst den Kalender wollte er ändern: Die Arbeiten begannen drei Monate früher und sollten drei Monate länger dauern. Das Jahr habe eben ausnahmsweise 18 Monate, so der *Máximo Líder*. Im Übrigen sei Weihnachten eine »ausländische Tradition« aus der Kolonialepoche, und es sei an der Zeit, aus revolutionärer Perspektive gesehen, mit diesem Phänomen kultureller Abhängigkeit Schluss zu machen. Weihnachten entspräche auch gar nicht dem kubanischen Klima und den Arbeitsbedingungen: Ende Dezember sei die entscheidende Phase der Zuckerrohrernte, die Unterbrechung für mehrere Feiertage müsse zwangsläufig zu bedeutenden Ausfällen und Einbußen führen. Man werde Weihnachten und Neujahr wie auch den Jahrestag des Sieges am 1. Januar eben im Juli nachfeiern.

Die Experten an den Zuckerbörsen schätzten das Ergebnis all dieser Anstrengungen bestenfalls auf acht Millionen Tonnen. Castro widersprach: zehn Millionen Tonnen und kein Pfund weniger! Und setzte vor Studenten der Universität Havanna noch eins drauf: In Zukunft könne Kuba mit Ernten von bis zu 25 Millionen Tonnen rechnen. Das tatsächliche Ergebnis war niederschmetternd: 8,5 Millionen Tonnen wiesen die offiziellen Angaben aus. Doch selbst für diese Zahl war der Preis viel zu hoch: Das Land hatte seine knappen Ressourcen dafür verbraucht und lag wirtschaftlich völlig am Boden. Waren früher 350 000 Arbeitskräfte bei der Zuckerrohrernte eingesetzt, so waren es diesmal 2,1 Millionen!

Das hatte gravierende Auswirkungen. Allein zwischen 1968 und 1970 sank die landwirtschaftliche Produktion um fast 70 Prozent. Die Industrieproduktion verringerte sich fast um zwei Drittel. Es kam zu Stromsperren und Ausfällen der Gas- und Wasserversorgung. Schlangen vor Lebensmittelverteilstellen gehörten zum Alltag. Maschinen außerhalb der Zuckerindustrie standen still, es mangelte überall an Treibstoff und Ersatzteilen. Aufgrund fehlender Transportmöglichkeiten verdarben Nahrungsmittel oder erreichten nie den Verbraucher. Sogar eine Hungersnot war nun nicht mehr ausgeschlossen. Zerknirscht gestand der *Máximo Líder* ein: »Wir haben es vielleicht nicht so mit dem Produzieren, aber kämpfen können wir gut!«

## Repression nach innen

Die Lage in Kuba wurde kritischer. Diejenigen, die mit der Revolution von vornherein nichts hatten zu tun haben wollen, waren längst emigriert. Die geblieben waren, erfuhren nun, was ihnen blühen konnte, wenn sie sich nicht aktiv für die Revolution einsetzten. Als Nächstes bekamen dies die Intellektuellen zu spüren. Zunächst war die kubanische Führung im Kampf um Anerkennung auf die Unterstützung westlicher Schriftsteller, Journalisten und Filmemacher angewiesen. Sie wurden nach Kuba eingeladen, die Veränderungen mit eigenen Augen zu verfolgen. Doch mit der Zeit mehrten sich die kritischen Stimmen und die Haltung kippte. Wer – auch im Ausland – kritisch berichtete, bekam schnell von offizieller kubanischer Seite Etikette wie »vom CIA gesteuert« verpasst und durfte die Insel nicht mehr besuchen.

Besonders verärgert reagierte die neue Führung auf einen Dichter, der kaum einer antikommunistischen Haltung bezichtigt werden konnte: Nobelpreisträger Pablo Neruda, im spanischen Bürgerkrieg als Diplomat für die Rettung der republikanischen Kämpfer gegen den Faschismus befasst, Senator für die Kommunistische Partei im chilenischen Parlament und Kommunistischer Präsidentschaftskandidat. Er reiste nach dem Sieg der

Revolution nach Kuba und traf dort Fidel Castro, dem er – ein Kenner des Personenkults vergangener stalinistischer Tage – zwischen den Zeilen einen gutgemeinten Rat geben wollte:

> *»Das ist das Glas, nimm es, Fidel,*
> *Es ist voll so vieler Hoffnungen*
> *Und wenn du davon trinkst, wirst du sehen, dass dein Sieg*
> *Wie der alte Wein aus meinem Land ist:*
> *Es macht ihn nicht ein Mensch, sondern viele Menschen*
> *Nicht eine, sondern viele Pflanzen*
> *Er ist nicht ein Tropfen, sondern viele Flüsse*
> *Er ist nicht ein Kapitän, sondern viele Schlachten.«*

Das Gedicht kam nicht gut an. Doch für die Zurückweisung brauchte es einen anderen Anlass, denn der Bezug zum Poem wäre zu offenkundig gewesen. So wurde ein Besuch Nerudas in New York genutzt, wohin er auf Einladung der internationalen Schriftstellervereinigung PEN gefahren war. Die kubanische Parteipresse kritisierte Neruda, der mit seinem Besuch beim Feind den kubanischen Genossen »in den Rücken gefallen« sei. Dem folgte nach bester stalinistischer Praxis ein offener Brief der kubanischen Schriftsteller, die sich dem Protest anschlossen. Wer im offiziellen Literaturbetrieb verbleiben wollte, unterschrieb.

Jorge Edwards, chilenischer Schriftsteller, der vom gewählten sozialistischen Präsidenten Salvador Allende als neuer Geschäftsträger 1970 nach Havanna entsandt wurde, beobachtete: »Wir merkten nicht, dass sich in Kuba vor unserer Nase ein Radikalismus ganz anderer Art breitmachte, nicht so grausam wie der Stalins, aber in seinen wesentlichen Mechanismen ihm doch sehr ähnlich.«

Ausschlaggebend für den Bruch zwischen westlichen Linksintellektuellen und der kubanischen Führung war die zustimmende Erklärung Fidel Castros zum Einmarsch der Armeen des Warschauer Paktes in die Tschechoslowakei, um den Reformprozess des Prager Frühlings von 1968 mit Gewalt zu beenden. Der kubanische Revolutionsführer reagierte auf die Kritik in gewohnter Manier: »Die bürgerlichen Intellektuellen interessieren uns nicht mehr. Sie interessieren uns nicht die Bohne!«

Das war zugleich ein Signal zur Abrechnung nach innen. *Lunes de Revolución*, die wöchentliche Literaturbeilage der Zeitung *Revolución*, Organ der Bewegung des 26. Juli, wurde eingestellt, ihr Leiter Carlos Franqui, Direktor des *Radio Rebelde* im Kampf gegen Batista, ging 1968 ins Exil. Als der Dichter Heberto Padilla 1967 in der Zeitschrift *El Caiman Barbudo* den Roman »Tres tristes tigres« von Guillermo Cabrera Infante lobte (obwohl der von offizieller Seite als Konterrevolutionär eingestuft worden war) und das Werk »La Pasión« von Lisandro Otero, dem Vizepräsidenten des Nationalen Kulturkongresses, als überlegen bezeichnete, verlor er seine Arbeit beim Parteiorgan *Granma*, erhielt Reiseverbot, wurde als »Konterrevolutionär« denunziert und später wegen »subversiver Tätigkeit« verhaftet und verurteilt. Die Redaktion des *Caiman* wurde ausgetauscht (und auch ihr nächstes Projekt, die Zeitschrift *Pensamiento Critico*, endete Anfang der 70er Jahre mit der Schließung).

Die »Affäre Padilla« bekam eine ähnliche Dynamik und Bedeutung wie die Ausbürgerung Wolf Biermanns aus der DDR 1976. In einem von Jean Paul Sartre, Simone de Beauvoir, Italo Calvino, Carlos Fuentes, Susan Sontag, Hans Magnus Enzensberger und anderen unterzeichneten offenen Brief protestierten Intellektuelle weltweit gegen den Umgang der Regierung Kubas mit Schriftstellern und Künstlern.

Die ursprüngliche Einladung Fidel Castros an die Künstler zum kritischen Begleiten der Entwicklung nach dem Motto »Innerhalb der Revolution alles, gegen die Revolution nichts« erwies sich bald als Illusion. (Das Motto war auch die fatale Anleihe eines ganz ähnlichen Spruchs von Benito Mussolini, der 1925 erklärte: »Tutto nello Stato, niente al di fuori dello Stato.« – Alles innerhalb des Staates, nichts außerhalb des Staates.) Es wäre ehrlicher gewesen, gleich die Bibel zu zitieren, wo es in Matthäus 12,30 heißt: »Wer nicht mit mir ist, ist gegen mich« – denn genau so war es gemeint.) Diejenigen, die sich in ehrlicher Absicht produktiv mit der Revolution auseinandersetzen wollten, wurden mit sozialer Ächtung oder Gefängnis bestraft und/oder gingen ins Exil.

## Der Fall Reinaldo Arenas

Als Jugendlicher marschierte Reinaldo Arenas (Jahrgang 1943) mit den Rebellen nach dem Sieg in Havanna ein. Er wollte dem Leben in der Provinz entfliehen und frei sein in der Stadt. Zunächst arbeitete er in der Nationalbibliothek, reichte literarische Arbeiten ein, die auch gefördert wurden. Sein Buch »Celestino antes del alba« wurde veröffentlicht, nachdem ihm Kubas berühmtester Romancier, Alejo Carpentier, bei der Endfassung geholfen hatte. In Frankreich wurde es 1969 als bester ausländischer Roman mit dem Prix Medicis ausgezeichnet. In Kuba blieb es das einzige Buch, das Arenas im eigenen Land veröffentlichen konnte. Sein nächstes Werk »Halluzinationen« musste er aus Kuba herausschmuggeln lassen, es erschien im Ausland. Der Schriftsteller wurde zum Ziel staatlicher Verfolgung.

Anlass war auch seine Homosexualität, die zu jener Zeit im revolutionären Kuba offensiv verfolgt wurde. 1973 verurteilte man ihn mit einer fingierten Anklage zu zwei Jahren Gefängnis. Als Briefschreiber vieler Häftlinge wurde Arenas zum Star der Haftanstalt. Er fragte jedes Mal, ob er sie in der Sprache des Absenders oder in der des Dichters abfassen solle. Viele baten ihn um seine eigene Form. Er kam auch in Einzelhaft in einen sogenannten Tigerkäfig, der so klein war, dass man darin weder stehen noch liegen konnte. Im Arbeitslager musste er Zuckerrohr schneiden. Dort entstand der Roman »El Central«, in dem er die Geschichte der Sklaverei und der Zwangsarbeit in seinem Land niederschrieb.

Nach seiner Freilassung unternahm Arenas einen Fluchtversuch auf einem Autoreifen, der ihn ins 150 Kilometer entfernte Florida treiben sollte – ihn aber nur an einen anderen Ort auf der kubanischen Insel brachte. Nach Selbstmordversuchen, Obdachlosigkeit und immer wieder neuen Verhaftungen schaffte er es schließlich, im Getümmel der Massenausreise von 1980 Kuba zu verlassen. Er ging nach New York und unterrichtete an der Princeton University lateinamerikanische Literaturgeschichte. 1988 verfasste er einen offenen Brief an Fidel Castro, den er aufrief, sich nach drei Jahrzehnten an der Macht endlich einem Plebiszit zu stellen. Diesem Aufruf schlossen sich weltweit berühmte Künstler wie Saul Bellow, Eugène Ionesco, Louis Malle, Czesław Miłosz, Yves Montand, Octavio Paz, Jorge Semprún und Susan Sontag an. Im Jahr 2000 wurde das Leben des kubanischen Schriftstellers unter dem Titel »Bevor es Nacht wird« verfilmt. Der Streifen von Julian Schnabel beruht auf der Autobiografie von Reinaldo Arena, die 1990 (im Todesjahr des Dichters) erschien. Für die Hauptrolle wurde Javier Bardem für den Oscar und die Golden Globes nominiert.

Mit den Verfolgungen der Künstler endete die Phase der internationalen Sympathie der Intellektuellen mit den Revolutionären auf Kuba. Fidel Castro erklärte das dem chilenischen Diplomaten und Schriftsteller Jorge Edwards 1971 so: »Es gibt kein sozialistisches Land, das nicht so eine Phase durchgemacht hätte, in der die alte bürgerliche Kultur, die nach der Revolution immer irgendwie überlebt hat, durch die neue Kultur des Sozialismus ersetzt wird.«

Eine der Verantwortlichen für den Diskurs mit den Künstlern und Intellektuellen Kubas war Haydeé Santamaría, die 1959 zur Direktorin des Literaturinstituts Casa de las Americas ernannt worden war. Sie galt als Moncada-Kämpferin neben Vilma Espín, der Vorsitzenden des Frauenverbandes, als Ikone der kubanischen Frauenbewegung. Als Gründungsmitglied und Mitglied des Zentralkomitees der Kommunistischen Partei sorgte sie dafür, dass die Revolution im Ausland nicht isoliert wurde, organisierte den Austausch und war alsbald erste Ansprechpartnerin für führende Intellektuelle des Westens. Nachdem Fidel den Dialog und die konstruktive kritische Begleitung der Revolution für beendet erklärt hatte, wurde ihre Arbeit immer schwieriger. 1980 nahm sie sich das Leben.

Der Selbstmord war für all jene die Lösung, die es nicht über sich brachten, zu flüchten. So erschoss sich 1965 auch Nilsa Espín Guillois im Haus ihres Schwagers Raúl Castro. Sie hatte außerhalb der Bewegung des 26. Juli gegen Batista gekämpft und vertrat eher linksextreme Positionen. Ihr Mann, ein Armeeoffizier, nahm sich zeitgleich an einem anderen Ort das Leben. Auch der Chef der politischen Abteilung des Innenministeriums und stellvertretende Minister *comandante* Eddy Suñol sowie der 1976 abgelöste Präsident Osvaldo Dorticós schieden freiwillig aus dem Leben.

1992 erreichte Kubas Selbstmordrate mit 21,3 auf 100 000 Einwohner ihren Höhepunkt. 2005 war sie mit 12,4 immer noch die höchste in ganz Lateinamerika. (Und in diesen Zahlen sind nicht jene Tausende Kubaner enthalten, die sich in vollkommen aussichtslosen Fluchtversuchen auf Traktorenreifen in die haireiche Straße von Florida begeben.)

# Die bleierne Zeit

**Fidel zeigt Reue – Die Sowjetunion baut ihre Präsenz aus – Kuba wird Teil des »sozialistischen Lagers« – Fidel: »Wir schwimmen in einem Meer von Schwierigkeiten.« – 125 000 Kubaner werden übers Meer nach Florida gebracht – Militärische Erfolge in Afrika – Abrechnung mit dem kühnsten General – Keine Perestroika für Kuba.**

* * *

Mit der vollen Konzentration aller Ressourcen auf die Zuckerrohrernte war Kuba in den 70er Jahren nach Eingliederung in das sozialistische Wirtschaftssystem nun mit vier Fünfteln seiner Exporte an diese Monokultur gebunden. Da die UdSSR den größten Teil abnahm, war klar, dass die Bewegungsspielräume für Kuba eng waren. Fidel Castro reagierte mit der Wiedereinführung eines differenzierten Lohnsystems, mit einem Gesetz gegen »Faulenzerei«, wonach arbeitsfähige Männer zwischen 17 und 60 Jahren, die weder Studenten waren noch bei staatlichen Stellen arbeiteten, mit einer Strafe von bis zu zwei Jahren Gefängnis belegt werden konnten. Es begann eine bleierne Zeit, die *quinquenio gris*, wie die Jahre der Vorherrschaft des bürokratischen Sozialismus auf der Insel bezeichnet werden.

Auch Fidel Castro spürte die Veränderungen: Er musste seinen selbstherrlichen Regierungsstil aufgeben. Er bot 1970 seinen Rücktritt an – der erwartungsgemäß entschieden zurückgewiesen wurde –, kritisierte seine eigene Politik der vergangenen Jahre als utopisch, technisch nicht ausgereift und als arrogant gegenüber den Erfahrungen der anderen, weiter entwickelten sozialistischen Länder und versprach, sich künftig an den Erfahrungen der Sowjetunion beim Aufbau des Sozialismus zu orientieren.

Regierung und Partei wurden endgültig nach sowjetischem Vorbild ausgerichtet. Ein zehnköpfiges Exekutivkomitee kontrollierte fortan den Ministerrat, der nun wie alle Führungsorgane in regelmäßigen Abständen tagte und die Kompetenzen der einzelnen Mitglieder klar regelte. Mit einer Verwaltungsreform wurden Kompetenzbereiche auf die Provinz- und Gemeindeebene abgegeben.

Die UdSSR nutzte ihren geostrategischen Vorteil und installierte in Lourdes bei Havanna den weltweit größten sowjetischen Abhörposten, der von Kuba aus alle Wellenbereiche der Amerikaner erfassen konnte. Die Bauarbeiten begannen 1962, und am Ende umfasste der hochgeheime Lauschposten eine Fläche von 73 Quadratkilometern und beherbergte 3000 Abhörspezialisten sowie eine Kampfbrigade zu ihrem Schutz.

Der Versuch, in Cienfuegos einen sowjetischen U-Boot-Stützpunkt zu bauen, scheiterte jedoch 1970 am Einspruch von US-Präsident Nixon. Die Regierung in Moskau verzichtete und unterwarf sich obendrein dem Verbot, auf der Insel andere Marinestützpunkte oder Versorgungsbasen für nukleare Unterseeboote zu errichten. Nixon vereinbarte bei seinem Besuch in Moskau im Mai 1972 mit Breschnew, »das Entstehen von Situationen zu verhindern, die zu einer gefährlichen Verschlechterung ihrer Beziehungen führen können. Beide Seiten erkennen an, dass Bestrebungen, direkt oder indirekt, einen einseitigen Vorteil auf Kosten des anderen zu erreichen, nicht im Einklang mit diesen Zielen stehen.«

## Kuba wird Teil des »sozialistischen Lagers«

Die Sowjetunion war sich im Klaren, dass sie mit Kuba einen Fall von klassischer Insolvenz übernommen hatte. Nach der Neuausrichtung der Institutionen half Partei- und Staatschef Breshnew mit großer Energie der am Boden liegenden kubanischen Wirtschaft. Die Wirtschaftshilfe wurde aufgestockt, zinslose Darlehen wurden ausgereicht, die Tilgung der bislang aufgelaufenen

Schulden ausgesetzt, Preisgarantien über Weltmarktpreise für die Hauptexportgüter Zucker und Nickel sowie Erdöllieferungen weit unter dem Weltmarktpreis zugesagt.

1972 wurde Kuba Vollmitglied des Rates für gegenseitige Wirtschaftshilfe, der im Osten als RGW und im Westen als COMECON bekannt war. Auch hier bekam die sozialistische Insel Vorzugsbedingungen zugestanden. Die wirtschaftliche Integration in das Bündnis sah vor, dass Kuba Roherzeugnisse – vor allem Zucker und Nickel – lieferte und im Gegenzug Technik und Kredite sowie Know-how bezog.

Kaum war dies vollzogen, geschah ein kleines Wunder: Der Weltmarktpreis für Zucker schnellte 1973 von 37 auf fast 300 Dollar je Tonne! Das sorgte zusätzlich für eine rasche Erholung der Wirtschaft. Die Kubaner spürten den Aufschwung direkt, denn nun gab es für sie Konsumgüter wie sowjetische Fernseher, Kühlschränke oder Klimaanlagen. Man konnte diese Geräte auf Kredit erwerben und dann im Laufe vieler Jahre zinslos und mit Miniraten zurückzahlen. Die ersten aus Argentinien importierten Autos tauchten auf. Der Boom bescherte dem revolutionären Kuba 1975 sogar zum ersten Mal eine positive Handelsbilanz – es sollte bis heute die letzte bleiben.

Ende 1975 fand – zehn Jahre nach Gründung der neuen Kommunistischen Partei – der I. Parteitag der PCC in Havanna statt. Fidel Castro erstattete Bericht. Das Fernsehen übertrug live und zeigte den neuen *Máximo Líder:* Die schlichte Uniform mit den Kampfstiefeln war einer maßgeschneiderten Generalsuniform mit blankgeputzten Halbschuhen gewichen. »Revolutionen haben gewöhnlich ihre utopische Phase. Die Methoden, die wir bei der Lenkung unserer Volkswirtschaft anwandten, waren nicht sehr gut«, übte er in seiner mehrstündigen Rede Selbstkritik. »In einer idealistischen Interpretation des Marxismus und in Abweichung von der Praxis und den Erfahrungen anderer sozialistischer Länder versuchten wir, unser eigenes System zu schaffen.«

Doch er wäre nicht der spontane und zu jähen Wendungen fähige Anführer, hätte er nicht auch eine Überraschung präsentiert: Offen rühmte er auf dem Parteitag die Beteiligung kubanischer Streitkräfte an Kämpfen in Angola, Moçambique, Guinea-Bissau, Syrien, Vietnam, Laos, Kambodscha, Algerien, der Demokratischen Republik Jemen, der Volksrepublik Kongo; er lobte die Hilfe für Madagaskar und Nordkorea und die Unterstützung für revolutionäre Bewegungen u. a. in Puerto Rico, immerhin ein assoziierter US-Bundesstaat.

Damit hatten sich seine ernsthaften Bemühungen um eine erneute Annäherung an die Vereinigten Staaten erledigt. Er sei guten Willens, hatte er die US-Regierung zuvor wissen lassen, Washington müsse jedoch den ersten Schritt tun, ein guter Anfang könnten die Aufhebung der Wirtschaftsblockade oder die Regelung der Entschädigungsfrage sein. Und nun gab Castro zu, dass er sich jahrelang mit Waffen und Soldaten in die inneren Auseinandersetzungen fremder Staaten eingemischt hatte – ganz so, wie es ihm die Hardliner in Washington immer vorgeworfen hatten.

Die Streitkräfte Kubas, die Fuerzas Armadas Revolucionariás (FAR), waren nämlich von einem ganz anderen Kaliber als die zusammengewürfelte Truppe, mit der Ernesto »Che« Guevara in Bolivien gescheitert war. Von sowjetischen Militärs bestens trainiert, war sie zur schlagkräftigsten Armee Lateinamerikas aufgerückt. Sie hatte Kampferfahrungen, verfügte über Spezialkräfte und mit ihren afrokubanischen Soldaten über ein besonders wertvolles Instrument der Tarnung bei Einsätzen in Afrika.

Die USA protestierten, ihr UN-Botschafter Daniel Patrick Moynihan bezeichnete die Kubaner als »die Gurkhas des sowjetischen Weltreichs«, (die Gurkhas waren reguläre nepalesische Einheiten im Dienst der britischen Kolonialarmee), doch dabei blieb es auch. Im Falle Kubas gelang den Amerikanern wirklich so gut wie nichts. Das hatte neben vielen anderen Faktoren einen handfesten Grund: Ende 2015 enthüllte der Chefhistoriker der CIA, dass die US-Regierung im Fall von Kuba praktisch blind und desorientiert handelte: Alle CIA-Kräfte vor Ort seien Doppelagenten gewesen, die innerhalb der US-Geheimdienste »Chaos und Verwüstung« angerichtet hätten.

Es gibt wohl eine interessante Ausnahme: Von 1961 bis zu ihrer Flucht 1964 spionierte in Havanna die Agentin »Donna«. Es war Juanita Castro, die Schwester der beiden Castros, die hier für die CIA arbeitete. Sie versteckte Verfolgte in einer von ihr angemieteten Pension und beschaffte Agenten sichere Wohnungen. Geld nahm sie nicht, und ihre Bedingung war, dass es keine Gewaltaktionen gebe, insbesondere nicht gegen ihre Brüder. In ihrem Buch schilderte sie Jahrzehnte später, dass sie über Kurzwelle Zahlencodes empfing, deren Ankunft zuvor um 19 Uhr mit dem Walzer »Fascinación« angekündigt wurde. Sie beendete ihr 2009 erschienenes Buch mit einem direkten Appell an ihren Lieblingsbruder: »Raúl, in Deinen Händen könnte der Übergang zur Demokratie für Kuba liegen.«

## Massenflucht

Das Jahr 1980 begann schon schlecht: 90 Prozent der Tabakernte waren durch Schädlingsbefall vernichtet worden, die Zuckerproduktion lag infolge von Rostpilz etwa ein Viertel unter der erwarteten Menge. »Wir werden von einer wachsenden Inflation geschlagen, welche die Preise für die Produkte, die wir einführen müssen, von Tag zu Tag steigert«, resümierte Raúl Castro, »während der Preis für unseren Zucker sehr niedrig geblieben ist.« Und sein Bruder ergänzte vor der Nationalversammlung: »Wir schwimmen in einem Meer von Schwierigkeiten.« Zehntausende mussten entlassen und die im Fünfjahresplan veranschlagten Wachstumsraten drastisch gesenkt werden.

Obwohl Kuba bis an die Zähne gerüstet war – 190 000 Soldaten, 90 000 Reservisten, 10 000 Einsatztruppen der Staatssicherheit, 3000 Grenzsoldaten – sorgte sich die Führung Ende 1979 um ihre Sicherheit. Die UdSSR war nämlich überraschend in Afghanistan einmarschiert und hatte damit alle Welt vor den Kopf gestoßen. Fidel Castro war außer sich, wusste er doch, dass eine mögliche Reaktion für die USA im Überfall auf Kuba bestand.

Sein Bruder, der Verteidigungsminister, musste gerade zu dieser Zeit eingestehen, dass die Anwerbung neuer Offiziere auf massive Hindernisse stoße. Auf der Gründungsversammlung der »Gesellschaft für patriotisch-militärische Erziehung« beklagte Raúl im Februar 1980, obwohl das »Verteidigungspotential unbedingt erhöht« werden müsse, habe die Armee Schwierigkeiten, junge Leute zu rekrutieren. Die Jugend habe offenbar andere Ideale und stelle höhere Forderungen. Deswegen müsse man mehr Zeit und Aufmerksamkeit darauf verwenden, »ihnen Ideale ins Herz zu senken«.

Die Versorgungslage war auch wieder einmal kritisch. Eine Karikatur in einer humoristischen Zeitschrift drückte die Situation so aus: »Sie sehen mich jetzt zwar hier«, sagt der Arzt zur Patientin, »aber eigentlich bin ich der Dritte in der Brotschlange.« Die Reaktion darauf war der Kampf gegen »Verbrecher und gesellschaftsfeindliche Elemente«, »Schmarotzer« und »Schwarzmarkthyänen«. Polizeikontrollen und Verhaftungen nahmen sprunghaft zu.

In dieser Lage kaperten am 2. April 1980 fünf Kubaner einen Bus und fuhren darin zur peruanischen Botschaft in Havanna, wo sie um politisches Asyl baten, das ihnen auch gewährt wurde. Fidel Castro übernahm persönlich die Leitung des Krisenstabes, der im Büro des damaligen Chefs der Spionageabwehr in der Nähe der Botschaft errichtet wurde.

Die typische Reaktion Castros war der Abzug des Polizeischutzes von der Botschaft. Diese Maßnahme sollte Souveränität und Stärke demonstrieren, erreichte aber das Gegenteil und produzierte eine der größten Krisen im Land: In Windeseile sprach sich in Havanna und später auch in ganz Kuba herum, dass die peruanische Botschaft offen war. Bald hatten sich im Garten Zehntausende Kubaner versammelt, und es waren viele noch auf dem Weg dahin. Auf dem Gelände war schließlich kein Platz mehr, alles stand dicht gedrängt, sogar auf den Bäumen hatten sich die Flüchtlinge niedergelassen.

In früheren Zeiten hatte die Regierung die Auswanderung immer diskret und kontrolliert abgewickelt. Von 1965 bis 1973 gab es die sogenannten *Freedom Flights*, mit denen zwei Mal am Tag Kubaner nach Miami ausgeflogen wurden – insgesamt 300 000 Menschen. Dort angekommen erhielten die Flüchtlinge eine Vorzugsbehandlung, zuerst die automatische Zubilligung des Flüchtlingsstatus, danach die ständige Aufenthaltsgenehmigung und schließlich die amerikanische Staatsbürgerschaft. Das war der Erkenntnis geschuldet, dass sich die Verhältnisse auf Kuba nicht so schnell ändern würden.

Verbunden mit der Förderung der Ausreise war die Überlegung, den kubanischen Staat durch die Auswanderung von Fachkräften zu schwächen und gleichzeitig im eigenen Interesse zu nutzen. Kuba wiederum war daran gelegen, dass sich im Land keine dauerhafte Opposition bilden konnte und dass Kritiker das Land verließen. Schon 1968 hatten sich eine Million Kubaner in die Ausreiselisten eingetragen. Kurz darauf wurden die Wartelisten geschlossen und im April 1973 die ganze Aktion *Freedom Flights* abgebrochen.

So hatte sich wieder der Unwille angestaut, und die erste Gelegenheit zur Flucht im April 1980 wurde massenhaft genutzt. Nach dreiwöchigen Verhandlungen gestattete die kubanische Regierung jedermann die Ausreise vom westlich von Havanna gelegenen Hafen Mariel auf dem Seeweg nach Florida – sofern dort jemand zum Transport bereit war. 125 000 Kubaner wurden in den nächsten Monaten mit einer Flotte von 1700 Booten jeder Größe von Amerikanern nach Florida gebracht. Überwacht wurde die Aktion von US-Kriegsschiffen. Als letzten vergifteten Gruß mischten die kubanischen Behörden noch verurteilte Schwerverbrecher und psychisch Kranke unter die Flüchtenden.

Es sei an einen Ausspruch des kubanischen Volkshelden José Martí erinnert, der mit vielen Zitaten in Kuba omnipräsent ist – nur mit diesem nicht: »Der Mensch liebt die Freiheit, auch wenn er sich dessen gar nicht bewusst ist. Es ist sein Antrieb und er flieht, wo sie nicht besteht.«

## Abenteuer in Afrika

Besonders in Angola wurde deutlich, wie weit die militärische Arbeitsteilung zwischen der UdSSR und Kuba mittlerweile gediehen war. 1975 hatte die Befreiungsbewegung MPLA die portugiesische Kolonialmacht besiegt, war aber anschließend selbst unter Druck durch eine von den USA unterstützte Rebellenbewegung geraten und rief daher die Sowjetunion um Hilfe. Die lieferte im Rahmen einer militärischen Luftbrücke Waffen und Material, und gleichzeitig entsandte Kuba seine Truppen. Mühelos übernahmen sie vor Ort die sowjetischen Panzer, Raketenwerfer und anderes Militärmaterial, an dem sie seit Jahren ausgebildet worden waren, und sicherten der neuen angolanischen Regierung den Sieg. Anstatt sich zurückzuziehen, blieben Waffen und Bedienung im Land. Dass sie sich auf längere Zeit einrichteten, wurde deutlich, als die kubanischen Offiziere ihre Familien nachreisen lassen durften.

Der Befehlshaber der kubanischen Truppen in Angola war General Arnaldo Ochoa, der bereits über viel Kampferfahrung verfügte. Mit mehreren seiner Brüder hatte er gegen Batista gekämpft, nahm 1959 an der gescheiterten Aktion zum Sturz des Diktators der benachbarten Dominikanischen Republik teil, bildete Truppen in der Volksrepublik Kongo, in Sierra Leone, in Syrien aus.

1977 wurde er als Kommandeur des kubanischen Expeditionsheeres nach Äthiopien entsandt. Dort hatte das benachbarte Somalia versucht, die Region Ogaden zu erobern, die mehrheitlich von Somalis bewohnt war. Die Sowjetunion unterstützte sowohl die sozialistische Regierung Äthiopiens unter Mengistu Haile Mariam als auch den somalischen Regierungschef Siad Barre. Zunächst versuchte die UdSSR zu vermitteln, doch die Bemühungen um einen Waffenstillstand scheiterten. Daraufhin stellte sie die Hilfe für Somalia ein und griff auf Seiten Äthiopiens in den Konflikt ein. Die Sowjetunion lieferte über eine Luftbrücke mehr als 60 000 Tonnen Waffen und Material. Der kubanische Befehlshaber General Arnaldo Ochoa konnte so schon nach einem Tag drei motorisierte Divisionen bewaffnen. Ein Großteil seiner Truppen wurde aus Angola verlegt, zusätzlich kamen 17 000 Mann direkt aus Kuba. Das Expeditionskorps bestand ferner aus Militärberatern mehrerer sozialistischer Staaten, darunter die DDR, Polen, Bulgarien und Ungarn. Die Leitung des gemeinsamen Generalstabs übernahm der äthiopische Staatschef, den Oberbefehl über die Truppen erhielt General Ochoa, der damit drei Dutzend Generäle aus Europa befehligte. Somalia hatte keine Chance, den Konflikt für sich zu gewinnen, denn die sowjetischen Militärberater, die aus dem Land abgezogen worden waren, hatten präzise Informationen über alle militärischen Stellungen mitgebracht.

Nach dem Sieg wartete auf Ochoa bereits die nächste Aufgabe. Er wurde als Chef der kubanischen Militärberater nach Grenada entsandt, wo sich eine revolutionäre Regierung unter Ministerpräsident Maurice Bishop etabliert hatte. In dem Maße, wie sich die Beziehungen zur Sowjetunion und Kuba intensivierten, verschlechterten sie sich zu den USA. Insbesondere nachdem bekannt wurde, dass mit Hilfe der sozialistischen Partner ein Großflughafen auf der kleinen Karibikinsel gebaut werden sollte, dessen Zweck einer der Minister Grenadas offenherzig als Zwischenstopp für den Truppentransport kubanischer Soldaten nach Angola beschrieb. Ronald Reagan verhängte ein Wirtschaftsembargo und gab im Oktober 1983 den Befehl zur Intervention. Dort fiel den US-Truppen eine Vielzahl von Dokumenten in die Hände, die belegten, dass Kuba in Grenada eine kleine, aber schlagkräftige Armee aufbauen wollte.

Ochoa wechselte nach Nikaragua, wo er zum obersten Militärberater der sandinistischen Regierung ernannt wurde, die gerade den Abwehrkampf gegen Contra-Rebellen organisierte. Dank seiner Arbeit entwickelte sich das sandinistische Volksheer binnen nur zwei Jahren zur stärkste Militärmacht in Mittelamerika. Daneben wurde Ochoa zum ständigen Begleiter von Verteidigungsminister Raúl Castro bei dessen Konsultationen in Moskau. Die sowjetische Führung schätzte den kubanischen General wegen seiner Erfolge in Angola und Äthiopien außerordentlich. Zudem war er an der Frunse-Generalstabsakademie in Moskau ausgebildet worden und sprach fließend Russisch. Bei einem dieser Treffen wurde auch die Lage in Angola auf höchster politischer Ebene erörtert.

Dort hatte sich dank der massiven Unterstützung der Rebellen durch die USA die Lage erneut verschlechtert. Präsident Reagan hatte dem Chef der antikolonialen Bewegung UNITA, Jonas Savimbi, im Weißen Haus umfassende Hilfe zugesagt. Die Waffen wurden zunächst nach Zaire gebracht und von dort nach Angola geschleust. Mittlerweile engagierte sich auch die reguläre südafrikanische Armee in dem Konflikt. Nun handelte es sich nicht mehr um einen Guerrillakampf. Die UNITA-Rebellen konnten nur noch mit den massierten Mitteln eines konventionellen Krieges besiegt werden. General Ochoa wurde beauftragt, das neue Kriegskonzept auszuarbeiten. Dabei wurde deutlich, dass sich die Interessen der UdSSR und Kubas zunehmend auseinanderentwickelten. Während Michail Gorbatschow auf eine rasche Beendigung der Militäroperationen setzte, weil das Land keine weiteren militärischen Abenteuer bezahlen konnte, wollte Fidel Castro bis zum Ende der Apartheid in Afrika kämpfen.

Hier begann das Drama.

Bis dahin war Arnaldo Ochoa der aufsteigende Star des neuen Kuba. Er war unbestreitbar der fähigste Militär, ein großer

Heerführer, der seine Truppen hinter sich scharte, ein Juwel der künftigen Führung. Fidel machte ihn mit dem höchsten militärischen Orden zum »Helden der Republik Kuba«, eine rare Auszeichnung. Er stieg als Mitglied des Zentralkomitees der Kommunistischen Partei Kubas auf und war ein treuer Gefolgsmann des *Máximo Líder*.

Doch Castro fragte sich, ob der Stern am Himmel der sozialistischen Waffenbrüder und der besondere Freund der sowjetischen Militärs noch sein Mann war oder ob der General nicht schon eher den Weisungen der sowjetischen Militärs folgte. Inzwischen hatten sich die engen Beziehungen zur UdSSR abgekühlt, grenzte sich Fidel von Michail Gorbatschow ab, widersetzte sich Kuba der Perestroika. Der kubanische Kriegsheld geriet also zwischen die Fronten, ohne dass er es zunächst merkte. Während die kubanische Generalität in Angola unter seiner Führung die Planungen zum Sieg über die US-finanzierten Rebellen und die südafrikanische reguläre Armee vorantrieb, wurde Castro immer misstrauischer. Er übernahm im Generalstab in Havanna die Kontrolle. Waren es zunächst kleinere Korrekturen, so eskalierte der Konflikt mit dem Oberbefehlshaber des kubanischen Expeditionskorps in Angola schnell.

Während Ochoa nun aus dem fernen Havanna penibel überwacht wurde, setzte er 1988 zur Entscheidungsschlacht an und siegte mit 40 000 kubanischen Kampftruppen, 60 000 angolanischen Soldaten sowie 10 000 Kämpfern der namibischen Befreiungsarmee SWAPO. Die Schlacht wurde zum Wendepunkt und gilt seither als legendär: Die Niederlage Südafrikas verschob das Kräftegleichgewicht in der Region, leitete den Untergang des Apartheidregimes ein und sicherte die Unabhängigkeit Namibias. Es war der größte Triumph Kubas seit dem Sieg der Revolution im eigenen Land. Und die Kommandeure in Angola wussten genau, wessen Verdienst dies vor allem war: General Arnaldo Ochoas, der sich gegen Weisungen Fidel Castros und dessen Bruders durchgesetzt hatte.

Der Abzug der kubanischen Truppen begann am 10. Januar 1989 und beendete 13 Jahre militärischer Präsenz Kubas in Angola.

Als Ergebnis dieses Erfolges auf dem Schlachtfeld unterzeichneten Angola, Kuba und Südafrika Ende 1988 das Dreimächteabkommen von New York, das den Rückzug Südafrikas, die Unabhängigkeit Namibias und den Abzug der kubanischen Truppen innerhalb von 30 Monaten vorsah. Gleichzeitig wurden auch die kubanischen Truppen aus Kongo und Äthiopien abgezogen. Kuba hatte gesiegt, während die USA in Vietnam und die Sowjetunion in Afghanistan ihre Kriege verloren hatten. Einen größeren Triumph erlebte Fidel Castro nie wieder.

Doch stellt sich heute die Frage, was die Angola-Kriege, bei denen unbestätigten Angaben zufolge Zehntausende Kubaner verwundet und rund 10 000 getötet worden sein sollen, letztlich bewirkten. Luanda ist heute eine der teuersten Metropolen der Welt. Hier werden die höchsten Bauwerke Afrikas errichtet, lebt die Elite in einem unvorstellbaren Reichtum – allen voran die Familie des seit 1979 regierenden Präsidenten Eduardo dos Santos. Seine Tochter ist die größte Investorin des Landes und mit einem geschätzten Privatvermögen von drei Milliarden Dollar die reichste Frau Afrikas. Die Familie regiert das Land mit den zweitgrößten Erdölvorkommen des Kontinents über das staatliche Erdölunternehmen SONANGOL, bei dem allein zwischen 2007 und 2011 mehr als 32 Milliarden Dollar »verschwunden« sind. Währenddessen leben etwa zwei Drittel der 20 Millionen Angolaner von weniger als zwei Dollar am Tag. Jedes vierte Kind erreicht nicht einmal das fünfte Lebensjahr. Die Entwicklung ist anders gelaufen als von den kubanischen Kämpfern gedacht.

## Vorwärts – wir müssen zurück

Seit in der Sowjetunion durch Michail Gorbatschow 1985 die Phase der Perestroika eingeleitet worden war, verhärteten sich die Positionen der kubanischen Führung. Wie in der DDR, so interessierten sich auch hier die Menschen für den Prozess der Öffnung und Erneuerung. Zeitschriften aus Moskau, die früher nur ein müdes Gähnen hervorgerufen hatten, waren plötzlich begehrt. Gorbatschows Buch »Perestroika« in spanischer Übersetzung war nach wenigen Tagen ausverkauft.

Plötzlich wurde bei Veranstaltungen gerufen »Es lebe die Perestroika!«. Bei Kinovorführungen kam es immer öfter vor, dass der halbe Saal den Refrain eines beliebten Songs der Gruppe Montes y Espuma bei der Wochenschau mitsang: »Ese hombre está loco« – dieser Mann ist verrückt – und zwar immer dann, wenn Revolutionsführer Fidel Castro gezeigt wurde. Doch *El Barba*, der Bärtige, war nicht geneigt, sich dem sowjetischen Vorbild anzuschließen. Die Propaganda reagierte indirekt: Es wurden mehr Plakate für die Schulen mit dem Bild »Che« Guevaras gedruckt: »Che, der Meister des Krieges« oder »Che, Schmied der Zukunft«. (Der Bruch zwischen Fidel und »Che« 1966 war der kubanischen Bevölkerung wohlweislich nicht bekannt gemacht worden.)

Privat zog der neue Wind zumindest bei einem anderen Castro durch dessen persönliches Umfeld: Mariela Castro Espín, Tochter von Raúl, wurde zur Fürsprecherin der neuen Zeiten in Moskau. Ihr Freund, ein Tänzer, der sich 1991 nach Spanien absetzte, berichtete, wie sich ihr Vater beklagte, sie habe ihm die Perestroika ins Haus geschafft.

Sein großer Bruder hielt nicht nur privat nichts von den sowjetischen Neuerungen, sondern vollzog auf dem III. Parteitag 1986 eine scharfe Kehrtwende. Die Wirtschaft wurde wieder zentralisiert, die zarten Ansätze einer Reform mit den freien Bauernmärkten einkassiert und privates Gewerbe verboten. Wie zu Beginn der Revolution setzte Fidel Castro wieder auf die Mobilisierung der Massen. Lohnanreize wurden erneut wieder abgeschafft, unbezahlte freiwillige Mehrarbeit eingefordert. Es war, als wäre »Che« Guevara mit seiner Theorie des »neuen Menschen« zurückgekehrt.

Zurück waren auch die alten Probleme: Zwar hatte Kuba bei westlichen Banken zahlreiche Kredite aufgenommen und damit verbunden westliche Fertigwaren eingekauft. Doch nun drückten die Zinsen, und fast die Hälfte der Exporterlöse ging dafür drauf. Die Schuldenlast hatte sich binnen weniger Jahre verfünffacht. Kuba musste die Rückzahlungen seiner Kredite einstellen.

Die »neue« Strategie – man ahnt es bereits – verfehlte ihr Ziel nachhaltig. Eine Korrektur fand statt, die Irrtümer blieben: Das Wachstum ging zurück, das Handelsbilanzdefizit erreichte neue Rekordhöhen. Arbeiter blieben mehr denn je der Arbeit fern, und die Produktion ging durchgängig in allen Sektoren zurück.

Im April 1989 flog Michail Gorbatschow nach Havanna. Er begrüßte den Revolutionsführer mit einem herzlichen »Sdrastwuitje Fidel«, doch der erwiderte nur förmlich: »Guten Tag, Genosse Generalsekretär«. Der Gast hatte eindeutige Botschaften im Gepäck: Nichts bleibt, wie es ist, die regionalen Konflikte werden beendet, Waffenlieferungen unterbleiben und als kleines Tischfeuerwerk den Satz: »Wenn ein sozialistisches Land kapitalistisch werden will, so ist das genauso zu respektieren wie der Wunsch eines anderen Landes, den Sozialismus aufzubauen.«

# Die Affäre Ochoa

Die amerikanische Drogenverfolgungsbehörde DEA sah seit Mitte der 80er Jahre in Kuba einen Umschlagplatz im Kokainhandel zwischen Kolumbien und den USA. »Ich weiß von keinem kubanischen Staatsdiener, der in Drogengeschäfte verwickelt ist«, beschied Fidel Castro derartige Vorwürfe. Dann verkündete Verteidigungsminister Raúl Castro im Juni 1989 während einer zweieinhalbstündigen Rede vor 1200 hohen Offizieren plötzlich, die Regierung habe einen Ring von Drogenhändlern ausgehoben. An ihrer Spitze habe Divisionsgeneral Arnaldo Ochoa gestanden. Mit ihm wurden angeklagt General Patricio de la Guardia und sein Zwillingsbruder Oberst Antonio »Tony« de la Guardia. Patricio war bis 1973 Chef der kubanischen Militärberater in Chile gewesen und von Castro als persönlicher Leibwächter des sozialistischen Präsidenten Salvador Allende entsandt worden, kommandierte die Spezialeinheiten des Innenministeriums, die zuletzt in Angola durchschlagenden Erfolg hatten.

Natürlich war Kuba in den Drogenschmuggel verstrickt. Erstens, um die Devisenknappheit zu lindern, zweitens, um die Rebellenbewegungen in Kolumbien beim Geschäft Drogen gegen Waffen zu unterstützen, und drittens, um die USA mit Drogen zu schwächen. Das war kaum noch ein Geheimnis. Es gab klare Strukturen, doch die Armee – und damit Ochoa – waren darin nicht involviert. Zuständig war Tony de la Guardia, der kubanische Devisenbeschaffer, Oberst im kubanischen Innenministerium und Chef der Sonderabteilung MC *(moneda convertible)* mit der Aufgabe, wo immer es möglich war, Dollars zu beschaffen. Die Blaupause für diese Institution war einst der Bereich »Kommerzielle Koordinierung« der DDR unter Alexander Schalck-Golodkowski.

Tony wurde immer da eingesetzt, wo es brannte: bei den Palästinensern im Südlibanon, bei den Sandinisten in Nikaragua, bis ihm schließlich Fidel Castro persönlich die Aufgabe der De-

General Arnaldo Ochoa am 25. Juni 1989 im Fernsehen während des Schauprozesses gegen hohe kubanische Militärs in Havanna. Am 13. Juli 1989 wurde er standrechtlich erschossen.

visenbeschaffung und Leitung des Departamento MC übertrug. MC war Nachfolger des Departamento Z, das zu Beginn der 80er gegründet worden war, und versorgte den Handel mit allem, was die dringend benötigten Devisen einbrachte: Das war vor allem der (illegale) Verkauf von Zigarren in die USA, von Kunstwerken und Antiquitäten, die man in Spanien veräußerte, und nicht zuletzt von Elfenbein und Diamanten aus Afrika. Nun also statt Z »MC« – im kubanischen Alltag *Marihuana y Cocaína* genannt.

Die Transportroute des kolumbianischen Rauschgifts auf dem Weg in die USA verlief in unmittelbarer Nähe des kubanischen Hoheitsgebiets. Dort wurden die Schmuggelschiffe auch zunächst abgefangen. Die kolumbianische Drogenmafia wollte Schiffe und Ladung wiederhaben, der kubanische Botschafter in Bogotá soll je aufgebrachtem Schiff 800 000 Dollar verlangt haben. In einer nächsten Stufe soll Kuba angeboten haben, die Schiffe auf ihrem Weg nach Florida aufzutanken und im Notfall auch zu reparieren. Schließlich vereinbarten beide Seiten den begleiteten Schutz der Drogenschmuggler durch die kubanische Luftwaffe.

Ein wichtiger Mittelsmann war dabei der Kolumbianer Jaime Guillot Lara, gegen den 1982 der Staatsanwalt von Südflorida Anklage wegen Drogenschmuggels erhoben hatte. Mit dabei waren das Mitglied des Zentralkomitees der KP Kuba René Rodriguez Cruz, Offizier des kubanischen Geheimdienstes DGI, Vizeadmiral Aldo Santamaria, ebenfalls ZK-Mitglied, sowie der ehemalige kubanische Botschafter in Bogotá, Fernando Ravelo.

Guillot war nicht einfach nur Drogenhändler, sondern der Kontaktmann zwischen der kubanischen Seite und der kolumbianischen Guerrillabewegung M-19, die ihre Bewaffnung über den Handel mit Drogen finanzierte. (An dieser Stelle sei nur der Vollständigkeit halber vermerkt, dass die US-Regierung nach dem gleichen Schema die antisandinistischen Contras in Nikaragua bewaffnete. Details finden sich in den Berichten zur »Iran-Contra-Affäre«.)

In Kuba waren derartige Aktionen eine Aufgabe für den Chef des Departamento MC, Oberst Tony de la Guardia. Der bestätigte 1989 vor dem Militärgericht, dass Kuba auf diese Weise Milliarden Dollar verdiente. Er erwähnte auch eine Episode, die zeigt, wie frühzeitig die Kubaner eingebunden waren. Der französische Tiefseetaucher und Forscher Jean-Michel Cousteau, Sohn des berühmten Jacques-Yves, unternahm 1981 eine Expedition in den Amazonas. Als er in einem kleinen Indio-Dorf auf ein illegales Kokainlabor stieß, sagten ihm die Indios in die Kamera, das Kokain werde nach Kuba gebracht.

Mittlerweile unterhielt Kuba auch direkte Kontakte zu den Spitzen des Medellín-Kartells, namentlich zu Pablo Escóbar. Man vereinbarte, dass das Drogenkartell Waffen an die Guerrillabewegung liefere und die kubanischen Partner dem Kartell notwendige

Ausgangs- und Zuschlagstoffe wie Azeton und Äther (deren Handel international überwacht wird) in großen Mengen beschafften.

Auch von ungewöhnlicher Seite kam die Bestätigung der Drogenaktivitäten der kubanischen Regierung. So berichtete Jan Sejna, ehemaliger Stabschef des Verteidigungsministers in der Tschechoslowakei und Sekretär des streng geheimen Verteidigungsrates, dass die sowjetische Seite bei einer Beratung in Moskau, als es um die Hilfe für die Kommunistische Partei von El Salvador ging, die Kubaner aufforderte, einen Teil der Einnahmen aus dem Drogenhandel dafür bereitzustellen. Immer neue Einzelheiten über die Verstrickungen Kubas in den Drogenhandel drangen zu dieser Zeit an die Öffentlichkeit. Im Februar 1988 hatte ein Vertrauter von Panamas starkem Mann, General Antonio Noriega, der ebenfalls in den USA wegen seiner Verwicklung in Drogengeschäfte angeklagt war, darüber berichtet, dass Fidel Castro persönlich 1984 einen Streit zwischen den Drogenbossen und Noriega geschlichtet habe.

1989 berichtete der kubanische Geheimdienst den Castros, dass sich im Haus von General Ochoa ständig Angola-Heimkehrer trafen, die unzufrieden mit ihrer eigenen Situation wie auch mit der Lage im Land waren. Ochoas Mitkämpfer wussten genau, wem der Sieg in Angola zu verdanken war, und seine Offiziere und Soldaten gingen für ihn durchs Feuer. Er war in der Armee zu einer Legende geworden, die alle Voraussetzungen hatte, die Castros dereinst abzulösen. Damit waren alle roten Linien überschritten.

Fidel und Raúl Castro hatten drei Ziele: Beseitigung des unbotmäßigen Ochoa, Verwischen aller Spuren in die Partei- und Staatsführung hinein durch Kanalisierung des Drogenthemas auf eine kleine »unkontrollierte« Gruppe und die Übernahme des Innenministeriums durch Verteidigungsminister Raúl Castro. Und so geschah es. Ein militärisches Ehrengericht, bei dem fast das gesamte Oberkommando der Streitkräfte mitwirken musste, um eine Solidarisierung der Kameraden mit dem Angeklagten zu verhindern, übernahm die Regie. Am 25. Juni erschien Ochoa, allein und in Uniform, in der vierten Etage des Verteidigungsministeriums, wo er von den 47 Generälen zum einfachen Soldaten degradiert wurde.

Am 13. Juli 1989 wurde General Ochoa zusammen mit Oberst Tony de la Guardia und zwei weiteren hohen Offizieren zum Tode verurteilt und in einer Kaserne im Westen Havannas standrechtlich erschossen. Innenminister José Abrantes, einer der ältesten Vertrauten von Fidel Castro, wurde wegen Verletzung seiner Aufsichtspflicht zu 20 Jahren Haft verurteilt und starb 1991 im Gefängnis. General Patricio de la Guardia wurde zu 30 Jahren Haft verurteilt.

Norberto Fuentes, Schriftsteller und Journalist, war einer der engsten Vertrauten von Fidel und Raúl. Letzterer schickte ihn mit Ochoa nach Angola. Er war befreundet mit dem General ebenso wie mit den De-la-Guardia-Zwillingen. Er warnte sie noch kurz vor ihrer Verhaftung. Doch es war zu spät. Nach der Erschießung Ochoas und Tonys war nichts mehr wie zuvor: Fuentes brach mit den Castros und schrieb: »Der Kapitän meines Schiffes hat uns verladen.«

Fuentes versuchte, Kuba illegal zu verlassen, wurde gefasst und kam ins Gefängnis, wo er in den Hungerstreik trat. Er kam durch die Intervention eines engen Freundes von Fidel, des kolumbianischen Literatur-Nobelpreisträgers Gabriel García Márquez, frei, der ihn mit einer mexikanischen Sondermaschine aus Kuba abholte. Auch für Jorge Masetti, Schriftsteller und Sohn eines Revolutionshelden, des Gründers der Nachrichtenagentur *Prensa Latina*, der 1964 bei einem Guerrilla-Unternehmen in Argentinien ums Leben kam, war die Erschießung Ochoas der endgültige Bruch. Er kämpfte ein Jahr um die Ausreise für sich und seine Frau, die Tochter des erschossenen Tony de la Guardia, und lebt heute in Madrid.

Um zu verhindern, dass aus dem Innenministerium Kritik an dieser Strafaktion laut werden würde, versetzten die Castros die

Mehrzahl der Verantwortlichen des Geheimdienstes (DGI), der Spionageabwehr (DCI), der Polizei, der Einwanderungsbehörde, der Grenzschutztruppen und sogar der Feuerwehr. Ihnen wurden lukrative Posten in den von der Armee kontrollierten Betrieben angeboten. Zugleich wurde das Rentenalter für Offiziere auf 45 Jahre gesenkt.

Die Armee übernahm nun die Führung und Kontrolle über die Spezialeinsatzkräfte des Innenministeriums, jene von General Patricio de la Guardia geführte Truppe, die in allen militärischen Auseinandersetzungen der vergangenen 30 Jahre die größten Erfolge, aber auch die höchsten Opfer gebracht hatte. Ihnen wurden sogar die persönlichen Handfeuerwaffen aus Furcht vor Racheakten abgenommen. Die verbliebenen Kommandeure wurden unter strenge Überwachung gestellt.

Der Schauprozess mit der Todesstrafe war der Kulminationspunkt in der Entwicklung der Revolution, die nun endgültig in ihre restaurative Phase eintrat. Nichts zählte für Fidel Castro mehr als die Absicherung der eigenen Macht.

# Überlebenskampf

**Kriegswirtschaft in Friedenszeiten – Panierte Topflappen bereichern die Speisekarte – Yoani Sánchez: »Die Idee des Sozialismus ist den Bach runtergegangen.« – Die Armee verändert das Land – Der Sextourismus erschließt ein neues Wirtschaftsfeld – Fidel: »Die kubanischen Prostituierten (sind) in höchstem Maße gebildet und sehr gesund.« – Staatsgezerre um das Kind Elián.**

\* \* \*

Die ersten Anzeichen waren 1990 lange Schlangen vor den Tankstellen und Schilder »Kein Benzin«. Ein amtliches Kommuniqué verlautbarte, dass die UdSSR Schwierigkeiten hätte, verschiedene Basisprodukte zu liefern. Dies bedeute »ernste Konsequenzen für das Funktionieren der Wirtschaft und des Lebens des Landes«. Da Kuba nicht über ausreichende Devisen verfüge, könne auch kein Ersatz auf dem freien Markt beschafft werden.

In dem Kommuniqué folgte eine umfangreiche Auflistung von Sofortmaßnahmen: Treibstoffkürzungen, Stromsparmaßnahmen, Einstellung wichtiger Industrievorhaben wie einer Nickelmine, des geplanten Atomkraftwerks oder einer Ölraffinerie. Landwirten wurde empfohlen, »tierische Zugmittel« zu benutzen. Jeder private Haushalt wurde verpflichtet, seinen Stromverbrauch um mindestens zehn Prozent zu drosseln. Andernfalls werde der Strom bis zu einem Monat strafweise abgestellt.

Doch den Eingeweihten war sofort klar, dass dies alles nicht reichen würde. Kuba hatte mit dem Ende des sozialistischen Wirtschaftsblocks auf einen Schlag drei Viertel seiner Importe und 95 Prozent seiner Exportmärkte verloren! Es gab statt 13 Millionen Tonnen Rohöl nur noch drei Millionen, keinen Kunstdünger, kein Viehfutter, kein Holz, keine Medikamente – eigentlich fast gar nichts mehr.

Ende 1989 waren die USA in Panama einmarschiert und hatten dort die Führung unter dem Chef der Nationalgarde, General Manuel Noriega, abgesetzt. Dieser stand zwar seit Jahren auf der Gehaltsliste der CIA und spielte eine zentrale Rolle im Drogenhandel, der über Panama als Drehscheibe funktionierte, war aber den USA zunehmend im Weg, hatte die Wahlen vom Mai des Jahres nicht anerkannt, und auch ein Militärputsch im Oktober gegen ihn war gescheitert. Mit der größten Luftlandeoperation seit dem Zweiten Weltkrieg wurden die Verhältnisse korrigiert. Für Kuba bedeutete es einen weiteren Schlag: In Panama operierten Hunderte kubanische Firmen mit dem Ziel, westliche Technik am US-Embargo vorbei zu besorgen.

Die Führung in Havanna war übernervös. Das machte im Januar 1990 die Ausweisung des Korrespondenten von Radio Prag deutlich, der Fidel Castro ein baldiges Ende nach dem Beispiel des rumänischen Diktators Ceausescu vorausgesagt hatte. Der spanische Außenminister Ordóñez, der angesichts zahlreicher Kubaner, die in den Botschaften mehrerer Länder um Asyl gebeten hatten, voraussagte, Fidel Castro könne es sich nicht mehr erlauben, unzufriedene Landsleute ausreisen zu lassen, wurde rüde zurechtgewiesen. Fidel bezeichnete den Politiker als »feigen Kolonialminister«. Spanien – das einzige westeuropäische Land, das Kuba noch unterstützte – strich Millionenkredite. Und Fidel Castro rief in gewohnter Manier Spanien auf, am besten gleich alle Hilfen einzustellen.

Der nächste Schlag kam aus Nikaragua. Die siegessicheren Sandinisten verloren im Februar 1990 die Wahlen. Sie hatten ignoriert, dass mit dem Ende des Sozialismus in Europa auch die Linke in Lateinamerika gehörig unter Druck geraten war. Kuba verlor den engsten Verbündeten in dieser Region.

Im März 1990 wählte eine Mehrheit der DDR-Bürger die schnelle Vereinigung mit der Bundesrepublik. Damit fiel dieses Land als Abnehmer kubanischer Orangen und Fischprodukte aus. Die gesamtdeutsche Regierung senkte die Entwicklungshilfe ab und fror den Handel ein. Zur gleichen Zeit beschränkte auch die UdSSR den bilateralen Handel. Verträge wurden auf ein Jahr begrenzt, und im Jahr darauf liefen alle Subventionen aus. China winkte ab, als Kuba dort um Unterstützung nachsuchte: Handel nur bei Barzahlung und zu Weltmarktpreisen. Dann zog auch die letzte verbliebene sowjetische Brigade aus Kuba ab. Insgesamt 12 000 Angehörige der Sowjetarmee waren zuletzt auf der Insel stationiert. Als einziges Objekt blieb die Abhöranlage in Lourdes erhalten.

Die Lage wurde immer dramatischer. Das bisherige kubanische Wirtschaftssystem war ineffizient und ganz auf die Partner in Mittel- und Osteuropa ausgerichtet gewesen. Nun war die Insel isoliert wie nie zuvor. Der internationale Druck mit dem Ziel, Veränderungen auf Kuba zu erreichen, wurde immer stärker. Alle Industriestaaten, die Mehrheit der Staaten Lateinamerikas und internationale Menschrechtsorganisationen forderten Kuba zu mehr Demokratie und der Beachtung individueller Freiheitsrechte auf. Das US-Embargo wurde in dieser Situation von den Regierenden in Havanna noch drückender empfunden.

Dass die USA diese Not ausnutzten, kam nicht von ungefähr. Dreißig Jahre waren ihnen die Kubaner auf der Nase herumgetanzt, hatten sie wieder und wieder schlecht aussehen lassen und waren – geschützt durch die andere Supermacht – sogar zu einem weltweiten Faktor des Klassenkampfes geworden. Der Kongress in Washington gab Präsident George Bush mit dem sogenannten Torricelli Act weitreichende Befugnisse, die Bestimmungen des bestehenden Embargos noch härter auszulegen und vor allem jene, die noch willens und in der Lage gewesen wären, Kuba in der Existenzkrise zu helfen, nachhaltig abzuschrecken.

Es fehlte das Papier um Zeitungen zu drucken, um die Politik der Regierung zu erläutern. Auch die Fernseh- und Radiostationen sendeten nur noch unregelmäßig. Um es den Beschäftigten überhaupt noch zu ermöglichen, zur Arbeit zu gelangen, wurden massenhaft billige Fahrräder aus China mit so beziehungsreichen

Namen wie »Phoenix« oder »Für immer« (was Kubaner durchaus als Drohung interpretierten.) beschafft. Doch viele mussten den Weg zu Fuß zurücklegen. Damals tauchte auf den Straßen erstmals die »gelbe Maus« auf: Verkehrslotsen, die auf den Ausfallstraßen Fahrzeuge anhielten und die in langen Schlangen Wartenden zwangsweise in die Autos und Lastwagen verfrachteten. Doch auch sie konnten die Transportmisere nur unwesentlich mildern.

Die massenhaft auftretenden Stromabschaltungen, die bis zu 16 Stunden täglich anhalten konnten, machten einen geregelten Nachtschlaf unmöglich, da man warten musste, bis die Waschmaschine wieder lief. Es wurde auch schwierig, mit den wenigen verbliebenen Lebensmitteln das Essen zuzubereiten: Wasser gab es wegen der abgeschalteten elektrischen Pumpen meist nicht, die Kühlschränke blieben ausgeschaltet, und die Lebensmittel verdarben in der Hitze schnell. Bewohner von Hochhäusern in Havanna mussten bis zu 22 Stockwerke zu Fuß gehen, weil die Fahrstühle nicht mehr funktionierten. Da Privatautos nun gar keinen Sprit mehr bekamen, wurden sie stillgelegt, aufgebockt und mit Drahtverhauen gegen den um sich greifenden Diebstahl geschützt und für bessere Zeiten aufbewahrt.

Das Ausbleiben der sowjetischen Getreidelieferungen führte schon nach wenigen Wochen zur Lebensmittelknappheit: Zunächst gab es jedoch mehr Geflügelfleisch, aber nur weil die Tiere wegen des Ausbleibens von Futter notgeschlachtet werden mussten. Danach setzte die gähnende Leere in den Regalen ein. Schweine wurden kurzzeitig mit Zuckerrohr ernährt, ehe auch sie notgeschlachtet werden mussten. Es begann die Zeit der »virtuellen Gerichte«: Topflappen wurden beispielsweise so lange in Zitronensaft getränkt, bis sie weich genug waren, um paniert als *chuleta de Milán* (Mailänder Schnitzel) auf den Tisch gebracht zu werden.

Auch das tägliche Brot wurde so knapp, dass Kuba in Kanada Weizen kaufen musste. In Havanna wurden die Brotpreise erhöht, in den Provinzen die Tagesrationen gekürzt. Dafür gab es plötzlich massenhaft kubanische Orangen – sie waren für Polen und die ehemalige DDR vorgesehen, die sie aber nicht mehr abnahmen. Die vom Staat zugesicherte Grundversorgung war nicht mehr zu gewährleisten. An ihre Stelle trat der Schwarzmarkt mit einer massiven Geldentwertung. Das hatte Auswirkungen auf jeden Kubaner: Ihr Monatseinkommen von damals rund 200 Pesos hatte gerade noch den Gegenwert von zwei Dollar!

Das Elend in Zahlen: Die Zuckerrohrernte ging um zwei Drittel zurück, die Einnahmen aus dem Export gingen um drei Viertel zurück, die Mittel für Importe ebenfalls. Allein zwischen 1990 und 1993 sank das Bruttoinlandsprodukt um knapp die Hälfte. Kuba hatte zwar Nickel und Zucker, doch die Weltmarktpreise lagen weit unter den Abnahmegarantien der bisherigen Partner. Selbst die lukrativen Einnahmen aus dem Drogenhandel waren nach dem Ochoa-Prozess versiegt. Fabriken und Anlagen wurden massenhaft stillgelegt. Die Produktionskapazität lag 1992 bis 1994 nur noch bei einem Fünftel früherer Jahre.

Bloggerin Yoani Sánchez fasste in ihrem Buch »Cuba Libre« die Lage so zusammen: »Anstatt sich mit einer hochkomplizierten Floskel wie ›die systemimmanente Unmöglichkeit, das Projekt eines sozialistischen Kubas zu vollenden‹ abzumühen, sollte man doch lieber die einfache, allseits bekannte Feststellung treffen: Die Idee des Sozialismus ist den Bach runtergegangen!«

Was tun?

Notfallpläne lagen in den Schubläden der Regierung. Und so verkündete Fidel Castro 1990 für das Land den wirtschaftlichen Kriegszustand, die *período especial*. Ein für kubanische Verhältnisse außerordentlich junger Politiker erhielt den Auftrag, den Überlebenskampf zu organisieren: Carlos Lage (42), ehemaliger Chef der Kommunistischen Jugend und einer von vier persönlichen Beratern Fidel Castros. Er wurde mit allen dafür notwendigen Autoritäten ausgestattet: Vizepräsident des Staatsrates, Sekretär des Exekutivkomitees des Ministerrates, Mitglied des Politbüros der KP Kubas.

Kuba machte in den 90er Jahren den US-Dollar zur Zweitwährung und lud ausländisches Kapital ein. Die Parole lautete: »Kapital ja, Kapitalismus nein«. Um dafür eine legale Grundlage zu haben, wurde die Verfassung geändert, so dass sozialistisches Eigentum privatisiert werden konnte und Auslandsinvestitionen unter den Schutz der Verfassung gestellt wurden. In 117 Berufen konnten Kubaner künftig auf eigene Rechnung arbeiten und Landwirtschaftsflächen von den staatlichen Agrarbetrieben zur Selbstversorgung nutzen.

Kuba entsann sich auch seiner einst zweitwichtigsten Einkommensquelle (noch vor dem Tabakanbau): des internationalen Tourismus. 1957 hatte das Fremdenverkehrsamt schon 375 000 ausländische Gäste gezählt. Nach dem Sieg der Revolution wurde dies dann als kapitalistischer Auswuchs mit den Begleiterscheinungen Korruption, Prostitution, Drogen, soziale Ungleichheit und Rassismus verteufelt. Und im ersten Jahr der neuen Gesellschaft kamen nur noch 4000 Touristen, danach fast nur noch Gäste aus den sozialistischen Ländern. Die Hotelkapazitäten wurden halbiert.

Mit der Schaffung eines nationalen Tourismusinstituts (IN-TUR) hatte die Regierung 1976 schließlich begonnen, in die touristische Infrastruktur zu investieren, und Ende der 80er Jahre waren wieder 300 000 Gäste aus dem Ausland nach Kuba gekommen. Es gab zu dieser Zeit 21 000 Hotelzimmer. Die Armee begann, die Kontrolle über den devisenträchtigen Tourismus zu übernehmen. Die Offiziere erschienen bei entsprechender Schulung dafür geeignet.

## Die Armee verändert das Land

Raúl Castro, seit den Tagen in der Sierra Maestra ein glänzender Organisator, übernahm nicht nur die Kontrolle über den Tourismus, sondern begann, die Wirtschaft insgesamt zu verändern. Auslöser für ihn war die fundamentale Krise, die mit der

Erschießung General Ochoas ausgebrochen war. Das jüngere Offizierskorps war zutiefst unzufrieden, die oberen Militärränge waren untereinander zerstritten und misstrauten insbesondere jenen, die sich bei den Kampfeinsätzen im Ausland persönlich bereichert hatten. In den von den Streitkräften geführten Unternehmen machte sich ebenfalls Korruption breit. Hier war schnelles Handeln geboten.

Zudem fragten sich ranghohe Militärs, wer das Land nach dem Tod eines oder beider Castros führen sollte, und fühlten sich noch zu Zeiten des Kriegshelden Ochoa durchaus berechtigt, ihre Ansprüche geltend zu machen, zumal keine andere Institution – auch nicht die Kommunistische Partei Kubas – in der Bevölkerung so breit verankert war wie die Fuerzas Armadas Revolucionárias.

Doch an der Spitze der FAR stand Raúl Castro, dienstältester Verteidigungsminister der Welt, engster Vertrauter seines Bruders, aber im Unterschied zu diesem ein Mann im Hintergrund, der von seinen Mitarbeitern geachtet wird, der Aufgaben delegiert, den Rat anderer einholt und schätzt. Seine eiserne Disziplin, seine genaue Kenntnis der wichtigen Details haben ihm den Titel *El Prusiano* (Der Preuße) eingetragen. Dafür geht ihm das Charisma seines Bruders und dessen Fähigkeit, die Massen zu begeistern, vollkommen ab.

Die vordringlichste Aufgabe war es, die auf interkontinentale Kriegseinsätze trainierte und eingesetzte Armee radikal zu verkleinern und auf die neuen Zeiten fundamental neu auszurichten. Noch Ende der 70er Jahre führte die FAR rund eine halbe Million Mann unter Waffen. Damit war sie die zahlenmäßig größte Streitmacht ganz Lateinamerikas und nach den internationalen Operationen vor allem in Afrika die kampferfahrenste – vergleichbar mit den Streitkräften Israels.

Binnen fünf Jahren wurde die Truppenstärke auf 100 000 Soldaten reduziert (und in der Folgezeit weiter abgebaut.) Doch wie sollte künftig das Land gegen Angriffe von außen verteidigt werden? Die Landesverteidigung übernahmen fortan die Territorialmilizen, die dem Verteidigungsministerium unterstehen, auf eine Truppenstärke von zwei Millionen aufgestockt wurden und seither regelmäßig trainiert werden. Mit gigantischem Aufwand wurden unterirdische Festungsanlagen und Tunnelsysteme angelegt und dafür ein Viertel der Zementproduktion und 20 000 Mannjahre (Menge, die eine Person durchschnittlich während eines Jahres arbeitet) verbraucht.

Parallel organisierte Raúl Castro mit seinen Vertrauten im Militär den wirtschaftlichen Neuaufbau. Er gab so den entbehrlich gewordenen Offizieren neue Einsatzmöglichkeiten und den Zugang zu wirtschaftlichen Privilegien, sicherte sich ihre weitere Loyalität und entlastete die Staatskasse von den Pensionen, die sie sonst hätten erhalten müssen. Dank der militärischen Disziplin garantieren sie seither eine schnelle und effektive Umsetzung der vorgegebenen Ziele.

Dafür waren die Streitkräfte erstaunlicherweise gut vorbereitet. Schon Mitte der 80er Jahre mit dem Amtsantritt Gorbatschows in der UdSSR hatte sich in den Militärbetrieben ein Wandel zu einem neuen Managementstil vollzogen, der sich *sistema de perfeccionamiento empresarial* (System der betrieblichen Verbesserung) nannte und drei Ziele festlegte:

1. Größere Unabhängigkeit von der Sowjetunion;
2. Steigerung der Produktivität in den Betrieben der Militärunternehmen, die Ausrüstung, Waffen und Konsumgüter produzierte, und
3. Erprobung neuer Formen der Wirtschaftsführung, die später auch in den zivilen Betrieben eingeführt werden konnten.

Hierzu wurden Offiziere ins Ausland entsandt, um sich in Betriebswirtschaft und modernen Managementmethoden weiterzubilden. Es wurden in Modellbetrieben neue Formen der Buchführung und des Controllings getestet, man erprobte intern den Wettbewerb sowie den effektiven Einsatz der Arbeitskräfte. Obwohl offiziell stets abgestritten, wurden hier bereits Vorboten der westlichen Marktwirtschaft (unter Kontrolle der Militärs) eingeführt.

Ein gutes Beispiel für die Umsetzung war die Übernahme der Leitung der Zuckerindustrie durch einen der engsten Vertrauten von Raúl Castro, General Rosales del Toro. Die Erträge waren stetig zurückgegangen, die Anlagen verschlissen – die Produktion des wichtigsten Exportguts war ein Sanierungsfall. Entschlossen ging der neue Zuckerzar zu Werke: Unrentable Zuckerfabriken wurden geschlossen, die Belegschaften entlassen, die Anbauflächen auf die ertragreichsten reduziert.

Diese Technokraten in Uniform hatten die Aufgabe, die kubanische Wirtschaft effektiver zu gestalten. Durch dieses System wurden zunächst die Folgen der drastischen Sparwelle abgemildert, denn der Verteidigungsetat wurde glatt halbiert. Militärs übernahmen neben dem Zuckerministerium auch die Ministerien für Transport und Hafenwirtschaft sowie für Information, Technologie und Kommunikation – Schlüsselressorts für die weitere Entwicklung. Die Unternehmensgruppe GAVIOTA S.A. wurde zum Kern der neuen Tourismusindustrie, sie umfasst Hotels, Bus- und Fluglinien, Helikopterservices, Touristenläden oder Autovermietungen. Zum Chef wurde General Luis Pérez Rispide, vormals Chef aller Militärbetriebe, ernannt. Auch CUBANACAN, ein weiteres Tourismusunternehmen, wurde von Militärs geführt. Der Zwei-Sterne-General Rogelio Acevedo übernahm die Leitung der Zivilluftfahrt. Die Führung der devisenbringenden Tabakindustrie wurde einem Oberst übertragen.

Was an den bürokratischen Hürden in den zivilen Ministerien regelmäßig scheiterte, klappt seither mit Hilfe der Militärs deutlich besser. Das bestätigte auch der Exbotschafter Kanadas in Kuba, Mark Entwistle, der nach seiner Dienstzeit kanadische Firmen bei ihren geschäftlichen Aktivitäten auf der Insel berät: »Hier herrschen null Prozent Ideologie und 100 Prozent Business.«

## Die Rückkehr der Prostitution

In der Tat war die Reaktion von ausländischen Investoren positiv, und fortan wurde Kuba – vor allem in Kanada und Westeuropa – als Touristenparadies mit weißen Stränden und unberührter Natur vermarktet. Und als Ziel für den Sextourismus. Dass dies keineswegs eine unerwünschte Begleiterscheinung war, machten die Werbeplakate des staatlichen Tourismusinstituts aus jener Zeit deutlich, die junge Kubanerinnen in knappen Bikinis und verführerischen Posen zeigte. Auch eine Delegation des *Playboy* wurde eingeladen – in der Folge erschienen monatelang Nacktmodelle an Traumstränden in Kuba.

Das war Kalkül, denn der Sextourismus führt erfahrungsgemäß zu rapide ansteigenden Besucherzahlen. Wie schnell, zeigte das Beispiel Italien: 1995 erklärte das Reisemagazin *Viaggare* Kuba zum Paradies für Sextouristen, das bereits traditionell dafür bekannte Destinationen wie Thailand, Brasilien oder die Philippinen hinter sich gelassen habe. Ein Jahr später war die Zahl der Touristen aus Italien um fast 70 Prozent gestiegen. Und als die Regierung ab 1998 insbesondere in Varadero schärfer gegen die Prostitution vorging, sank die Zahl der einreisenden Italiener ebenso stark wieder ab.

In der Phase des wirtschaftlichen Überlebenskampfes wurde damit ein weiterer Erfolg der sozialistischen Revolution geopfert, die immer stolz darauf verwiesen hatte, in Kuba die Prostitution abgeschafft zu haben. Die Methoden zur Erreichung dieses Ziels waren nicht fein, man denke an die Arbeitslager. Doch die käufliche Liebe hatte dadurch nicht aufgehört zu existieren. Nun nahm sie gar epidemische Ausmaße an. 1992 wurde dies von höchster Stelle bestätigt: Fidel Castro selbst gestand vor der Nationalversammlung ein, dass es wieder Prostitution gebe, fügte aber stolz hinzu, dass »die kubanischen Prostituierten in höchstem Maße gebildet und sehr gesund« seien. War das schon ein erneutes Beispiel seiner besonderen Auffassung von Humor, so lag seine

Aussage, die Frauen würden sich in Kuba nicht mehr aus Not verkaufen, meilenweit von der Wirklichkeit entfernt.

Vor der Revolution waren viele Prostituierte junge Frauen vom Lande, die in der Stadt keine andere Arbeit fanden. Die Bordelle wurden jedoch nicht nur von Touristen, sondern ebenso stark von Kubanern frequentiert. An der Schwelle zur Mannwerdung war es üblich, dass Väter ihre Söhne ins Bordell führten. Ein Ziel Fidel Castros war es, mit der Beseitigung der Prostitution die Unterstützung der Frauen für die Schaffung der sozialistischen Gesellschaft zu erhalten. Diese Aufgabe übertrug er seiner Schwägerin Vilma Espín, der Ehefrau von Raúl Castro, die 1961 die Führung des Kubanischen Frauenbundes übernahm und bis zu ihrem Tod 2007 innehatte.

Nun waren es wieder Frauen vom Land, die sich in den Touristenzentren prostituierten, weil es sonst keine Chance gab, an Dollars zu kommen. Die im Sozialismus üblichen Hindernisse zur Begrenzung der Landflucht (ohne Meldebestätigung keine Arbeit, keine Arbeit ohne offizielle Meldebestätigung) ließen den Frauen gar keine andere Möglichkeit als die illegale Prostitution. Die einheimischen Prostituierten aus Havanna oder Varadero gingen vor allem diesem Gewerbe nach, um sich Waren zu beschaffen, die nur auf dem Schwarzmarkt gegen Dollar erhältlich waren. Diese Frauen arbeiteten tagsüber oder studierten.

Entgegen vielen Darstellungen ist die Prostitution in Kuba formell nicht verboten. Im Strafgesetzbuch vom November 1979 wurde die Strafbarkeit gestrichen. Das entsprach der offiziellen Darstellung, wonach die Prostitution beseitigt worden sei. Andererseits sind zahlreiche Handlungen, die mit der Prostitution verbunden sind, durchaus strafbar. So heißt es im Artikel 73 des Strafgesetzbuchs, eine Gefährdung der öffentlichen Ordnung sei bei »antisozialem Verhalten« gegeben. Damit sind natürlich einer weiten Auslegung Tür und Tor geöffnet.

Das machte die konzertierte Aktion der Behörden 1996 in Varadero deutlich: Hier gingen Tausende Frauen der Prostitution

Sex bringt Kubas Tourismus schnell in Schwung. Polizeirazzia im Rahmen einer Anti-Prostitutions-Kampagne in der Nähe von Havanna, 2005

nach, denn hier konzentrierten sich die Touristenhotels. Natürlich fanden die Frauen dort keine Unterkunft, sondern mussten sich in entfernteren Orten eine Bleibe suchen. Die Polizei ermittelte 400 Häuser, in denen sie Bordelle vermutete (was natürlich Unsinn war, denn weit und breit befanden sich hier auf dem Lande keine Touristen. Es handelte sich um reine Übernachtungsmöglichkeiten für die 7000 Frauen, die bei diesen Razzien festgenommen worden waren.) Doch die Vermieter wurden nun der Zuhälterei beschuldigt.

Das Strafrecht für solche Fälle wurde 1999 mit dem Gesetz 87 neu gefasst. Nun konnte jeder, der sich schuldig machte, indem er eine andere Person zur Prostitution aufforderte oder den Verkauf des Körpers unterstützte, mit Haftstrafen zwischen vier und zehn Jahren bestraft werden. Wer andere zur Prostitution zwang, den erwartete ein Strafmaß zwischen 10 und 20 Jahren. Wer gewohnheitsmäßig der Zuhälterei nachging oder erneut straffällig wurde, dem drohen seither bis zu 30 Jahre Haft.

Jeder Prostituierten droht Strafe, da sie einem illegalen Gewerbe nachgeht, denn diese Form der selbständigen Tätigkeit stand und steht nicht im Katalog der möglichen Berufe. Hinzu kommt die Missachtung der staatlichen Genehmigung (die es natürlich nicht gibt). Zudem ist es ein Fall von »antisozialem Verhalten«, und zu guter Letzt ist es noch ein schweres Steuervergehen, da dem Staat die ihm zustehenden Gelder vorenthalten werden – ein Teufelskreis. Die Polizei kontrolliert ständig die Frauen an den einschlägigen Orten. Diejenigen, die keine Aufenthaltsgenehmigung für Havanna haben, werden sofort abgeschoben. Bei den übrigen werden Zeit und Ort genau festgehalten und später bei mehrmaligen Verstößen am gleichen Ort zur Anzeige gebracht.

Es gibt ein genaues Eskalationsmuster: Vermutet die Polizei den Tatbestand der Prostitution, wird eine *carta de advertencia* – eine Art Warnbrief – an die Eltern sowie an den Präsidenten des lokalen Nachbarschaftskomitees (CDR) geschickt. Es finden Aussprachen statt und es werden Hilfen angeboten. Doch nach drei Warnungen folgt die Verurteilung mit bis zu vier Jahren Haft wegen »antisozialem Verhalten«. Dass es nicht allzu viele Verurteilungen gab und gibt, ist dem Umstand zuzuschreiben, dass Kuba ein sexuell liberales Land ist und Kubaner besonders stolz auf ihre Talente im Bett sind. Ungefragt hört man immer wieder, dass Kubaner weltweit die besten Liebhaber seien.

Die Behörden waren aber auch wegen des möglichen Anstiegs von Geschlechtskrankheiten und insbesondere über eine Ausbreitung des HI-Virus besorgt, wie sie die Nachbarinseln heimsuchten. Kubas Gesundheitssystem hatte schon frühzeitig Vorsorge getroffen und 1986 wegen möglicher Verunreinigungen die gesamte Blutbank des Landes vernichtet. Dreizehn Sanatorien wurden zur Behandlung von AIDS-Patienten eingerichtet. An AIDS Erkrankte blieben hier bis zu einem halben Jahr, werden medikamentös eingestellt und beraten, wie sie künftig mit der Krankheit leben können. 1994 wurden fast alle Kubaner auf den HI-Virus getestet, nur 0,2 Prozent waren positiv.

Die offene Prostitution wie zu Zeiten der *período especial* in den 90er Jahren gibt es heute nicht mehr. Insbesondere im Touristenziel Varadero hat sich die Struktur der Gäste gewandelt:

Statt Sextouristen findet man heute Hochzeitspaare, ältere Gäste und Cluburlauber. Dennoch bleibt das Thema aktuell. Denn die Scharen neuer Touristen bringen neben Dollars auch begehrte Güter, von denen ein normaler Kubaner nur träumen kann. Und dann erfüllt sich heute Fidel Castros Bemerkung, dass man über besonders gebildete und gesunde Prostituierte verfüge, als ein Alleinstellungsmerkmal für Sextouristen: kaum Ansteckungsgefahren, konversationsfähig und zu besseren Preisen als anderswo.

Ihre Funktion als schneller Geldbringer erfüllte die Prostitution auch im Konzept der Entwicklung des Tourismus. Mit europäischen Partnern wurden neue Hotelanlagen gebaut, mit der Legalisierung des US-Dollar Anfang der 90er Jahre konnten Touristen unkompliziert ihren Urlaub verbringen, und mit der Freigabe von selbständigen Berufen in den Bereichen Transport, private Herbergen und Lokale wurde die Versorgung der Devisenbringer verbessert. So konnten auch zahlreiche staatliche Beschäftigte untergebracht werden, die ihren Job infolge der Wirtschaftskrise verloren hatten.

## Proteste und erneute Massenflucht

Doch inmitten dieses erfolgversprechenden Prozesses wurde Kuba erneut von Massenprotesten heimgesucht. Denn die Früchte des von Carlos Lage eingeleiteten Reformprozesses reiften nur langsam: Die Touristenzahlen stiegen, doch die Nettoeinnahmen blieben gering, denn die Kosten für die notwendigen Importe – Bedarf für das Wohl der Gäste aus allen Ländern außerhalb der Embargozone, Kosten für notwendige Kredite, Tourismuswerbung im Ausland etc. – zehrten gewaltig an den Einnahmen. Zudem sanken die übrigen Exporte weiter ab, und das Auslandskapital blieb weitgehend auf den Tourismussektor beschränkt (hier vor allem Firmen aus Spanien, Italien und Frankreich). Nur Kanada investiert kräftig in den Abbau von Rohstoffen.

Der Mangel blieb weiterhin bestehen, der Schwarzmarkt wucherte über das ganze Land. Der US-Dollar wurde in ganz Kuba zur Leitwährung, doch für die meisten Kubaner unerreichbar. Das Wort von der »Touristen-Apartheid« machte die Runde. Die einen hatten nur ihre immer wertloser werdende einheimische Währung, für die anderen mit Dollars entstanden neue Geschäfte, die vieles boten, wovon ein normaler Kubaner nur träumen konnte.

Es entstand der *jineterismo*, das »Dranhängen« an Touristen und Ausländer auf jede erdenkliche Art und Weise. Taxifahrer, Köche, Barkeeper, Kellnerinnen, Schuhputzer und wie bereits beschrieben Prostituierte lebten schnell in völlig neuen wirtschaftlichen Verhältnissen, ließen Universitätsprofessoren, Ärzte oder Ingenieure im Einkommensniveau weit hinter sich. Die verdienten zu jener Zeit zwei Dollar im Monat, die anderen konnten sich ein anständiges Leben finanzieren und darüber hinaus ihre weitläufigeren Verwandten durchbringen. (Während der kubanische Peso zum US-Dollar offiziell bei 1:1 lag, wurde er 1993 für 1:140 gehandelt.)

Dennoch regte sich zunächst kaum Protest. Der Korrespondent der *ZEIT* berichtete 1992 voller Erstaunen: »In Kuba gehen die Chronometer anders. Mit Eselsgeduld wartet man auf einen Bus, der nicht kommt, geht gemächlich seiner Wege und der Arbeit nach oder lässt die Zeit bei einem Glas Rum verstreichen. Mitten an einem Werktag sind die Kinos überfüllt. Zu allem Überfluss machen die Kubaner auch noch Witze über ihre Trägheit: Präsident Bush schickt einen Kundschafter nach Kuba, der den schwachen Punkt des kubanischen Sozialismus herausfinden soll. Der Emissär kommt zurück und trägt vor: Kein Kubaner ist arbeitslos, aber niemand arbeitet, gleichwohl erfüllen sie alle Pläne, wenn es auch nichts zu kaufen gibt, denn es hat ja jeder alles.«

Wer jedoch anhaltend Kritik an den Zuständen übte, erhielt den Rat: »*Va te si no te gusta*« (Dann hau doch ab, wenn's dir nicht passt.) Wer wie Künstler und Sportler legal ins Ausland kam, konnte sich absetzen. Doch allen anderen verblieb als diesbezüglich einziger Weg die Flucht über die Meerenge von Florida.

Kubanische Flüchtlinge versuchen 2003, die Meerenge vor
Florida auf einem Chevrolet-Laster zu überqueren, den sie durch
luftgefüllte Fässer in ein Boot verwandelt haben.

Allein zwischen 1990 und August 1994 wurden mehr als 13 000
gelungene und rund 37 000 unterbundene illegale Fluchtversuche
registriert. 1994 schloss Kuba mit den USA eine Vereinbarung,
wonach die USA jährlich 20 000 Kubanern die Einreise ermög-
lichten, sofern diese bei der US-Vertretung in Havanna Visa-An-
träge gestellt hatten. Ungeachtet dessen kündigte Fidel Castro an,
gewaltlose Fluchtversuche nicht mehr durch den Grenzschutz
unterbinden zu wollen. Innerhalb eines Monats verließen 30 000
Kubaner zumeist auf abenteuerlichen Flößen das Land.

Am 5. August 1994 kam es dann an Havannas Uferprome-
nade Malecón zu einer Protestversammlung, bei der Steine geworfen und Parolen gegen die Regierung und auch gegen Fidel
Castro persönlich gerufen wurden. Es waren die bislang größten
Proteste im Land: Mehrere hundert Menschen hatten sich versammelt. Und was machte der öffentlich Gescholtene? Er ging
schnurstracks zu den Demonstranten und wies seine Leibwächter
an, nur auf seinen ausdrücklichen Befehl die Waffen einzusetzen,
sich aber ansonsten zurückzuhalten.

In einem Interview nach diesem Ereignis schilderte Castro am selben Tag den Vorgang einem Reporter von *Radio Habana Cuba*: »Ich erhielt zunächst Nachrichten, dass zuvor Personen im Hafen versucht hatten, ein Boot in Besitz zu nehmen, dass – so glaube ich mich zu erinnern – nicht einmal einen Motor hatte. Ein Vorhaben, das von der Bevölkerung und Polizei verhindert wurde. Nach dem Mittag trafen Berichte ein, dass sich an mehreren Orten im Zentrum Havannas und in der Altstadt Unruhen entwickelten. Ich war zu dieser Zeit in meinem Büro in der Nähe der Ereignisse. Man sagte mir, dass Leute mit Steinen auf die Polizei warfen, und man sprach von vereinzelten Schüssen. Es gibt einen guten Brauch bei uns: Einer muss da sein, wo das Volk kämpft und wo die Kämpfer Probleme haben. Zudem wollte ich mit unseren Leuten dort sprechen, wollte sie beruhigen, wollte ihnen raten, ruhig Blut zu wahren und sich nicht provozieren zu lassen.« Das Vorhaben gelang.

Die Versammlung löste sich auf, nicht zuletzt wegen eines heftigen Regenschauers. Die Polizei nahm 300 Demonstranten fest. Die Polizeipräsenz in Havanna war bereits deutlich verstärkt worden. Praktisch an jeder Ecke überwachte ein Beamter das Geschehen und übermittelte sofort, wenn etwas Unvorhergesehenes passierte. Und so wie zu DDR-Zeiten in Ost-Berlin vor allem Volkspolizisten aus Sachsen den Dienst versahen, waren es in Havanna vor allem Polizisten aus dem entfernten Osten Kubas.

In dem Interview erinnerte der *Comandante en Jefe* daran, dass es nicht die kubanische Seite sei, die die Ausreise behindere. »Wir haben ein Abkommen über die Ausreise mit den Vereinigten Staaten abgeschlossen, in dem sie sich zur Aufnahme von 20 000 Personen zur Familienzusammenführung sowie weiterer Leute, die wegen konterrevolutionärer Aktivitäten in die USA ausgewiesen werden sollten, verpflichteten. Aber sie haben die Auswanderungsverträge nicht eingehalten.« Und Castro sagte weiter: »Ungeachtet dessen fuhren sie fort, die illegale Ausreise, die Desertation anzufeuern und sie propagandistisch auszunutzen, um Unzufriedenheit zu säen: Du willst auf legalem Weg kommen? Kannst du nicht. Du musst ein Flugzeug kapern, ein Boot stehlen, ein Floß bauen, wenn du zu uns kommen willst.«

Damals wurden 21 000 Bootsflüchtlinge von US-Behörden aus dem Wasser gefischt und zunächst auf dem US-Marinestützpunkt Guantánamo Bay im Osten Kubas monatelang interniert. Schließlich ließ man sie in die USA einreisen. Doch es sollten die letzten auf diesem Weg sein: In Geheimverhandlungen in New York und Toronto vereinbarten Unterstaatssekretär Peter Tarnoff vom US-Außenministerium und der Präsident der kubanischen Nationalversammlung Ricardo Alarcón, dass Kubaner, die über das Meer flüchten wollten, von der US-Küstenwache künftig zurückgeschickt werden konnten.

Die Begründung für die USA gab der demokratische Senator Bob Graham aus Florida: »Diese Übereinkunft macht klar, dass die Vereinigten Staaten die Kontrolle über ihre Grenzen haben und dass wir Fidel Castro nicht erlauben, die Flüchtlinge als ein Mittel der Außenpolitik einzusetzen.« In Wahrheit bedeutete die Vereinbarung das Ende einer drei Jahrzehnte währenden Politik der Aufnahme aller kubanischen Flüchtlinge. Der Cuban Refugee Adjustment Act von 1966 hatte festgeschrieben, dass jeder Kubaner das Recht auf permanente Aufenthaltsgenehmigung und Eingliederungshilfen hat, da er automatisch als politischer Flüchtling gilt. Dies galt fortan nur noch, wenn er die USA auf dem Landweg erreichte.

## Der Fall Elián

Mit dem Ende der legalen Überfahrt waren die Abenteuer der *balseros* auf ihren provisorischen Flößen keineswegs beendet. Im November 1999 schloss sich die 29-jährige Elisabeth Brotons Rodríguez mit ihrem sechsjährigen Sohn Elián einem solchen Fluchtunternehmen an. Das Floß sank, elf Menschen ertranken, darunter auch Elisabeth. Ihr Sohn, den sie zuvor an einem Autoreifenschlauch festgebunden hatte, überlebte und wurde von Fischern gerettet.

Die exilkubanische Community in Miami, die auf alle Bemühungen zur Entspannung mit Kuba allergisch reagierte, inszenierte seine Ankunft als Demonstration ihres Protestes gegen den aus ihrer Sicht verräterischen Akt der Unterbindung der Fluchtroute auf See. Sie hatte mit ansehen müssen, wie die Spannungen zwischen den USA und Kuba nachzulassen drohten. Hinter den Kulissen führten mächtige Lobbygruppen gar Gespräche um ein Ende des Embargos – angeführt von den Farmern, die sich attraktive Geschäfte mit Weizenlieferungen versprachen. Und in Umfragen zeichnete sich eine Mehrheit für ein Ende der Eiszeit ab.

Elián kam bei seinem Großonkel unter und blieb unter permanenter Beobachtung der Öffentlichkeit. David Copperfield gab ihm eine Privatvorstellung, es war die traurigste Geschichte in der Vorweihnachtszeit. Da meldete sich Eliáns Vater und teilte mit, der Junge sei ohne sein Wissen und seine Zustimmung in die USA gebracht worden. Die kubanischen Behörden verlangten unter Verweis auf das Sorgerecht daher seine Rückkehr, auch die US-Behörden konnten sich dieser Argumentation nicht verschließen. Elián sollte nach Kuba zurückkehren.

Die Einwanderungsbehörde hatte zwar entschieden, dass Elián zu seinem Vater zurückkehren sollte, wollte aber den Jungen nicht mit Gewalt herausholen. Zudem war Wahlzeit. Elián wurde vom Abgeordneten Dan Burton zu einer Anhörung im Kongress nach Washington eingeladen, Senator Jesse Helms, der mächtige Vorsitzende des Auswärtigen Ausschusses im Senat, wollte dem Jungen sofort die Staatsbürgerschaft verleihen.

In Kuba nahm die Kampagne zur Rückführung des Jungen ebenfalls Fahrt auf. Hier sah man im Fall Elián klar den Tatbestand einer Entführung gegeben. Er wurde der berühmteste Junge der Insel. 100 000 demonstrierten in Havanna vor der Interessenvertretung der USA für die Rückgabe. Die meisten Kubaner empörte, dass in der Zeit der Kampagne um Elián gleichzeitig Hunderten haitianischer Flüchtlinge, die auf dem Seeweg geflüchtet waren, die Aufnahme in Florida verweigert worden war.

Weil die Einwanderungsbehörde in Florida keine Anstalten machte, den Jungen nach Kuba zurückzuschicken, gelangte der Fall bis vor den Supreme Court, den obersten Gerichtshof der USA. Justizministerin Janet Reno sprach sich für die Rückführung aus, und am 22. April 2000 stürmten Einheiten der U.S. Border Control das Haus des Großonkels und brachten den Jungen nach Washington, wo sein Vater wartete. Im Juni kehrte Elián nach Kuba zurück.

Die Niederlage der Exilkubaner hätte nicht ärger ausfallen können, mussten sie doch im selben Jahr einen weiteren Schlag hinnehmen: Die US-Regierung gab dem Druck der Agrar-Lobby nach und erlaubte den Export von Nahrungsmitteln gegen Barzahlung nach Kuba. Mit einem Schlag stiegen die Vereinigten Staaten zum sechstgrößten Handelspartner Kubas auf. (Die Rache dafür folgte bei den Präsidentschaftswahlen 2000: Die Haltung der Exilkubaner in Florida war wahlentscheidend. Die Stimmenauszählung dauerte einen Monat, der Kandidat der Demokraten und bisherige Vizepräsident Al Gore verlor wegen 537 fehlender Stimmen, und George W. Bush übernahm das Amt des Präsidenten. Es war die umstrittenste Wahl der Geschichte der USA.)

Und was wurde aus Elián?

Er erhielt jedes Jahr Geburtstagsglückwünsche von Fidel Castro; sein Vater, der in einem Restaurant in Varadero arbeitete, bekam für sein Verhalten einen Orden und wurde später zum Abgeordneten der kubanischen Nationalversammlung gewählt. Sein Sohn studierte Ingenieurwesen und sagte 2013 in einem Interview: »Ich habe keine Religion, aber wenn ich eine hätte, dann wäre Fidel mein Gott.«

# Miami Five

Das kubanische Exil in Miami war nicht nur politisch aktiv, ging für seine Ziele auf die Straße oder bearbeitete die Politiker in Washington. Seit 1959 leisteten verschiedene militante Gruppen auch bewaffneten Widerstand. Sie waren beteiligt an der gescheiterten Invasion in der Schweinebucht, legten Bomben, brachten 1976 ein Flugzeug der »Cubana Aviación« in der Karibik zum Absturz, bei dem alle 73 Passagiere, darunter auch die kubanische Nationalmannschaft im Fechten, umkamen.

Gnadenlos verfolgten sie auch all jene, die die Verständigung mit dem offiziellen Kuba suchten: 1978 ermordeten sie Eulalio Negrín, einen Exilkubaner in New Jersey, ein Jahr später Carlos Muñiz in Puerto Rico, weil er mit seinem Reisebüro Charterflüge nach Kuba anbot. Ihre Terroraktionen trafen auch kubanische Offizielle. So erschossen sie 1980 den kubanischen UN-Diplomaten Félix García auf offener Straße, platzierten eine Bombe im Wagen des UN-Chefdelegierten Kubas, Raúl Roa, die allerdings vorher entschärft werden konnte. In den 90er Jahren wurden erneut Bomben gezündet, vor allem mit dem Ziel, den wachsenden Tourismus zu stören. So kam auch Fabio di Celmo, ein italienischer Tourist, bei einem Bombenanschlag in einem Hotel ums Leben.

Im Februar 1996 starben vier Exilkubaner bei dem Versuch, mit ihren Kleinflugzeugen über Kuba Flugblätter abzuwerfen. Die kubanische Luftabwehr hatte sie offenbar schon erwartet und schoss die beiden Flugzeuge ab. Kuba hatte zuvor mehrmals vor weiteren Verletzungen des Luftraums gewarnt. Zwei MiG-29-Jagdflugzeuge verfolgten die drei Kleinflugzeuge. Einem gelang die Flucht, die beiden anderen wurden – nachdem sie den kubanischen Luftraum wieder verlassen hatten – außerhalb der 12-Meilen-Zone abgeschossen. Der kommandierende General der kubanischen Luftwaffe General Ruben Martínez und die beiden Piloten Lorenzo und Francisco Perez-Perez wurden 2003 in Abwesenheit von einem US-Gericht des vierfachen Mordes schuldig gesprochen. Nicht verhandelt wurde die Rolle von Raúl Castro, der später gegenüber dem US-Kongressabgeordneten James McGovern erklärte, dass er persönlich den Abschussbefehl erteilt habe.

Dieser Zwischenfall hatte dramatische Folgen: Präsident Bill Clinton, der sich ursprünglich für die Verbesserung der Beziehungen zu Kuba eingesetzt hatte und sein Veto gegen den Helms-Burton-Act von 1996 einlegen wollte, der die Embargo-Bestimmungen erstmals zum Gesetz erhob, sah sich zu einer Kehrtwende veranlasst und unterzeichnete das Vorhaben.

Die militanten Exilkubaner fragten sich, wie die Aktion so dramatisch schiefgehen konnte, und sorgten sich zunehmend um die Geheimhaltung. Es war am Ende ein Maulwurf im kubanischen Geheimdienst, der den US-Sicherheitsbehörden den entscheidenden Hinweis auf die Existenz eines Spionagerings gab. Das FBI verhaftete mehrere Personen, darunter Manuel Viramontes, einen puerto-ricanischen Grafiker, der weder so hieß, noch Puerto Ricaner noch Grafiker, sondern Agent des kubanischen Auslandsgeheimdienstes Dirección de Intelligencia im Rang eines Hauptmanns und seit 1992 Leiter des Spionagerings war, dem die Amerikaner den Namen »Wespennest« verpassten.

Gerardo »Giro« Hernandez Nordelo koordinierte 16 namentlich bekannte Agenten, zu deren Aufgaben neben der Ausforschung der Pläne radikaler Exilkubaner auch die Erkundung militärischer Einrichtungen wie dem bei Miami beheimateten Southern Command SOUTHCOM der US-Streitkräfte bestand. Einem der Agenten gelang es, als Hausmeister auf der größten US-Marinebasis in Südflorida, Boca Chica, angestellt zu werden. Im September 1998 wurden in einer koordinierten Aktion zehn Agenten verhaftet; fünf davon kooperierten fortan mit den Ermittlungsbehörden. Vor Gericht gestellt, wurden die Kronzeugen zu Haftstrafen zwischen dreieinhalb und sieben Jahren verurteilt. Gerardo Hernández und die restlichen vier wurden wegen Spionage und Verschwörung gegen die Vereinigten Staaten in 26 Anklagepunkten schuldig gesprochen. Hernández wurde wegen der –

nicht bewiesenen – Weitergabe der Flugdaten der abgeschossenen Kleinflugzeuge zusätzlich wegen Verschwörung zum Mord zu zweimal lebenslänglich plus 15 Jahre verurteilt.

Die UN-Arbeitsgruppe für willkürliche Inhaftierungen der Menschenrechtskommission in Genf analysierte das Verfahren und hielt in ihrer Stellungnahme Nr. 19/2005 fest, die Inhaftierung der fünf kubanischen Gefangenen sei »ein Verstoß gegen Artikel 14 des Internationalen Paktes für zivile und politische Rechte und entspricht nach Untersuchung des Falles vor der Arbeitsgruppe der Kategorie III (schwerwiegende Zweifel an Durchschaubarkeit und Fairness eines Rechtsverfahrens)«. Das Berufungsgericht in Atlanta hob im selben Jahr die Strafurteile wegen der vorurteilsträchtigen Atmosphäre bei der Verhandlung in Miami auf. Das Urteil gegen Hernández wurde in der Revision noch einmal bestätigt, während seine vier Mitangeklagten, die ursprünglich auch lebenslänglich bekommen hatten, zu Haftstrafen zwischen 15 und 21 Jahren verurteilt wurden.

In Kuba wurden die fünf Gefangenen zu Helden erklärt. Ihre Bilder waren überall anzutreffen. Nach 16 Jahren Haft in Hochsicherheitsgefängnissen kam Gerardo Hernández 2014 im Rahmen eines Gefangenenaustauschs frei. Er wurde von Staats- und Parteichef Raúl Castro empfangen, salutierte und sagte: »Als Soldat bin ich bereit, meinen nächsten Befehl zu erhalten. Ich kann meinem Land überall dienen, wo man mich für nützlich hält.« Nicht wenige sehen in Gerardo Hernández einen »kommenden Mann«.

## Vorschnelles Ende der Reformen

Ab 1995 begann sich die Wirtschaft Kubas allmählich zu erholen, erzielte Jahr für Jahr ein kleines Wachstum, lag aber im Vergleich zu 1989, dem letzten Jahr der Normalität, weiterhin meilenweit zurück. Der schwache Peso erholte sich und stand bei 1:20 zum Dollar, ein deutlicher Indikator für den Fortschritt. Wie auch die

Wiederzulassung der freien Bauernmärkte, die Fidel Castro noch 1986 heftig kritisiert hatte. Es war ein Experiment, denn diesmal hielt sich der Staat aus dem Geschehen heraus: Die Preise auf den Bauernmärkten wurden ohne Einwirkung von außen gebildet, allen war das Handeln erlaubt.

Doch kaum gab es die ersten Einkommensunterschiede, setzten die Regulierungen wieder ein: Jeder Anbieter musste nachweisen, dass er lediglich Überschüsse verkaufte und der staatliche Plansoll zuvor erfüllt worden war; verkauft werden durfte nur gegen den einheimischen Peso; Zucker, Rindfleisch und Milch durften nicht mehr frei gehandelt werden. Jeder Händler musste eine Lizenz erwerben und Steuern zahlen. Doch immerhin gab es nun wieder ein vorzeigbares Angebot an Obst, Gemüse oder Schweinefleisch. Obschon die Preise hoch waren (ein Pfund Schweinefleisch kostete 1995 rund ein Viertel des Monatslohns), waren sie dennoch niedriger als auf dem schwarzen Markt.

Auch die Fiskalpolitik wurde verschärft, das Staatsdefizit durch neue Steuereinnahmen und zum Teil drastische Preiserhöhungen auf Waren und Dienstleistungen reduziert, Subventionen für staatliche Betriebe wurden gestrichen, Staatsangestellte entlassen. Der zivile Architekt des Erfolgs, Carlos Lage, bilanzierte die Entwicklung so: »Ich betone, dass alle vergangenen und zukünftigen Veränderungen innerhalb unseres sozialistischen Systems vollzogen werden. Sie zielen darauf ab, unsere Wirtschaft immer mehr mit der Weltwirtschaft zu verbinden, aber mit der Beibehaltung der dominierenden Rolle des staatlichen Eigentums. Auch wenn wir zunehmend eine Beteiligung privaten ausländischen Kapitals suchen und zulassen wollen, gibt es bei uns weder jetzt noch in Zukunft eine Privatisierungspolitik. Wir glauben nicht an den Neoliberalismus. Wir haben die Öffnung nicht durchgeführt, um unser Land zu verkaufen. Ich glaube, dass die Chancen eines Unternehmens, auf dem Weltmarkt zu bestehen, nicht von den Eigentumsverhältnissen abhängen, sondern von dessen Fähigkeit, seine Technologie und sein Management den Anforderungen des

Weltmarktes anzupassen und die eigenen Mitarbeiter zu motivieren. Im Übrigen bietet Kuba Anlegern Bedingungen, die sie in vielen Ländern der Dritten Welt nicht finden: Sicherheit, Stabilität und eine Bevölkerung mit einem hohen Gesundheits- und Bildungsniveau, eine Wirtschaft, die ihren eigenen Weg gefunden und ein anhaltendes Wachstum erreicht hat, ein Land ohne Korruption, ohne Drogen und ohne organisierte Kriminalität.«

Während Carlos Lage in der Öffentlichkeit auftrat, zogen die Militärs um Raúl Castro im Hintergrund die Fäden. Sogar im Verhältnis zu den USA geschahen im Verborgenen Dinge, die man kaum für möglich hielt: Seit Mitte der 90er Jahre fanden auf der US-Marinebasis Guantánamo Bay informelle Treffen mit kubanischen Militärs statt. Beteiligt waren der amerikanische Kommandant auf der einen und der kubanische Befehlshaber der örtlichen Division auf der anderen Seite. 1999 nahm mit Brigadegeneral José Solar Hernández auch ein Mitglied des Zentralkomitees der KP Kubas an diesen Gesprächen teil. Es ging um allgemeine Themen der Nachbarschaft zwischen beiden Truppen, das Verhindern von Spannungen und die schnelle Kommunikation für den Fall von örtlichen Zwischenfällen. Es wurden sogar gemeinsame Übungen abgehalten, etwa für den Fall von Bränden. Für Opfer mit Verbrennungen wurde die Behandlung im nahegelegenen kubanischen Krankenhaus vereinbart.

Die Verbindung hielt auch, als die USA nach dem 11. September 2001 in ihrer Militärbasis Guantánamo verdächtige Al-Kaida-Kämpfer internierten. Die kubanische Regierung wurde vorab über das Vorhaben informiert, und Raúl Castro erklärte öffentlich, sollte es einem der Internierten gelingen, auf kubanisches Territorium zu fliehen, so werde man den Flüchtigen fassen und der US-Marine wieder übergeben. Es gibt seither auch einen regelmäßigen Austausch von Delegationen der Fuerzas Armadas Revolucionárias und des US-Militärs auf kubanischem Boden, bei dem es schon zu Gesprächen mit Raúl Castro in Havanna kam.

Interessanterweise waren es die Militärs, die für eine Öffnung der Märkte eintraten, während die Partei immer wieder bremste. So erklärte Carlos Lage im Fernsehen, die Probleme, die der Schwarzmarkt mit sich bringe, belegten, dass die Einführung von Marktwirtschaft in Kuba unmöglich sei. Die Animositäten wuchsen, und immer öfter kreuzten Raúl Castro und Carlos Lage auch öffentlich die Klinge.

Doch die Partei behielt erst einmal die Oberhand. Künftig gehe es wieder um die Perfektionierung des Sozialismus, hieß es. Der V. Parteitag im Oktober 1997 kassierte die meisten Reformvorhaben, so die weitere Entlassung von Mitarbeitern unrentabler Staatsbetriebe, die freie Konvertibilität des kubanischen Peso, eine durchgreifende Preisreform sowie eine neue Form der Finanzierung der sozialen Sicherung. Sämtlichen Joint-Venture-Betrieben wurde die direkte Auswahl, Anstellung, Entlassung und Bezahlung ihres Personals wieder abgenommen und an sogenannte Personalagenturen übertragen. Dies bedeutete, dass die Betriebe ihre Löhne in US-Dollar zu entrichten hatten, während die Angestellten sie als kubanische Peso zum offiziellen Wechselkurs von 1:1 erhielten – was einem staatlichen Währungsgewinn von 95 Prozent entsprach. (Dennoch waren die Jobs begehrt, denn die Trinkgelder in Dollar waren nicht zu verachten.)

Die Quittung kam schon nach wenigen Jahren: Lagen die jährlichen Auslandsinvestitionen 1997 noch bei 442 Millionen US-Dollar, so sanken sie 2001 dramatisch auf 38,9 Millionen, und ab 2003 kannte die Bereitschaft ausländischer Unternehmen, in Kuba zu investieren, nur noch eine Richtung: rückwärts. Im Inneren stand es nicht besser. Diejenigen, die auf eigene Rechnung arbeiteten, bekamen eine Steuererhöhung um 1000 Prozent (!) präsentiert – ohne Rücksicht auf die Einnahmen. Wer nicht zahlte, wurde mit Strafen belegt, die sich diesmal am Umsatz von bis zu vier Monaten orientierten. Wer dann nicht mehr konnte, verlor die Lizenz. Seine Betriebsmittel wurden ersatzlos konfisziert. Diese Regelung gilt bis auf den heutigen Tag. Für die Erlaubnis, ein Touristentaxi zu betreiben, muss der Fahrer jeden Monat seine teuren Lizenzgebühren in Devisen zahlen, unabhängig davon, dass die Saison nur von November bis März geht. In den touristenschwachen Monaten muss er das Gleiche entrichten, obwohl er kaum Einnahmen hat. Kann er es nicht, verliert er sein Geschäft.

Die *período especial* zeigte, dass das Land nur mit durchgreifenden Reformen wieder gesunden konnte. Nach dem Abwürgen der aussichtsreichen Ansätze kehrten die alten Probleme wieder: Der nationale Peso sackte gegenüber dem Dollar ab, das Haushaltsdefizit stieg ebenso wie das der Handelsbilanz.

## Venezuela – der Retter in der Not

Venezuela war schon seit dem Sieg der Revolution für Fidel Castro von besonderem Interesse. Mit seinem Erdölreichtum konnte das südamerikanische Land das wirtschaftliche Überleben Kubas langfristig sichern. Deshalb führte ihn schon sein erster Auslandsbesuch am 23. Januar 1959 nach Caracas, wo ein Jahr zuvor der Diktator Marcos Pérez Jiménez gestürzt worden war. Die Übergangsregierung schickte eigens ein Flugzeug nach Havanna, das Castro und seine Begleitung aufnahm. Während seines Besuches sprach er vor begeisterten Studenten, denen er versprach, sie für eine Ausbildung nach Kuba einzuladen.

Zwei Tage später traf er mit dem Sieger der Präsidentschaftswahlen, dem Sozialdemokraten Rómulo Betancourt, zusammen. Der hatte aktiv nicht nur gegen den Diktator im eigenen Land gekämpft, sondern auch gegen den Machthaber in der Dominikanischen Republik, Rafael Trujillo – wie auch Castro in seinen jungen Jahren. Beide Politiker sprachen mehr als fünf Stunden. Doch am Ende lehnte Betancourt rundheraus alle Wünsche nach finanzieller und wirtschaftlicher Unterstützung Kubas ab. Ein Schock für den mit hohen Erwartungen angereisten Gast.

Die Konsequenz aus dieser Abfuhr war eine aktive Unterstützung Kubas für die venezolanische Guerilla, die in Kuba ausgebildet und auch mit Waffen beliefert wurde. Nachdem Betancourt unwiderlegbare Beweise dafür in der Hand hatte, betrieb er den Ausschluss Kubas aus der Organisation Amerikanischer Staaten (OAS), der 1962 auch erfolgte.

Besser kam Fidel mit Carlos Andrés Pérez aus, einem Sozialdemokraten und Vizepräsidenten der Sozialistischen Internationale, der 1974 zum ersten Mal an die Macht kam und den neuen Reichtum, zu dem das Land in der Erdölkrise gekommen war, nutzte, um die sozialen Ungleichgewichte in Venezuela zu mildern. Die beiden Staatschefs hatten ein freundschaftliches Verhältnis zueinander, ohne dass es zu einer wirtschaftlichen Unterstützung kam. (Die war auch nicht zwingend notwendig, da die Sowjetunion zu dieser Zeit Kuba mit Öl versorgte.)

Andrés Pérez befand sich in seiner zweiten Amtszeit, zu deren Einführung der *Máximo Líder* 1989 eigens angereist war. Kurz darauf kehrte Fidel Castro schon wieder zurück nach Venezuela, diesmal jedoch, ohne dass die Öffentlichkeit davon Notiz nehmen konnte. Auf einem Marinestützpunkt in La Orchila, einer Caracas nördlich vorgelagerten Insel, trafen die beiden Staatschefs erneut zusammen. Castro unterbreitete den Vorschlag, dass Venezuela die Erdöllieferungen der Sowjetunion an Kuba übernehmen könnte, während die Sowjetunion ihrerseits die bislang von Venezuela belieferten Kunden in Europa versorgen sollte. Die Einsparpotentiale seien nicht von der Hand zu weisen. Doch Andrés Pérez lehnte ab.

Am 4. Februar 1992 erhoben sich Truppen der venezolanischen Streitkräfte gegen den amtierenden Präsidenten Andrés Pérez. Der Putsch scheiterte. Der Anführer war der Kommandeur eines Fallschirmjägerregiments, Oberstleutnant Hugo Chávez, der im Angesicht der Niederlage anbot, seine Mitverschwörer aufzurufen, die Waffen niederzulegen, sollte er Gelegenheit erhalten, sich über das Fernsehen an die Bevölkerung zu wenden. In der nur 72 Sekunden dauernden Ansprache übernahm er die

Verantwortung für den Putsch und dessen Scheitern. Es würden sich aber gewiss neue Möglichkeiten ergeben. Der Putsch wurde weltweit verurteilt – auch von der kubanischen Regierung. Ende 1998 gewann Hugo Chávez die Präsidentschaftswahlen mit einem Stimmenanteil von 56 Prozent. Kuba hatte fortan einen neuen strategischen Verbündeten. Bald schickte Venezuela 115 000 Barrel Öl pro Tag zum Vorzugspreis, was 70 Prozent von Kubas Energiebedarf entsprach. Im Gegenzug lieferte Havanna Dienstleistungen durch Zehntausende entsandte Ärzte, Lehrer und Sporttrainer sowie Tausende Berater in politischer Funktion in den Sicherheitsdiensten.

Kubas politische Berater waren Hochkaräter: der *Comandante de la Revolución* (Kubas höchster Ehrentitel, den nur drei Personen erhielten) Ramiro Valdés, Mitkämpfer der Castros in der Sierra Maestra, zweifacher Innenminister, Vizepräsident des Staatsrates und Mitglied des Politbüros, General Leonardo Ramón Andollo, Operationschef der kubanischen Streitkräfte, und General Alcibiades Muñoz Gutierrez, Direktor für die Sicherheitsdienste im kubanischen Innenministerium.

Ende 2004 trat Kuba offiziell dem von Hugo Chávez gegründeten Bündnis Bolivarianische Alternative für die Völker unseres Amerikas – Handelspakt für die Völker, abgekürzt ALBA-TP, bei, einem Regionalpakt, dem auch Iran und Syrien mit Beobachterstatus angehören. Mit ihm propagierte der venezolanische Präsident sein Modell »Sozialismus im 21. Jahrhundert«. ALBA finanzierte kostenlose Augenoperationen (*Operación Milagro*), Alphabetisierungskampagnen in den Mitgliedsländern Bolivien, Ecuador und Nikaragua sowie im Rahmen des ALBA-Oil-Abkommens Erdöllieferungen zum Freundschaftspreis. Schätzungen zufolge setzte Chávez zwischen 2005 und 2011 über 80 Milliarden US-Dollar zur Hilfe ein, von denen Kuba mehr als ein Drittel erhielt. So wurde Kuba mit der Verlegung eines Glasfaserkabels, das von Venezuela über Kuba nach Jamaika verläuft, 2013 an das Internet-Zeitalter angeschlossen.

2004 sah Fidel den Zeitpunkt gekommen, um ein paar Dinge wieder geraderücken zu lassen. Er schickte Politbüromitglied José Machado Ventura vor, der die Reformen der zurückliegenden 14 Jahre energisch kritisierte. Kapitalistische Management-Methoden seien übernommen worden und hätten das Land durch Liberalismus, Toleranz sowie ausbleibende Kontrolle in Gefahr gebracht. Dem müsse begegnet werden. Der daraufhin verabschiedete Katalog der Maßnahmen sah vor:

- Verbot des Dollars für Privatpersonen und Staatsunternehmen;
- Strafaufschlag von 10 Prozent für den Zwangsumtausch von Dollar in CUC;
- Aufwertung des CUC um 20 Prozent;
- Preiserhöhungen in den Devisenläden zwischen 10 und 30 Prozent;
- Zentralisierung der Kontrolle über Im- und Export beim Außenhandelsministerium;
- Verbot für Staatsbetriebe, in Devisen zu handeln;
- Konzentration aller Devisengeschäfte bei der Zentralbank;
- Importe nur noch über Devisenanforderungen mit Aufschlägen;
- Zentralisierung aller Tourismusaktivitäten beim dafür zuständigen Ministerium;
- Kontrollen der Staatsbetriebe durch die Zentralbank;
- Verbot für Staatsangestellte, Funktionäre und Militärs, als Gewerbetreibende tätig zu werden;
- Streichung von 40 Berufen auf der Zulassungsliste für Gewerbetreibende.

Die Auswirkungen waren wie bei den vorangegangenen Rückwärtsbewegungen eindrucksvoll negativ: Die Inflation verfünffachte sich, das Staatsdefizit stieg um 80 Prozent, das Defizit in der Handelsbilanz erreichte einen historischen Rekordwert ebenso wie die Auslandsverschuldung.

# Transit

Überraschender Führungswechsel lange geplant – Venezuela will die Konföderation mit Kuba – Raúl Castro befreit sich von Fidels Aufpassern – Kuba muss Zucker importieren – Drohung an die Funktionäre: Wir wissen alles über euch! – Die Reformen von Raúl bleiben zögerlich – Das Exil bezahlt Milliarden – Die Ungleichheit nimmt zu.

\* \* \*

Es begann 1983: Am 20. April raste eine Kolonne bestehend aus drei Mercedes-Limousinen durch das nächtliche Havanna zum Revolutionspalast. Dort angekommen, begab sich Fidel Castro in die 4. Etage, wo seine Privatklinik untergebracht ist. Sie ist einzig und allein für ihn bestimmt. Sein Leibarzt Eugénio Selman und weitere Kollegen fanden in dieser Nacht ein Krebsgeschwür in Fidels Darm.

Drei Monate dauerte die Behandlung. In dieser Zeit hielt er keine Reden und trat nicht mehr öffentlich auf. Um aber zu vermeiden, dass Unruhe und Spekulationen aufkeimten, setzte man einen Doppelgänger in die Präsidentenlimousine – Silvino Álvarez, der mit falschem Bart durch Havanna gefahren wurde. (Diese Details schilderte später Fidels persönlicher Leibwächter, Oberstleutnant Sánchez, nach seiner Flucht.)

1992 kehrte die Krankheit zurück. Wieder wurde Castro in seiner Privatklinik behandelt, doch es trat zunächst keine Besserung ein. Raúl wurde über den ernsten Zustand seines Bruders informiert. Der begann mit der Planung, wie die politische Führung auf den Tod ihres *Comandante en Jefe* vorbereitet werden sollte. Wieder wurde der Doppelgänger durch die Hauptstadt gefahren, doch nach zwei Monaten kehrte Fidel Castro ins öffentliche Leben zurück.

2006 war es dann endgültig so weit: Am 31. Juli wurde erstmals öffentlich bekannt gegeben, dass Fidel Castro schwer erkrankt sei. Sein Privatsekretär verlas eine persönliche Erklärung, die über alle Radio- und Fernsehkanäle ausgestrahlt wurde. Er habe Darmblutungen gehabt und sich einer schwierigen Operation unterziehen müssen. (Fidels Leibarzt Dr. Selman wurde später der Fall entzogen und der spanische Arzt Dr. José Luis García Sabrido herbeigezogen, der schließlich diagnostizierte, dass Castro keinen Krebs habe.)

Weiter hieß es in der Erklärung, dass bis zu seiner Genesung Raúl seine Geschäfte als Parteivorsitzender, Regierungschef, Staatsratsvorsitzender und als Oberbefehlshaber der kubanischen Streitkräfte übernehmen werde. Fidel Castro stand kurz vor seinem 80. Geburtstag. Er war zu diesem Zeitpunkt nach der britischen Königin und dem thailändischen Monarchen das dienstälteste Staatsoberhaupt der Welt.

Raúl war seit Jahrzehnten der engste Vertraute von Fidel. Doch dessen Vertrauen reichte nicht aus, um ihm die Führung des Landes bedingungslos zu übergeben. Die Stabübergabe kam auch nicht spontan, sondern war das Ergebnis einer lange zuvor austarierten Machtarithmetik. Es war auch nicht der Übergang von einem Bruder zum anderen. Obwohl zum Provisorium erklärt, war klar, dass Fidel nicht wieder zurückkehren würde. Doch die Macht war ganz auf ihn zugeschnitten. Nach dem Ende des Sozialismus in Europa war Fidel wieder zu seiner Linie zurückgekehrt, an den vorhandenen Institutionen vorbei zu regieren. Das Exekutivkomitee des Politbüros hatte er 1991 aufgelöst, Parteitage, die satzungsgemäß alle fünf Jahre stattfinden sollten, wurden von ihm nicht mehr einberufen.

Fidel Castro hatte wieder ein persönliches »Küchenkabinett« installiert, in das junge Kader berufen worden waren, die mit einer nicht definierten Zuständigkeit, dafür aber mit der Allmacht des *Máximo Líder* im Hintergrund, ausgestattet wurden. Felipe Pérez Roque, der mit 21 Jahren sein persönlicher Sekretär wurde, stieg 1999 zum Außenminister Kubas auf mit der Begründung, niemand sei so dicht an den Gedanken Fidel Castros wie er. Der Vorsitzende des Kommunistischen Jugendverbandes Otto Rivero erhielt Ende 2004 seine Berufung zum Vizepräsidenten des Ministerrates, zuständig für die Investitionen im Rahmen der *batalla de ideas* (»Schlacht der Ideen«), was einem Superministerium mit Kontrollrechten in allen Bereichen gleichkam.

Diese Kampagne begann am Anfang des Ringens um die Rückkehr des Flüchtlingsjungen Elián 1999 zur Abwehr feindlicher ideologischer Einflüsse auf die kubanische Jugend. Zunächst ging es um politische Aufklärung, die Mobilisierung der Jugendlichen für die Revolution, dann wurde daraus die Kontrolle der Wirtschaft zur Aufdeckung von Korruption, und beim Abschied Fidel Castros war schließlich ein umfassender Parallelapparat zu den bestehenden Institutionen entstanden.

Die Ermunterung der Jugend, sich stärker mit den Idealen der alten Männer zu identifizieren, ging daneben: Vor allem in den Städten sind heute die Wünsche junger Kubaner ähnlich denen ihrer Altersgenossen außerhalb Kubas. Und die vermeintlich jungen Kader Fidels kamen auch nicht besonders gut an. Im Volk verpasste man ihnen den wenig schmeichelhaften Namen »die Talibane«, weil sie besonders orthodox auftraten. Sie sollten im Konzept Fidels die Garanten seines innenpolitischen Vermächtnisses sein.

Eine besondere Beziehung hatte sich zwischen Fidel Castro und Hugo Chávez entwickelt, der in dem alternden *Comandante en Jefe* so etwas wie eine Vaterfigur sah. 14 Jahre lang begleitete Fidel Castro seinen Schützling und bot jede Unterstützung auf, um dessen Regierung zu halten. »Fidel ist für mich ein Vater, ein Kampfgenosse und Meister der perfekten Strategie«, sagte Chávez 2005 in einem Interview mit der kubanischen Parteizeitung *Granma*. Beide standen in engster Verbindung, insbesondere in Krisenzeiten etwa, als Chávez 2002 selbst Opfer eines Putschversuchs wurde, oder ein Jahr später, als seine Gegner versuchten, ihn mittels eines Referendums aus dem Amt zu treiben. Seine innige Beziehung zu Kuba ging so weit, dass er sogar eine Föderation beider Staaten vorschlug.

Fidels weltpolitisches Erbe sollte daher Chávez antreten. Carlos Lage, der die Krise nach der *período especial* gemanagt und Fidel Castro auch im Ausland mehrmals vertreten hatte, erklärte sogar, Kuba habe zwei Präsidenten: Fidel Castro und Hugo Chávez. Und diese Idee führte schließlich dazu, dass in beiden Ländern die Möglichkeiten ausgelotet wurden, ein gemeinsames Staatsgebilde zu formen. Hugo Chávez ließ die Möglichkeiten prüfen, im Rahmen einer Verfassungsänderung eine gemeinsame Regierung zu bilden. Und tatsächlich wurde im Artikel 153 der entsprechende Satz eingefügt. Chávez sprach fortan mehrfach von der künftigen Konföderation. Auch Kubas Außenminister Pérez Roque betonte, dass sein Land bereit sei, seine Souveränität in ein neues »Großes Vaterland« einzubringen.

Raúl Castro hingegen sprach nie von der Möglichkeit einer Konföderation mit Venezuela. Es war unschwer zu erkennen, dass es nicht sein Interesse war, mit Hugo Chávez als Testamentsvollstrecker seines großen Bruders zusammenzuarbeiten. Mittlerweile erging sich der venezolanische Staatschef bereits in hymnischen Verklärungen. So korrigierte er den bolivianischen Präsidenten Evo Morales, der Fidel Castro als »großen Bruder« der lateinamerikanischen Linken bezeichnet hatte: »Nein«, sagte Chávez, »er ist nicht unser großer Bruder, er ist unser Papst!«

Doch die »Einhegung« Raúl Castros ging noch weiter. Neben Hugo Chávez standen noch weitere »Erbschaftsverwalter«: Als Erster wurde von Fidel Castro der frühere Chefideologe der KP Kubas, José Ramón Balaguer, genannt, der als Botschafter in Moskau gegen Gorbatschows Perestroika auf klaren Gegenkurs gegangen war. Er sollte die Zuständigkeit für Kubas Gesundheitswesen bekommen, das als wichtiger Exportartikel und als Errungenschaft der Revolution von besonders hohem Prestige war; die zweite revolutionäre Errungenschaft, das Bildungswesen, sollte Politbüromitglied José Ramón Machado Ventura übernehmen.

Außenminister Pérez Roque, Wirtschaftschef Carlos Lage und Zentralbankchef Francisco Soberón Valdés erhielten durch Fidel Castros Verfügung die Zuständigkeit über die Finanzen. Und das waren noch nicht einmal alle.

Und wie reagierte der so umzingelte Raúl Castro? Wie es seine Art war: im Hintergrund agierend. »Ich bin immer diskret gewesen, das ist mein Charakter, und das werde ich bleiben«, sagte er der Parteizeitung *Granma* nach seiner Amtsübernahme. Sein Bruder hatte viel unternommen, um das äußere Erscheinungsbild von Raúl zu verbessern. Er hatte ihm einen Sprachlehrer geschickt, der seine Aussprache verbessern sollte. Umsonst. Bis heute liest Raúl jede Rede – und sei sie noch so kurz – monoton vom Blatt ab.

Zunächst einmal verlagerte Raúl die Macht zurück in die Institutionen. So wurde das 1991 abgeschaffte Exekutivsekretariat des Politbüros der KP Kubas wieder eingesetzt, um die Kontrolle der Partei über die staatlichen Instanzen herzustellen. Gleichzeitig machte Raúl Schluss mit der Unsitte seines Bruders, Sitzungen zu jeder beliebigen Tages- und Nachtzeit und besonders gern um vier Uhr morgens anzuberaumen. Auf einer Sitzung des ZK sprach er davon, dass die Partei der *Comandante en Jefe* der kubanischen Revolution sei. Das war mehr als neu, denn diesen Titel hatte bislang nur sein Bruder für sich beansprucht.

Als Nächstes ging Raúl daran, sich der Loyalität der alten Garde zu versichern: Seine erste Personalie betraf den eher unscheinbaren Minister für Informatik und Kommunikation. Er wurde durch ein Urgestein der Revolution ersetzt: durch den *Comandante de la Revolución* Ramiro Valdés, der schon beim Sturm auf die Moncada-Kaserne 1953 dabei war, nach dem Sieg der Revolution als Minister für Staatssicherheit und bis 1985 als Innenminister fungierte, ehe er in einem kolportierten Machtkampf mit Raúl Castro unterlag. Die damit verbundene Botschaft sollte unterstreichen, dass Raúl Castro an einer breiten Unterstützung seiner Politik gelegen war.

Wie sehr die Machtabsicherung die realen Probleme des Landes überlagerte, wird an dieser Personalie deutlich: Anstatt in ebenjenem Bereich die Zukunft Kubas neu zu denken, die Möglichkeiten der Hochtechnologie auszuloten, die Chancen des Internets für die gut ausgebildeten Kubaner zu nutzen – so wie sich das mittelamerikanische Costa Rica vom Bananenexporteur zum High-Tech-Standort entwickelt hatte –, bekam ausgerechnet der allem misstrauende Exstasiminister die Kontrolle über Informatik und Kommunikation. Die Folgen sind bis heute dramatisch: Kontrolle ist das alles bestimmende Element bei der sowieso schon eingeschränkten Nutzung des Internets.

Die offizielle Übernahme der Präsidentschaft durch Raúl im Februar 2008 hätte zu keinem schlechteren Zeitpunkt erfolgen können: Die Folgen der Finanzkrise waren weltweit zu spüren, auch in Kuba. Die Touristenzahlen gingen signifikant zurück, und durch den Verfall des Erdölpreises sanken auch die Einnahmen beim Verkauf von überschüssigem venezolanischem Öl. Hatte Kuba schon vordem wenig Möglichkeiten, sich auf dem internationalen Finanzmarkt Kredite zu beschaffen – die internationalen Organisationen wie IWF und Weltbank müssen sich an das US-Embargo halten, und frühere Kreditgeber waren durch ausgebliebene Rückzahlungen verschreckt –, so war nun kaum jemand noch willens, der Insel mit Geld unter die Arme zu greifen.

Als wäre dies nicht schon schlimm genug, brach im August 2008 über Kuba auch noch ein gewaltiger Hurrikan herein. »Gustav« überquerte die vorgelagerte Isla de la Juventud, zerstörte dort fast alle Straßen, wanderte weiter in die Provinz Pinar del Rio, wo 86 000 Gebäude, darunter Schulen, Kliniken und Wohnhäuser, stark beschädigt, Reispflanzungen und Tabakplantagen vernichtet sowie 3400 Tabakhäuser und 60 Geflügelfarmen zerstört wurden. Es waren die schlimmsten Folgen eines tropischen Wirbelsturms seit 1956. Da die Evakuierung rechtzeitig und glänzend organisiert verlief, kam es zu keinen Todesopfern. Dafür verschlimmerte sich die Wohnungssituation und schuf genau jene Brettersiedlungen – wie in El Romerio, einem Viertel dicht bei den Villen und Botschaften von Miramar in Havannas Westen –, die Kuba schon lange nicht mehr haben wollte.

Den ursprünglich für Ende 2009 vorgesehenen Parteitag der kubanischen KP verschob Raúl mit der Begründung, dass die Finanz- und Wirtschaftskrise Kuba vor enorme kurzfristige Herausforderungen stelle. Erst wenn diese bewältigt seien, könnten auf einem Parteitag grundsätzliche Fragen erörtert werden. Raúl betrieb dafür Schritt für Schritt die Entfernung der »Talibane«. Die »Schlacht der Ideen« verschwand aus den Reden und Artikeln der Partei. Die verschiedenen Initiativen und Projekte wurden rückabgewickelt und den bestehenden Instanzen übertragen; deren Koordinator Otto Rivero wurde die »Zweckentfremdung von Mitteln seines Zuständigkeitsbereichs« vorgeworfen. Er wurde aller seiner Ämter enthoben und ist seither Maschinist in einem Druckereibetrieb.

2009 wurde auf dem Flughafen von Havanna der kubanische Geschäftsmann Conrado Hernández verhaftet, der in Kuba die wirtschaftlichen Interessen des Baskenlandes vertrat – und vermutlich dem spanischen Geheimdienst CNI berichtete, denn er hatte Tonbänder bei sich, die gleich zwei der hoffnungsvollsten Nachwuchspolitiker belasteten. Fidel Castros Wirtschaftsberater Carlos Lage, der schon als Nachfolger seines Förderers gehandelt wurde und bereits in den 90er Jahren mit Raúl aneinandergeraten war, lästerte auf den Aufnahmen, die auf dem Feriensitz des Interessenvertreters gemacht worden waren, mit abfälligen Witzen über die Castros (»lebende Fossile«). Carlos Lages Bruder, ein Arzt, meinte über Raúl Castros Stellvertreter José Machado Ventura (78): »Bei dessen Herzproblemen ein wenig nachzuhelfen, wäre ein Dienst am Vaterland.«

Carlos Lage wurde erst seines Postens im Ministerrat enthoben. Einen Tag später trat er von allen politischen Ämtern im Staatsrat, im Politbüro und als Abgeordneter zurück. Nicht anders erging es Außenminister Pérez Roque, der ebenso mit dem verhafteten Geschäftsmann enge Beziehungen unterhalten hatte. Er verlor alle Ämter und arbeitet seither als Elektroingenieur, Lage als Arzt. Auch Fidel Castros Privatsekretär verschwand aus der Öffentlichkeit.

Diese für jedermann in Kuba offensichtliche Zäsur bedurfte der Erklärung. Die beiden ehemaligen Hoffnungsträger mussten offene Briefe schreiben, in denen sie »die begangenen Fehler« zugaben und »die Analyse des Politbüros teilten«. Quer durchs Land wurde auf Parteiversammlungen eine stundenlange Dokumentation gezeigt, die heimlich gemachte Videoaufnahmen der Treffen von Conrado Hernández mit den prominenten Politikern zeigte. Damit wurde auch klar, dass es sich nicht um einen Zufallsfund gehandelt hatte, sondern die ganze Aktion von langer Hand vom kubanischen Geheimdienst vorbereitet worden war. Die Botschaft an alle Funktionäre war eindeutig: Wir wissen alles über euch!

Damit befreite sich Raúl eindrucksvoll aus der Umklammerung.

Und wie reagierte Fidel Castro auf die neue Lage? Der *Máximo Líder* verfolgt in seinem Anwesen in Siboney am westlichen Stadtrand von Havanna sehr genau die Vorgänge und veröffentlicht seit seinem Rückzug in unregelmäßigen Abständen seine »Reflexiones del Comandante«, in denen er sich mit der Geschichte der kubanischen Revolution und den amerikanischen Todfeinden, mit globalen Fragen wie Umweltschutz, Energiesparen, Biotreibstoff sowie anderen Themen befasst. Am 3. März 2009 um 11.30 Uhr sandte er folgende Botschaft:

*»Einige Presseagenturen stehen kopf aufgrund der innerhalb der Exekutive vorgenommenen Veränderungen. Mehrere von ihnen geben Gerüchte ›aus der Bevölkerung‹ weiter und sprechen von einem Auswechseln der ›Gefolgsleute von Fidel‹ durch ›Gefolgsleute von Raúl‹. Die meisten der durch andere Ersetzten sind nie von mir vorgeschlagen worden. Fast ohne Ausnahme sind sie auf Vorschlag*

*anderer Genossen der Partei- und Staatsführung zu ihren Ämtern gekommen. Ich habe mich niemals jener Funktion angenommen. Ich habe weder jemals die menschliche Intelligenz unterschätzt noch den Dünkel der Menschen. Ich wurde bezüglich der Ernennung der gerade eingesetzten neuen Minister zu Rate gezogen, und das, obwohl keine Rechtsnorm diejenigen, die die Vorschläge unterbreiteten, zu diesem Verhalten gezwungen hat, da ich seit langem auf die Machtprivilegien verzichtet habe. Sie haben einfach als echte Revolutionäre, welche die Prinzipientreue in sich selbst vereinen, gehandelt. Es wurde keinerlei Ungerechtigkeit mit bestimmten Führungskräften begangen. Keiner der von den Agenturmeldungen am meisten Betroffenen hat auch nur ein Wort darüber gesagt, dass er in irgendeiner Art und Weise nicht konform ist. Es ging absolut nicht um das Fehlen persönlicher Werte. Der Grund war ein anderer. Die Honigsüße der Macht, für die sie kein Opfer bringen mussten, hat in ihnen Ambitionen erweckt, die sie dazu brachten, eine unwürdige Rolle einzunehmen. Der äußere Feind hat sich in Bezug auf sie falsche Hoffnungen gemacht.*«

Trost spendete ihm Hugo Chávez, der – wann immer möglich – an seinem Krankenbett auftauchte. Dabei redeten sich beide als »Vater« und »Sohn« an. Er hatte 2006 eine weitere Wahl gewonnen. Doch sein Vorhaben einer Konföderation mit Kuba hatte Chávez aufgeben müssen, seine Verfassungsänderung scheiterte knapp in einem Referendum. Mit der Zeit wurden seine Aufenthalte in Kuba immer länger, und es setzten Spekulationen über seinen Gesundheitszustand ein. In Venezuela wurde die Unruhe immer größer, denn der Präsident regierte das Land erkennbar nur noch aus dem Ausland.

Von Kuba aus wurden Fernsehbilder von Chávez zusammen mit Fidel Castro gesendet und dazu getextet, beide hätten »in Erinnerungen geschwelgt«. Ende Juni 2011 erklärte Chávez von Kuba aus, er habe Krebs und habe sich deshalb einer Operation unterzogen. Er werde nicht zurücktreten und die Macht nur

Fidel Castros wahrer Sohn: Venezuelas Staatschef Hugo Chávez während eines Besuches in Havanna im August 2006.

abgeben, wenn seine Fähigkeiten eingeschränkt seien. Es sei ein »fundamentaler Fehler« gewesen, dass er seine Gesundheit über Jahre hinweg vernachlässigt habe, sagte der sichtlich abgemagerte Chávez, der sich nicht dazu äußerte, wann er nach Venezuela zurückkehren werde. Die Opposition hatte den Aufenthalt in Kuba heftig kritisiert, da sie es für verfassungswidrig hielt, dass der Präsident das Land aus der Ferne regierte.

Ende 2012 gab Chávez bekannt, dass er wieder an Krebs erkrankt sei und sich erneut zur Heilbehandlung nach Kuba begeben werde. Sein Stellvertreter Nicolás Maduro werde seine Nachfolge antreten, sollte er zum Regieren nicht mehr in der Lage sein. In Abwesenheit gewann Chávez auch die nächste Wahl noch, konnte jedoch schon nicht mehr im Parlament in Caracas erscheinen, um den Amtseid abzulegen. Er starb am 5. März 2013 im Alter von 58 Jahren.

# Fidel Castro: Der Weltenlenker

Fidel war in Kuba nahezu alles: Präsident, Ministerpräsident, Vorsitzender des Staatsrates und seines Exekutivkomitees, 1. Sekretär des Zentralkomitees der Kommunistischen Partei Kubas und damit Chef des Politbüros, Oberkommandierender der Streitkräfte. Nur eines war er nie: Vorsitzender der Nationalen Volksversammlung, des Parlaments. Es tritt nur zweimal im Jahr zusammen für zwei oder drei Sitzungstage. Diese Scheinlegislative hat ihn nie interessiert.

Ungeachtet seiner Omnipräsenz gibt es in Kuba keine Fidel-Castro-Straße und keine Schule, die nach ihm benannt wäre. Es würde seiner Person auch nicht gerecht, es wäre schlicht zu profan. Er ist – nicht nur für Kuba – ein Solitär. Fidel war Kuba nie genug. Seine Bühne war die ganze Welt. Schon frühzeitig interessierten ihn die Dinge außerhalb seines Landes. Als Kind schrieb er dem gerade gewählten US-Präsidenten Franklin Delano Roosevelt einen Brief, gratulierte ihm zur Wahl und bat ihn, ihm eine Zehn-Dollar-Note zu schicken. Als Student wollte er die Verhältnisse in der Dominikanischen Republik und in Kolumbien ändern helfen.

An die Macht gekommen, spielte er umgehend auf der ganz großen Bühne. Er brachte die Supermacht USA eins ums andere Mal in Verlegenheit und die Welt mit der Raketenkrise an den Rand eines Weltkrieges. Er mischte sich in die inneren Angelegenheiten von Dutzenden Staaten in drei Kontinenten ein, verwandelte seine Streitkräfte in eine Verfügungstruppe der Sowjetunion, trug mit ihr einen entscheidenden Sieg in Angola davon, der letztlich zum Ende der Apartheid in Südafrika und zum unabhängigen Namibia führte.

»Ich habe eine hohe Meinung von mir«, resümierte er einst gegenüber Norberto Fuentes, seinem kubanischen Biografen. »Die Wahrheit ist, dass es mir weder an Siegen und Triumphen noch an Orden oder Anerkennung durch die Massen mangelt.

Ich dürfte sogar der weltweit am meisten anerkannte Mann in der Geschichte der Menschheit sein, derjenige, der von den meisten Präsidenten und Würdenträgern empfangen wurde, und auch der Mutigste von allen. Ich habe mehr und fernere Länder erobert als Alexander der Große. Ich habe zwei Imperien getrotzt, die tausendmal mächtiger sind als das alte Rom und Ägypten und alle antiken Reiche und die der Neuzeit zusammen.« Und als wäre dies nicht genug, fügte er an: »Che Guevara ist mit dem Gedanken an mich gestorben, und auch General Ochoa hat es mir versprochen, als wir ihn exekutierten.«

So ist Fidel.

Er ist der Prototyp eines Voluntaristen – der die Kraft des eigenen Willens über den Verstand stellt. Als im September 2011 Hugo Chávez nach einem der vielen Treffen mit Fidel an die Öffentlichkeit trat mit der Ankündigung, der *Máximo Líder* sei gerade mit der wissenschaftlichen Erforschung »rund um das Thema der Nahrungsmittelproduktion« befasst, beschlich die meisten Kubaner ein ungutes Gefühl. Mit Grausen erinnerten sie sich an vorangegangene Experimente.

Die fehlgeschlagene – weil aus dem »hohlen Bauch« heraus vorgegebene – Rekordzuckerrohrernte von 10 Millionen Tonnen brachte die gesamte kubanische Wirtschaft an den Rand des Abgrunds. Weniger dramatisch, aber immer noch mit bösen Folgen endete das Experiment mit dem Kaffee. Fidel hatte ein Buch darüber gelesen und ließ die Felder rund um Havanna roden, um Kaffeesträucher anzupflanzen. Die erste Folge war, dass die Hauptstadt nicht mehr ausreichend mit Obst und Gemüse versorgt werden konnte, die bislang auf diesen Feldern gediehen. Der ausbleibende Kaffee war die spätere Konsequenz. »Rachitische« Pflänzchen erinnerten daran, dass die Agrarexperten, die ihm dringend von den Plänen abgeraten hatten, wohl doch Recht behielten.

Weitere Herzensprojekte des »Größten Anführers« waren eine Fabrik für Plastikschuhe, ein Institut für die Austernzucht, das nach seinen Ankündigungen in naher Zukunft die Welt mit dieser edlen Speise versorgen sollte, oder ein System, das den Brückenbau revolutionieren sollte. Nicht zu vergessen ein stark alkoholisches Bier mit 18 Prozent oder als eine der letzten »Erfindungen« die Propagierung der Moringa-Pflanze, mit der er seinen Ziehsohn Hugo Chávez gegen den Krebs behandelte. (Kurze Zeit später erlag der allerdings seiner Erkrankung.)

Zur größten Niederlage von Fidel Castro dürfte die Rückkehr der Armut auf Kuba gehört haben. Um »Armut« zu präzisieren: In Kuba tauchte in den 90er Jahren wieder ein Phänomen auf, das man längst vergessen glaubte – Unterernährung. Vor dem Sieg der Revolution 1959 waren 40 Prozent der 6,5 Millionen Kubaner chronisch unterernährt. 1996 galt wieder jeder fünfte Kubaner als unterernährt. (Was es allerdings auch in den schwersten Zeiten der Krise nicht gab, war eine Unterernährung von Kindern.)

Fidel Castro selbst bezeichnet sich ebenfalls als arm. Er habe null Peso auf dem Konto und verdiene nur wenig mehr als die allermeisten Kubaner. Das mag er persönlich so sehen. Seine Lebensumstände können sich objektiv betrachtet mit denen der meisten Milliardäre durchaus messen: Privatinsel in der Karibik, Privatjacht, Privatklinik, Privatresidenz in der Hauptstadt mit 300 000 Quadratmeter Fläche.

Unter den zahlreichen hohen Funktionären, die mit den Jahren aus Kuba geflohen sind, waren auch jene, die genauen Einblick in die finanziellen Verhältnisse hatten. Arturo Guzmán Pascual, Kubas ehemaliger Industrieminister, bestätigte einen Bericht des Wirtschaftsmagazins *Forbes*, dass Castro ein Vermögen im Ausland deponiert habe. Auch sein Bruder Raúl verfüge über hohe Millionensummen. Manuel de Beúnza, der im Innenministerium die Finanzen unter sich hatte, sagte nach seiner Flucht, dass Castro in Großbritannien eine eigene Bank unterhalte, die Havana International Bank Ltd. Schaut man in das Bankenregister, so nahm das damals noch unter dem Namen Havin firmierende Finanzinstitut 1973 seine Arbeit auf. Als Gesellschafter wird die Kubanische Zentralbank angegeben.

Fidel Castro ein gewöhnlicher Herrscher, der ein Vermögen für seine Zwecke außer Landes schaffen lässt? So wird es vielleicht nicht sein. Aber etwas anderes ist möglich: Es kann sich um Fidels »schwarze Kassen« handeln, die der *Máximo Líder* einsetzt, wenn etwas besonders dringend oder besonders schnell finanziert werden muss. So wie auch die DDR in der Schweiz eine Bank unterhielt. Nach allen Berichten über die Persönlichkeit Fidels ist er – was seine eigenen Bedürfnisse betrifft – im Rahmen seiner vorhandenen Möglichkeiten eher bescheiden.

Natürlich trifft man bei der Analyse der »Panama-Papers«, die unter großem weltweiten Echo im Frühjahr 2016 veröffentlicht wurden, auch auf zahlreiche kubanische Briefkastenfirmen, die bei der panamaischen Kanzlei Mossack Fonseca ihre verschwiegenen Geschäfte abwickelten. Dafür wurde eigens in Havanna die Corporación Panamericana etabliert, über die Mossack Fonseca die Beziehungen zu kubanischen Offshorefirmen organisierte. Mehr als 20 Firmenkonglomerate wurden über den Schweizer Nobelanwalt Albert-Louis Dupont Willemin registriert. Darunter befindet sich auch die Tabacuba Business Group, die die gesamte Herstellung und Vermarktung von kubanischen Zigarren kontrolliert.

Die Firmengruppe Labiofam wird besonders häufig in den Panama-Papieren erwähnt. Sie vermarktet international kubanische Medikamente und Impfstoffe. Langjähriger Chef der Holding war ein enges Mitglied der Castro-Familie: José Antonio Fraga Castro, Sohn der ältesten Schwester der Castro-Brüder, Ángela Castro. Er ist bestens verdrahtet, sein Schwager war Politbüromitglied und Minister für Grundstoffe. Fraga Castro stolperte 2014, als er mit Labiofam einen vermeintlichen Coup landete. Er stellte zwei neue revolutionäre Parfümlinien vor: »Ernesto« und »Hugo«. Das ging den führenden Genossen zu weit. Sie verurteilten diese Aktion als »unverantwortlich«, weil man das Andenken an Ernesto »Che« Guevara und Hugo Chávez nicht in Flacons abfüllen dürfe. Der Direktor musste gehen.

Dass es auch massive Korruption in Kuba gab und gibt, wird kaum jemand bestreiten. Es handelt sich überwiegend um Spitzenfunktionäre, die mit dem realen Kapitalismus in engen Kontakt gekommen sind, über Joint-Ventures, Im- und Exportgeschäfte oder die begehrten Lizenzen im Tourismus. Das Exil verbreitet lange Listen von Funktionären, die durch die Revolution zu Dollar-Millionären geworden seien. Die Informationen stammen aus den engsten Führungskreisen und wurden von Überläufern stets aufs Neue gefüllt. Kann man derartigen Informationen trauen? Genaues wird man erst erfahren, wenn die Panzerschränke in Havanna geöffnet werden. So lange bleiben es Spekulationen. Eines aber ist festzuhalten: Um General Ochoa auszuschalten, konnten 1989 alle Kubaner einen Blick in die tiefen Abgründe der realen Verhältnisse auf der sozialistischen Insel nehmen.

Unbestritten ist auch, dass nicht wenige der Sprösslinge der *Comandantes* ihre Namen heute für ausländische Investoren einsetzen, um gegen Bargeld oder Beteiligungen an allen bürokratischen Hürden vorbei Kontakte zu den Spitzen der Ministerien und Behörden herzustellen. Ein solcher »Goldjunge« ist beispielsweise António Castro Soto del Valle, einer der fünf Söhne Fidel Castros mit seiner Ehefrau Dalia. Er lebt ein Leben als Sonnyboy, spielt ausgezeichnet Golf und hat die Gabe, immer wieder in den Klatschblättern des internationalen Jetset zu landen. Etwa als er im Juni 2015 mit einem Dutzend Begleiterinnen und Begleitern an Bord einer 50-Meter-Yacht aus Mykonos im türkischen Hafen Bodrum landete, wo er von Paparazzi abgelichtet wurde, die von seinen Leibwächtern ihrerseits abgedrängt wurden. Selbst in Kuba erschien hierzu in der *Tribuna de la Habana* ein Artikel mit der mysteriösen Überschrift »Die Reisen des jungen Gulliver« – ohne natürlich Namen zu nennen. Peinlich endete für Tony Castro auch eine amouröse monatelange »Affäre« im Internet. Dort flirtete er unter dem Pseudonym »Tonycsport« mit einer Kolumbianerin – doch hinter der Sportjournalistin »Claudia« verbarg sich der Exilkubaner Luis Domínguez.

## Don Quijote und sein treuer Sancho Panza

Fidel Castro war unzweifelhaft der Anführer der Kubaner, unberechenbar, spontan, mutig, in den Augen seiner Landsleute ein ganzer Kerl. Er wollte – wie Don Quijote, einer seiner spanischen Vorfahren – nichts weniger als die Welt retten. Quijote hatte zu viele Ritterromane gelesen, bis er glaubte, dass sie die Wahrheit darstellten und selbst ein »fahrender Ritter« wurde. Todesmutig stürzte er sich in Abenteuer, kämpfte gegen das Unrecht und wollte mit seinem Namen ewigen Ruhm verbinden. Dass Fidel dabei nicht wie das literarische Vorbild zum »Ritter von der traurigen Gestalt« verkam, hatte er seinem Sancho Panza zu verdanken – seinem jüngeren Bruder Raúl.

In der Vorlage von Cervantes war dieser Bauer das genaue Gegenteil seines Herrn: praktisch veranlagt, von gesundem Menschenverstand, der die idealistischen Träume seines Herrn durchschaute, ihm aber dennoch Gefolgschaft leistete, weil der ihm die Statthalterschaft über eine Insel versprochen hatte. Fidel und Raúl entsprechen nicht nur nach ihrer physischen Erscheinung, sondern auch wegen ihres Charakters ein wenig der literarischen Vorlage.

Raúl organisierte im Hintergrund, deckte seinem Bruder den Rücken, milderte die größeren Narreteien und sorgte dafür, dass das gemeinsame Experiment – der Aufbau des Sozialismus (Kommunismus) auf Kuba – nicht vor der Zeit scheiterte. Als nach dem Ende der Sowjetunion die Not am größten war, verhütete er das Schlimmste. Er wollte die Zeit der wirtschaftlichen Katastrophe nutzen, um tiefgreifende Reformen auf den Weg zu bringen. Doch schon beim geringsten Hoffnungsschimmer setzte sein Bruder sie wieder aus und schraubte sie zurück. Nun hatte er erstmals die Möglichkeit, die Lage nach seinen Vorstellungen zu ordnen.

»Entweder wir verbessern die Dinge, oder wir verlieren die uns verbleibende Zeit am Fuße des Abgrunds und versinken«, so Raúl im Dezember 2010. Er hat seither den Alltag der Kubaner spürbar entlastet. Die Polizei wurde angewiesen, die privaten Taxifahrer nicht länger zu schikanieren, sie nicht immer wieder anzuhalten, um ihre Lizenz zu kontrollieren. Die – nach geltender Gesetzeslage – illegalen Zuwendungen der Beschäftigten in ausländischen Betrieben in harter Währung wurden legalisiert.

Einen Monat nach seiner Wahl zum Präsidenten Kubas im Februar 2008 kündigte Raúl die Abschaffung »unnötiger Verbote« an und gestattete den Verkauf von Computern und DVD-Playern an die Bevölkerung. Kubanern wurde es erlaubt, Mobilfunkgeräte zu besitzen, und sie erhielten die (theoretische) Möglichkeit, in den Touristenhotels zu übernachten und Mietwagen zu nutzen. Der Privatverkauf von Autos wurde zugelassen – davor war ausschließlich der Handel mit Pkw gestattet, die vor dem Jahr 1960 zugelassen worden waren.

Im Juni 2009 erließ die Regierung ein Gesetz, wonach es Kubanern künftig erlaubt war, mehr als einer Arbeit nachzugehen – mit Ausnahme von Staatsfunktionären, Ärzten und Lehrern. Die Zulassung von kleinen Gewerbetreibenden wurde vereinfacht, Lizenzen sollten fortan binnen einer Woche erteilt werden. Binnen Monatsfrist wurde so fast 30 000 Kubanern das Recht erteilt, auf eigene Rechnung zu arbeiten. Das Finanzministerium erklärte dazu, dass bis 2015 insgesamt 1,8 Millionen Beschäftigte im nichtstaatlichen Sektor arbeiten würden. (Dies nahm eine spätere Ankündigung vorweg, wonach beinahe ebenso viele Staatsangestellte entlassen werden müssten.) Weder wurde das Ziel der Beschäftigten im nichtstaatlichen Sektor erreicht (es lag 2015 unter 500 000), noch konnten dadurch die vielen entlassenen Staatsangestellten aufgefangen werden.

In einem Erlass von 2011 wurde der Verkauf von Immobilien an Kubaner sowie an ständig in Kuba lebende Ausländer zugelassen. Pro Person gestattete man den Kauf/Verkauf von einem Wohnhaus und einem Ferienhaus. Die Banken wurden angewiesen, Gewerbetreibenden, Landwirten und Hausbesitzern Kleinkredite auszureichen. Hotels und Restaurants erhielten die Genehmigung, Waren direkt von den Produzenten zu erwerben, was zuvor nur über eine staatliche Verteilorganisation möglich gewesen war. Man entließ 2900 Gefangene aus kubanischen Haftanstalten, wenn sie nicht wegen politischer Vergehen verurteilt worden waren.

Gleichzeitig vermeldete Raúl auch unpopuläre Maßnahmen, so die Entlassung von einer halben Million Beschäftigten im Staatssektor. Dem folgte später die Ankündigung, dass weitere 800 000 folgen würden. Doch ob dies wirklich in dem Umfang geschehen ist, lässt sich nicht feststellen. Zuvor war bereits verlautbart worden, dass 24 700 Werkskantinen schließen mussten. Zucker wurde aus dem Rationierungsheft, der *Libreta*, gestrichen – und damit auch die Subvention.

Die ökonomischen Reformen, die in 313 »Richtlinien« vom Parteitag 2011 angenommen worden waren, wurden danach sehr langsam umgesetzt. Raúl wollte seinen Bruder nicht allzu sehr brüskieren, denn der verfolgt die Vorgänge sehr genau. Fünf Jahre später, im Januar 2016, zog das Plenum des ZK der KP Kubas Bilanz der Umsetzung der »Richtlinien«. Danach wurden lediglich 21 Prozent der angekündigten Reformen verwirklicht. Einige der wenigen umgesetzten hätten zudem nicht den gewünschten Effekt gebracht. Es kann angenommen werden, dass auch die Verwirklichung der Hauptaufgabe der letzten fünf Jahre – die Verbesserung der landwirtschaftlichen Produktion – nicht zur Zufriedenheit des Gremiums verlaufen ist. Denn die Strukturprobleme bleiben unverändert: Es gibt keine Möglichkeiten, die für eine effektive Landwirtschaft notwendigen Produktionsmittel wie Traktoren, Dünger, Pflanzenschutzmittel oder Zuchttiere zu kaufen. Und selbst wenn es den Markt hierfür gäbe, hätten die neuen Landwirte kein Geld, sie zu bezahlen. So verwunderte es auch nicht, dass diese Reformschritte zu keinen substanziellen Änderungen in der Versorgung der Bevölkerung führten, die zu vier Fünftel durch Importe ernährt wird – die zu einem signifikanten Teil aus den Vereinigten Staaten kommen.

# Das Exil stabilisiert Kubas System

Und noch etwas kommt aus den USA: die Überweisungen der Exilkubaner an ihre Angehörigen in der alten Heimat, die *remesas*. Etwa zwei Millionen Exilkubaner leben im Ausland, 90 Prozent davon in den USA. Relativ konstant ist die jährliche Auswanderung zwischen 40 000 und 50 000 Kubaner, 10 000 bis 12 000 von ihnen illegal, der Rest seit 2013 auf legalem Weg. Das steigert zusätzlich die Höhe der Überweisungen. Die Regierung in Havanna hat den substanziellen Beitrag der *remesas* sehr wohl erkannt und die früheren Begrenzungen deutlich gelockert. Es kann beliebig oft überwiesen werden. Die Gebühren auf diese Überweisungen, die vordem bei prohibitiven 18 Prozent lagen, wurden weitgehend abgeschafft.

»Die sind eigentlich wie wir«, fasst Alex Bustamente (28) aus Daytona Beach in Florida seinen ersten Besuch im Land seiner Eltern zusammen. »Sie fühlen sich als was Besonderes, sind dickköpfig und machen das Beste aus fast jeder Lage.« Ich begegnete ihm in Havanna, wo er seine Cousins getroffen hatte. Es kommen immer mehr junge *Cuban-Americans*, schauen sich um, haben die Taschen voller Geschenke und freuen sich, dass vieles für sie in Kuba unkompliziert geworden ist. Man schaut sie nicht mehr scheel an, begegnet ihnen freundlich und ohne Ressentiments. Die alten Feindbilder sind verblasst, und vielleicht haben sie im Alltag der Familien auch nie wirklich existiert.

Mittlerweile unterstützen Exilkubaner ihre Angehörigen in Kuba mit Milliarden. Offizielle Zahlen hierzu fehlen. Die Havana Consulting Group in Miami beziffert sie mit jährlich über fünf Milliarden US-Dollar. Das wäre das Vielfache dessen, was der kubanische Staat zur Subvention seiner Bevölkerung mit billigen Lebensmitteln, Mieten, Wasser und Strom ausgibt. (2010 lagen die Aufwendungen für Subventionen bei einer Milliarde Dollar).

Bekommen die staatlichen Subventionen noch alle Kubaner, so gehen die *remesas* nach einer Untersuchung von 2012 nur an ein

Drittel der Bevölkerung. Sie konzentrieren sich auf jene Gruppen von Kubanern, deren Angehörige in den vergangenen sechs Jahrzehnten das Land überproportional verlassen haben: Städter – insbesondere aus Havanna – und Weiße. Nach Angaben des U.S. Census Bureau bezeichnen sich 86 Prozent der Exilkubaner im Land als Weiße. Und das ist der große Wermutstropfen für die Führung: Einerseits erhält sie ohne irgendeine Gegenleistung Milliarden Dollar, andererseits vertieft es die Ungleichheit unter den Kubanern, was den gesellschaftlichen Konsens mittlerweile stark beeinflusst.

Schon seit Jahren gibt es klar zu unterscheidende Zugangswege für Produkte und Dienstleistungen aller Art:

1. Der subventionierte Markt: Er ist für alle Kubaner offen, dafür ist das Angebot ebenso gering wie die Versorgungssicherheit.
2. Der freie Markt für nationale Währung: Die Preise sind sehr hoch, doch die Mehrheit der Kubaner ist gezwungen, hier gezielt einzelne Produkte zu kaufen.
3. Der offizielle Devisenmarkt: Läden und Dienste für all jene, die über die zweite kubanische Währung, den *chavito*, verfügen.
4. Der Schwarzmarkt: Hier regieren Angebot und Nachfrage in harter Währung.
5. Der Autohandel: nur mit Devisen.
6. Der Immobilienhandel: nur mit Devisen.
7. Die legale Ausreise: nur bei Vorhandensein einer ausreichenden Menge an Devisen.

Der subventionierte Markt leidet seit Jahren unter dem Rückgang der geführten Produkte. Vom Bezug gestrichen wurden 2008 Rindfleisch, Schmalz, Hackfrüchte, 2009 folgten Erbsen, Kartoffeln, Schokoladenpulver, Zigarren. Die Rationen von schwarzen Bohnen wurden um 80 Prozent gekürzt, Salz um die Hälfte und 2010 verschwanden Seife, Zahnpasta, Waschmittel und Zucker aus den Bezugsheften.

Diejenigen, die von den Auslandsüberweisungen leben können, profitieren durch die Rationierung zusätzlich, während jene ohne Zugang zu Devisen immer größere Schwierigkeiten haben, ihren Bedarf an Lebensmitteln und Artikeln des täglichen Bedarfs zu decken. Auch die im Zuge der Kürzungen der rationierten Lebensmittel vorgenommenen Erhöhungen von Löhnen und Renten konnten die entstandenen Probleme nicht entscheidend verringern. In einer Untersuchung aus dem Jahr 2012 ging hervor, dass von 60 Basisprodukten lediglich 17 Prozent über die *Libreta* abgedeckt werden und die Mengen lediglich für zehn Tage im Monat reichen. Die restlichen 83 Prozent müssen über die freien Märkte für ein Vielfaches der Preise beschafft werden.

Um das wahre Ausmaß ermessen zu können, wurden 2009 – basierend auf einem monatlichen Durchschnittslohn von 24 Dollar – die freien Preise auf den durchschnittlichen Tagesverdienst der Beschäftigten umgerechnet:

- 5,3 Arbeitstage für ein Pfund Butter,
- 2,6 Arbeitstage für ein Pfund Schweinefleisch,
- 2 Arbeitstage für ein Pfund Huhn,
- 1,6 Arbeitstage für ein Pfund Käse,
- 1,1 Arbeitstage für ein Pfund Kartoffeln,
- 0,8 Arbeitstage für ein Dutzend Eier,
- 0,7 Arbeitstage für ein Pfund Bohnen,
- 0,4 Arbeitstage für ein Pfund Reis.

Um im Devisenladen Konsumgüter zu kaufen, bedeutet dies:

- 27 Monate Arbeit für einen Kühlschrank,
- 13 bis 19 Monate Arbeit für ein Fernsehgerät,
- 13 Monate Arbeit für einen Gasherd.

Am meisten benachteiligt sind von dieser Entwicklung Rentner, Alleinerziehende, Afrokubaner, Binnenmigranten aus den wenig entwickelten Provinzen, die östlichen Provinzen, die Bewohner provisorischer Behausungen und schließlich generell all jene, die keinen Zugang zu harter Währung haben. Die Gewinner waren die Gruppe der Selbständigen, die durchschnittlich das 2,3-Fache des Durchschnittslohns verdienten, und private Bauern, die immer noch das 1,6-Fache verdienten.

## Das wirtschaftliche Erbe ist verbraucht

Ein besonders schwerwiegendes Problem ist bis heute die Tatsache, dass sich das tropische Land nicht aus eigener Kraft ernähren kann. Im Vergleich zu vielen anderen Ländern stimmen hier sowohl die klimatischen Voraussetzungen als auch die Bodenqualität, um sich (wie vor der Revolution) weitgehend mit Nahrungs- und Futtermitteln selbst versorgen zu können.

Zucker, lange Zeit Kubas Hauptexportprodukt, hat dem Land Fluch und Segen gleichermaßen beschert. Erst Mitte des 19. Jahrhunderts wurde das einst teure Luxusprodukt zur Massenware. Davor war es eine Kostbarkeit und galt als medizinisches Allheilmittel gegen Fieber, Durchfall oder Gallenleiden. Verdünnt mit Wasser wurde es als Augentropfen verabreicht oder in offene Wunden gestreut. Im Industriezeitalter entwickelte es sich zum Seelentröster des Proletariats.

Der Welt größter Lieferant war Kuba. Das Zuckerrohr, das ein Jahr nach Aussaat bei einer Höhe von vier Metern geschlagen werden kann, benötigt Temperaturen zwischen 25 und 30 Grad und sehr viel Wasser. Hierfür ideal ist Kubas tropisches Seeklima. Das geerntete Rohr muss umgehend verarbeitet werden, da es sonst austrocknet. In den Zuckermühlen wird es zermahlen und ausgepresst. Dabei entsteht Rohsaft, der gereinigt und eingekocht wird. In Zentrifugen wird die dunkle Melasse vom gelblichen Rohzucker getrennt und anschließend durch Kühlung auskristallisiert. Pflanzenrückstände werden zu Möbeln verarbeitet oder als Brennmaterial genutzt. Die Melasse ist Ausgangsstoff für die Pharmaindustrie und wird auch bei der Rumdestillation eingesetzt.

Die Zuckerbarone Kubas rekrutierten sich mehrheitlich aus französischen Pflanzern, die Anfang des 19. Jahrhunderts vor den Sklavenaufständen im benachbarten Haiti nach Kuba flohen. 1850 gab es hier schon 14 000 Plantagen. Der Zuckerpreis hat jedoch seit jeher die unangenehme Eigenschaft, stark schwankungsanfällig zu sein, was eine Kalkulation auf mittlere Sicht kaum möglich macht. Nur die großen Zuckerproduzenten konnten dies ausgleichen. Demzufolge war der landwirtschaftlich genutzte Boden in Kuba bald in der Hand von wenigen: Acht Prozent der Bevölkerung besaßen bis zur Revolution zwei Drittel des Bodens.

In zwei Agrarreformen wurden 1959 zuerst die Großgrundbesitzer und 1963 auch die mittelständischen Bauern enteignet. Die enteigneten Flächen wurden jedoch nicht an Neubauern verteilt, sondern gingen in Staatsbesitz über. Seit 1965 durften Ausländer kein Land mehr besitzen. Der Effekt war, dass sich die Ernte von 6 Millionen Tonnen 1958 nach wenigen Jahren auf 3,8 Millionen Tonnen drastisch verringerte. Der Versuch, durch eine Rekordernte (*gran zafra*) von 10 Millionen Tonnen 1970 die Mittel für eine nachhaltige Diversifizierung der Wirtschaft zu bekommen, ruinierte – wie zuvor schon dargestellt – fast die gesamte Ökonomie des Landes und konnte nur durch die Hilfe der sozialistischen Staaten aufgefangen werden.

In den 90er Jahren sank die Zuckerrohrernte auf nur noch 3,5 Millionen Tonnen, und 2010 erreichte sie mit 1,1 Tonnen Millionen schließlich den Negativrekord, der zuletzt im Jahr 1905 erzielt worden war. Um den Eigenbedarf von 700 000 Tonnen abzudecken und langfristige Exportverpflichtungen gegenüber China erfüllen zu können, musste Kuba nun sogar noch Zucker zukaufen. (Unwillkürlich fällt einem dabei der DDR-Kalauer ein, was geschehe, wenn die Sahara sozialistisch werde: Der Sand wird knapp.)

Dass die Enteignung der Grundbesitzer massiv zu Lasten der Produktivität ging, zeigt auch die Kaffeeproduktion: 1959 erzeugte das Land 60 000 Tonnen Kaffee, genug für den eigenen Bedarf und darüber hinaus für den Export. 2013/14 wurde auf der Insel nur noch ein Zehntel dessen produziert! Kaffee wird heute aus Vietnam eingeführt. Kuba hat weltweit die zweitgrößte Anbaufläche für Tabak – und den weltweit geringsten Ertrag pro Fläche.

80 Prozent der Grundnahrungsmittel müssen für jährlich zwei Milliarden Dollar importiert werden, weil die Erträge weit unter denen der anderen Produzenten in Lateinamerika liegen. Es fehlt an Dünger und moderner Technologie. Zum Beispiel Traktoren: 95 Prozent des Maschinenparks von 62 668 Traktoren und Mähmaschinen haben mehr als 30 Jahre gedient. Sie sind ein wilder Mix von 26 verschiedenen Herstellern aus den unterschiedlichsten Ländern. Ersatzteile sind kaum zu beschaffen, deshalb sind 8490 Maschinen stillgelegt. Abhilfe soll ein neues Traktorenwerk in der Freihandelszone Mariel schaffen. Dort ist geplant, dass die US-Firma Cleber jährlich 1000 Kleintraktoren montiert, die vor allem an die 200 000 Kooperativen und Selbständige verkauft werden sollen. Diese haben seit 2008 1,7 Millionen Hektar Land gepachtet.

## Die Zuckerbarone von heute

Zu den von der Revolution 1959 enteigneten und vertriebenen Großgrundbesitzern auf Kuba gehörten die Erben des Spaniers Andrés Gomez Mena. Als er 1910 starb, hinterließ er ihnen ein Imperium aus Zuckermühlen und viel Grundbesitz. 1936 heiratete seine Enkelin Alfonso Fanjul sr., das Oberhaupt des Zuckerimperiums Czarnikow Rionda Co. Das fusionierte Unternehmen hatte nun noch mehr Grundbesitz und noch mehr Zuckermühlen in Kuba. Die Firmenzentrale befand sich in der Avenida de Gomez-Mena im Nobelviertel von Havanna. Die Familie hatte sich mit dem Batista-Regime arrangiert, ließ dem Diktator regelmäßig Gelder zukommen, verweigerte aber ein aktives Engagement, wie etwa das Angebot, einen Botschafterposten zu übernehmen.

Die Silvesternacht 1958 verlebten die Fanjuls im noblem Havanna Yacht Club (der Batista wegen seiner dunklen Hautfarbe die Mitgliedschaft verweigert hatte) und betrachteten das alljährliche Feuerwerk. Es sollte ihr letztes Neujahrsfest auf Kuba sein. Noch in dieser Nacht ging die Nachricht um, der Diktator habe mit Koffern voller Geld und Juwelen das Land ins benachbarte Santo Domingo verlassen. Kurze Zeit später kamen die Revolutionäre in die Firmenzentrale und verhafteten das Familienoberhaupt Alfonso Fanjul. Er wurde auf eine Polizeistation gebracht und einige Stunden verhört, bis eine *Guerrillera* den Raum betrat und sagte: »Lasst ihn frei. Er hat nichts mit dem Batista-Regime zu tun.«

1959 verließen die Fanjuls wie die gesamte kubanische Oberschicht das Land in Richtung Florida. Außer ihrer beweglichen Habe konnten sie nichts mitnehmen. Sie besaßen Immobilien in New York, doch ihr eigentlicher Besitz war in Kuba konzentriert. Fanjul sr. nahm die beiden ältesten Söhne Pepe und Alfonso jr., genannt »Alfy«, in die Pflicht: »Ihr müsst das Unternehmen neu aufbauen, denn das Geld reicht nicht bis zur nächsten Generation.«

2010, 50 Jahre nach ihrer Ankunft in den USA, waren die Fanjuls der weltweit größte Zuckerproduzent mit sechs Millionen Tonnen jährlich. In sechs Ländern verarbeiten vier Zuckermühlen und zehn Zuckerraffinerien das eigene Zuckerrohr. Das war fast doppelt so viel, wie ganz Kuba in jenem Jahr erzeugte.

Wie war das möglich?

Die Fanjuls siedelten sich in Palm Beach an und begannen umgehend damit, den Markt zu sondieren. U.S. Sugar hatte eine marktbeherrschende Stellung in Florida, und so kauften sie zunächst drei Zuckermühlen im benachbarten Louisiana. Gleichzeitig erwarben sie ihr erstes Land in den sumpfigen Everglades von Florida. War die erste Ernte noch erfolgreich, wurden die

Felder in der nächsten Saison überschwemmt, und die gesamte Ernte war vernichtet.

Ihr eigentlicher Aufstieg im Zuckergeschäft war eng verbunden mit dem Farmworkers Program des US-Arbeitsministeriums, das bis 1993 jamaikanischen Wanderarbeitern den zeitweiligen Aufenthalt zur Zuckerrohrernte in den Vereinigten Staaten gestattete. Amerikanische Landarbeiter lehnten die Arbeit des Zuckerrohrschlagens aus gutem Grund wegen der übergroßen Anstrengungen bei relativ schlechtem Lohn ab.

Die Jamaikaner mussten von der Öffentlichkeit abgeschirmt unter Aufsicht in Arbeitslagern leben und hatten strikte Auflagen zu erfüllen. Die Arbeit war nicht nur hart, sondern brutal: Da Maschinen in dem sumpfigen Boden nicht eingesetzt werden konnten, standen die Schnitter im Morast und schlugen mit Macheten das bambusdicke Rohr, Stunde um Stunde, Tag für Tag. »Nach 20 Minuten konnte ich nicht mehr«, antwortete »Alfy« Fanjul auf die Frage, ob er schon einmal selbst in der Zuckerrohrernte gearbeitet habe. »Ich habe geglaubt, dass ich einen Herzinfarkt bekomme.« Auf seinen Plantagen wurde Akkord gearbeitet. Selbst für das Mittagessen blieb kaum Zeit, es wurde im Stehen eingenommen. Wer die Norm nicht schaffte, wurden nach Hause geschickt. Eine Überwachung der Arbeitsbedingungen durch das Arbeitsministerium in Washington fand so gut wie nicht statt.

Jährlich kamen trotzdem Zehntausende Jamaikaner im November nach Südflorida und arbeiteten durch bis zum März des folgenden Jahres. Geregelte Arbeitszeiten gab es nicht, bezahlt wurde nicht nach Stunden, sondern nach Arbeitsergebnis. Dieses stellte ein Vormann in subjektiver Betrachtungsweise fest. In Gerichtsprozessen wurde später aufgelistet, welche Gefahren die Arbeit mit sich brachte: Jeder Dritte verletzte sich und musste behandelt werden. Dennoch war die Arbeit auf den Zuckerrohrfeldern durchaus begehrt, kamen Zehntausende in die jamaikanische Hauptstadt Kingston, wo die Gesundheitsuntersuchungen vorgenommen wurden. Denn es ging die Legende um, dass sich ein Zuckerrohrschneider nach nur einer Erntesaison in den USA daheim ein kleines Haus kaufen könne.

Die Fanjuls pachteten Land, wo immer sie konnten und stets mit der Option zum Kauf. So kamen sie auch in Kontakt zu Gulf & Western, einem Firmenkonglomerat, zu dem neben dem Hollywoodstudio Paramount auch Zuckeranbau gehörte. 1984 kaufte die Familie Fanjul Zuckermühlen, Hotels und großen Landbesitz (mit knapp 100 000 Hektar) in der Dominikanischen Republik und das Zuckergeschäft der Gulf and Western Industries im US-Bundesstaat Florida, 630 Quadratkilometer Land rund um Palm Beach County. Heute ist die Fanjul Corp. das drittgrößte Unternehmen Floridas.

Ihren ehemaligen Besitz auf Kuba verloren sie nie aus den Augen. Immer wieder machten sie klar, dass sie ihr Land und ihr Immobilienvermögen zurückfordern würden. Und ihr Wort hat in Washington Gewicht: »Alfy« Fanjul war Co-Chairman der Wahlkampagne von Bill Clinton 1992 in Florida. (In den Dokumenten des Untersuchungsausschusses zur Aufklärung der Lewinsky-Affäre war zu lesen, dass just in dem Moment, in dem Bill Clinton mit der Praktikantin allein und mit »anderen Dingen« beschäftigt war, er darauf bestand, einen Anruf von »Alfy« Fanjul entgegenzunehmen.) Sein Bruder Pepe unterstützt die Republikaner. Einer der Bewerber um die republikanische Präsidentschaftskandidatur 2016, Senator Marco Rubio, dankte den Fanjuls stets öffentlich für ihre Unterstützung.

Die Erfahrungen ihrer Enteignung in Kuba haben die Familie gelehrt, auf politische Entwicklungen nicht unvorbereitet zu reagieren. Sie unternehmen alles, um die Politik im eigenen Interesse zu beeinflussen. Die Ergebnisse können sich sehen lassen: Jahr für Jahr verlängerte das US-Landwirtschaftsministerium seine Millionensubventionen für die heimische Zuckerindustrie. Sinkt der Zuckerpreis, erhalten die Fanjuls eine Preisgarantie. Produzieren sie mehr als der Markt abnimmt, lagert die Regierung die Überschüsse als strategische Reserve zum Festpreis ein.

Heute sucht der 77-jährige Alfonso, der nie die US-Staatsbürgerschaft annahm und spanischer Staatsbürger ist, nach neuen Geschäftsmöglichkeiten in Kuba. Seit 2012 besucht »Alfy« die Insel jedes Jahr und führt dabei auch Gespräche mit hochrangigen Regierungsvertretern. Er fasste seine Besuche so zusammen: »Wenn es eine Möglichkeit gäbe, die Fahne der Familie nach Kuba zurückzubringen, wäre ich glücklich, das zu tun.« Die Familie sei über 150 Jahre in Kuba gewesen, und »wir hoffen, dass eines Tages die Vereinigten Staaten und Kuba wieder zusammenkommen und miteinander leben und arbeiten«.

Schon nach seiner ersten Reise traf er die damalige Außenministerin (und heutige Präsidentschaftskandidatin der Demokraten) Hillary Clinton, um ihr aus erster Hand zu berichten und seine revidierten Ansichten über das künftige Verhalten der USA zu seiner alten Heimat darzulegen. Während die offizielle Linie der Exilkubaner eine grundlegende demokratische Erneuerung der einst sozialistischen Insel zur Vorbedingung für Verhandlungen macht, kam Fanjul zu der Überzeugung, dass man besser keine Vorbedingungen stelle, »obwohl ich natürlich die bestehenden Gesetze der Vereinigten Staaten respektiere«.

Pepe Fanjul, der die Republikaner unterstützt, antwortete auf die Frage nach der Vision seines Bruders, er sei stets der Überzeugung gewesen, dass die Zeit kommen wird und die Kubaner wiedervereinigt werden. »Ich will zurück und meinen Landsleuten helfen, meinen Geburtsort wiederaufzubauen.« Ein wichtiger Grund für die neue Richtung der Fanjuls ist die Tatsache, dass Raúl Castro nachdrücklich für die Erneuerung der kubanischen Zuckerwirtschaft eintritt und ausländische Investoren – namentlich aus Brasilien – eingeladen hat, sich zu engagieren. Die Brasilianer sind starke Konkurrenten und damit ein hinreichender Grund, sich zu bewegen.

# Der Vormarsch des »Marabú«

Dramatisch ist auch die Lage in der kubanischen Viehzucht, für die Fidel Castro eine ausgesprochene Leidenschaft hatte. Jeder Kubaner kennt seine Lieblingskuh Ubre Blanca, die 1982 für ihre Rekordleistung von 109 Litern Milch an einem Tag sogar ins Guiness-Buch der Rekorde kam. Sie erhielt eine eigene Briefmarke und einen Nachruf in der Parteizeitung bei ihrem Tod 1985. Eine Marmorstatue von ihr steht auf der Isla de la Juventud. Auf Castros 30 Hektar großem Privatgelände in Havanna weideten zur Zeit der Jugend seiner Kinder auch Kühe. Jede hatte eine Nummer, die einem seiner fünf Kinder, die dort lebten, zugeordnet war: António erhielt die Milch von Kuh Nr. 8, Angelito die von Nr. 3. Vater Fidel wurde von Kuh Nr. 5 versorgt.

Vor der Revolution lag der Rinderbestand bei 0,9 Rindern je Einwohner. Vier Jahrzehnte später hatte er sich auf ein Drittel verringert. Die Züchtung eines tropentauglichen Hochleistungsrindes durch Kreuzung des heimischen Zebu-Rinds mit importierten Holstein-Rindern war ein Reinfall. Dabei hatte sich der Chef wieder einmal persönlich dieser Sache angenommen. In Havanna, in der Calle Once im Stadtviertel Vedado, wohnte Fidel Castros lebenslange »Gefährtin« Celia Sánchez, eine der ersten Frauen im Kampf gegen Batista. In deren Wohnung hatte sich der *Comandante en Jefe* zunächst einen eigenen Bereich eingerichtet, später wurde nach und nach der gesamte Häuserblock geräumt, abgesperrt und nur mit spezieller Genehmigung passierbar gemacht.

Über die Dachterrassen wurden die einzelnen Häuser verbunden. Wie sein Leibwächter später berichtete, ließ Fidel sich auf einer dieser Terrassen einen Stall bauen und vier Rinder per Hubschrauber einfliegen, um sie dort zu kreuzen. Er wollte persönlich ein gravierendes Problem der kubanischen Landwirtschaft lösen, zu ihrer Modernisierung beitragen und die Milchleistung im Land steigern. Am 7. Juni 1965 kündigte Fidel noch an, dass in zehn Jahren täglich 30 Millionen Liter Milch der Bevölkerung zur Verfügung stürden. »Wisst ihr, was das heißt? Das sind vier Liter pro Kopf!« 40 Jahre später lag die Jahresproduktion bei unter 300 Millionen Litern, was nach Fidels Plan schon in zehn Tagen hätte erreicht werden müssen. (In den 70er und 80er Jahren lieferte die DDR jährlich mehr als 20 000 Tonnen Trockenmilch, die 220 Millionen Liter Flüssigmilch ergaben.) Die kubanischen Kühe geben bis heute nur die Hälfte der Milch, die die Welternährungsorganisation der UN als weltweit durchschnittliche Leistung ausweist.

In Kuba lag 2008 die Hälfte des kultivierbaren Bodens brach oder wurde nur mangelhaft bewirtschaftet. Auf einer Million Hektar landwirtschaftlicher Nutzfläche wuchert der Farbkätzchenstrauch, ein Dornengebüsch, in Kuba »Marabú« genannt, mit derart starken und weitverzweigten Wurzeln, dass es nur noch mit schwerer Landtechnik beseitigt werden könnte – die aber steht nicht zur Verfügung. Und mit Ochsen- oder Pferdegespannen ist der Dornenbusch nicht zu besiegen.

In dieser ernüchternden Auflistung liegt die ganze Brisanz des kubanischen Wirtschaftsmodells: Der Staat ist Eigentümer des landwirtschaftlich nutzbaren Bodens und ausweislich der zuvor geschilderten Ergebnisse ein miserabler Bewirtschafter. Heute ist Kubas Landwirtschaft wahrscheinlich die unproduktivste der gesamten Region: Die Staatsbetriebe arbeiten mit Verlust, riesige Flächen bleiben ungenutzt, die materiell-technische Basis ist verschlissen, die Böden sind vielerorts durch die exzessive Nutzung und durch Verdichtung nachhaltig geschädigt. Andere leiden unter Erosion, Versalzung und Austrocknung. Zudem fehlt es an Düngemitteln.

Kein Mangel sollte wenigstens an Fachleuten herrschen, denn es wurden 31 000 Hoch- und Fachschulkräfte ausgebildet. Doch die arbeiten zu über 90 Prozent (!) nicht mehr in der Landwirtschaft. Statt die Agrarwirtschaft zu dezentralisieren, wurden in den 90er Jahren sogar noch kleinbäuerliche Betriebe aufgekauft und verstaatlicht, um so fehlende Importe auszugleichen. Da aber Lastwagen durch Ochsen und Pferde ersetzt werden mussten, verrottete ein Drittel der Ernten beim Transport, und ein weiteres Drittel verschwand in den Kanälen des Schwarzmarktes.

In einer Kehrtwende wurden in den letzten Jahren Anbauflächen in kleinere Einheiten aufgeteilt und an selbstverwaltete Genossenschaften, sogenannte Unidades Básicas de Producción Cooperativa (UBPC), verpachtet. Der Staat wies allerdings an, was angebaut werden sollte, behielt das Preismonopol und konnte auch die Auflösung einer UBPC beschließen. Das Ergebnis war wieder unbefriedigend: Die Hälfte der Kooperativen produzierte nicht kostendeckend und war auf Subventionen angewiesen, was nicht weiter verwunderlich war: Für viel Geld musste beim Staat das Saatgut eingekauft werden, um die Ernte danach zu niedrigen Abnahmepreisen wieder an den Staat zu verkaufen. Den Kooperativen fehlen sowohl die Fachleute für die Leitung als auch die Arbeitskräfte. Sei haben keine Lust mehr, sich für ein symbolisches Entgelt in der tropischen Hitze abzurackern.

Es ist ein generelles Problem: Viele Kubaner haben kein Interesse mehr, unter den herrschenden Verhältnissen zu arbeiten. Weder »Che« Guevaras Arbeitslager noch die ständigen Kampagnen gegen das »Bummelantentum« haben daran etwas ändern können. Busse fahren nicht, weil Fahrer oder Mechaniker nicht zur Arbeit erscheinen, und auf dem Land wird nur noch vier Stunden gearbeitet für den Lohn von acht. Es ist ein offenes Geheimnis, dass die Arbeitsstatistiken von den Leitern der Staatsbetriebe regelmäßig »geschönt« werden.

Offiziell liegt die Arbeitslosigkeit bei unter zwei Prozent – und wäre damit die niedrigste in ganz Lateinamerika. Eine andere offizielle Statistik weist aus, dass nur 4,8 Millionen der 6,7 Millionen Arbeitskräfte »ökonomisch aktiv« seien. Schon 2008 berichtete die Zeitung *Juventud Rebelde* dass zwischen der offiziellen Zahl der Arbeitslosigkeit in einer Provinz und der Realität das 18-Fache lag. Und das Parteiorgan *Granma* klagte: »Leider hat ein nicht unbeträchtlicher Teil unser Gesellschaft keine Lust zu arbeiten.« Auch Raúl Castro stellte fest, dass viele Kubaner »die Befreiung von der Ausbeutung als eine Befreiung von der Arbeit missverstanden« hätten.

## Eine historische Abschweifung

Es war ein Kubaner, der ein wichtiges Element des menschlichen Daseins – das Recht auf Faulheit – beleuchtete. Paul Lafargue war der Schwiegersohn von Karl Marx und mit diesem eng befreundet. Er wurde 1842 in Santiago de Cuba geboren. Seinem Vater gehörte eine Kaffeeplantage in Oriente. Er war mit den Pflanzern aus Haiti gekommen, wo 1804 die sogenannte Negerrepublik gegründet worden war. 1851 emigrierte die Familie nach Frankreich, wo sich Paul Lafargue als Student der revolutionären Bewegung anschloss. Er war politischer Organisator für die 1. Internationale in Frankreich, Spanien und Portugal. Seinem Traktat zum »Recht auf Faulheit« setzte er das folgende Zitat von Gotthold Ephraim Lessing voran:

*»Lasst uns faul in allen Sachen,*
*Nur nicht faul zu Lieb' und Wein,*
*Nur nicht faul zur Faulheit sein.«*

Und stellte fest: »In der kapitalistischen Gesellschaft ist die Arbeit die Ursache des geistigen Verkommens und körperlicher Verunstaltung.« Um dann fortzufahren: »Man betrachte den edlen Wilden, wenn ihn die Missionare des Handels und die Vertreter in Glaubensartikeln noch nicht durch Christentum, Syphilis und das Dogma der Arbeit verdorben haben, und dann vergleiche man mit ihm unsere elenden Maschinensklaven.«

Auch das Proletariat habe sich, »seine Instinkte verleugnend und seine geschichtliche Aufgabe verkennend, von dem Dogma der Arbeit verführen lassen. Hart und schrecklich war sei-

Spielen, Tanzen, gute Laune: Der kubanische Lebensstil.
Nachtleben in der kubanischen Stadt Baracoa, 2014

ne Züchtigung. Alles individuelle und soziale Elend entstammt seiner Leidenschaft für die Arbeit. Schande über die Proletarier! Wo sind jene Gevatterinnen hin mit frechem Mundwerk, frischer Offenherzigkeit, dem Saufen zugeneigt, von denen unsere alten Märchen und Erzählungen berichten? Wo sind die Übermütigen hin, die stets herumtrippelnd, stets anbändelnd, stets singend, Leben säend, wenn sie sich dem Genuss hingaben, ohne Schmerzen gesunde und kräftige Kinder gebären?«

In Kuba.

Lafargue muss Kubaner im Sinn gehabt haben, als er jene Spezies beschrieb, die er so sehr vermisste. Sie wiegen sich, sobald auch nur der kleinste Rhythmus zu hören ist, tanzen wie wild und ausdauernd, haben stets Zeit für einen kleinen *traguito* Rum, prahlen, singen und geben sich dem Genuss hin, wo immer er möglich ist.

Ob das vielleicht das Ziel der sozialistischen Revolution war?

In jenen Jahren, da der »neue Mensch« auf Kuba noch nicht Geschichte war, wurde zum Beweis folgende Anekdote erzählt: Fidel Castro hielt wieder einmal eine seiner endlosen Reden vor

Hunderttausenden. Und er beklagte den mangelnden Arbeitswillen. (Bei diesen Reden gab es stets eine Choreographie, bei der Souffleure spontan aus der Rede Fidels schmissige Parolen produzierten.) Anstatt in die Fabrik zu gehen, stünden viele auf der Straße herum, beklagte der *Comandante en Jefe,* mehr noch, sie würden jederzeit spontane Tanzeinlagen zu einer *conga,* einer in Kuba beliebten kleinen Fasstrommel, geben. Die Souffleure riefen aus: »Trabajo Sí! Conga No! – Arbeit ja – Conga nein!« Die Menge stimmte begeistert ein, doch schon bald bewegten sich die Ersten im Rhythmus: »Tra-ba-jo Sí – con-ga No! Tra-ba-jo Sí – con-ga No!«, und schon bald tanzte der halbe Platz der Revolution in Havanna.

Doch dies ist – wenn überhaupt – nur die halbe Wahrheit.

Diejenigen Kubaner, die heute auf eigene Rechnung arbeiten, schuften bis zum Umfallen. Dinge, die hierzulande einfach und effektiv zu bekommen sind, fordern in Kuba den Betreibern von privaten Gaststätten und kleinen Herbergen oder den Taxifahrern alles ab: vollster Einsatz, meist schon vor Sonnenaufgang, um die Waren zu »besorgen«, denn es gibt keine zuverlässige Versorgung.

Beispiel: eine private Herberge. Man serviert dort den Gästen ein respektables Frühstück, und wir Touristen ahnen gar nicht, welches Geschick, welche Mühen so scheinbar selbstverständliche Dinge wie Käse, Schinken, Toast und Ei in Kuba machen können. Denn ehe alles auf den Tisch gestellt worden ist, liegt schon eine stundenlange Rennerei hinter den Betreibern. Man fährt zu seinen Lieferanten, bemüht sich früh genug da zu sein und beschwatzt sie, um die gewünschte Menge auch zu bekommen. Dann ein Abstecher zu den Fischern, um ein paar Krebse oder sogar einen Hummer für das Abendbrot zu besorgen (illegal, weil die Krustentiere eigentlich an staatliche Stellen abgeliefert werden müssen – doch wer kann schon im Meer nachzählen).

Oder der Taxifahrer, der mich mit seinem Oldtimer zu seiner Werkstatt, einem Container mitten in einem Neubaugebiet, mitnahm und seinen Freunden und Kollegen vorstellte. Ein Auto mit 60 Jahren und mehr auf dem Buckel im Alltag zu fahren, ist weltweit nur noch in Kuba gang und gäbe. Jeden Morgen setzen sie sich hinters Lenkrad und sehnen den Feierabend ohne größere Pannen herbei. »Hoffnung, Arbeit und Gebete« sind ihr Rezept. Ersatzteile zu finden ist die größte Herausforderung. Originalteile sind so gut wie verschwunden, und wenn vereinzelt verfügbar, dann sind sie unerschwinglich. Doch auch Pfennigartikel wie Gummidichtungen gibt es schon seit Jahren nicht mehr. Die Dichtungen werden aus Pappe herausgeschnitten und in der Hoffnung verbaut, dass sie nicht allzu schnell wieder verschlissen sind.

Motoren werden fast mit Gold aufgewogen. So fahren unter der Haube der Chrysler, Edsel, Cadillacs die abenteuerlichsten Triebwerke. Lada-Motoren bewegen kurzatmig die meist zwei Tonnen schweren US-Oldtimer, bevorzugt werden Dieselmotoren, die kräftig genug sind und gleichzeitig nicht so teuer im Verbrauch. Einer der Taxifahrer erzählte mir, dass er es mit einem Schiffsdiesel probiert habe, doch der sei so schlecht gelagert gewesen, dass es das Chassis fast zerrissen hätte. Ein Schweißer musste her. Jeder kennt einen – doch hat der auch das dafür nötige und schwer zu bekommende Schweißgas?

Das Auto kann Lebensgrundlage einer ganzen Familie sein, wenn es für den Transport von Touristen zugelassen ist. Darüber entscheidet die Lizenz erteilende Behörde ONAT (Oficina Nacional de Administración Tributaria). Sie erlässt den Bescheid, dass dafür den Berichten zufolge monatlich bis zu 1000 Dollar zu zahlen sind. Steht der Wagen, läuft die Uhr für die fällige monatliche Lizenzgebühr unbarmherzig weiter. Wie im Übrigen auch in den touristenschwachen Monaten. Da heißt es, in der Hochsaison entsprechende Rücklagen zu bilden. Ein unreparierter Oldtimer kostet heute schon auf dem schwarzen Markt 8000 bis 10 000 Dollar, ein Ersatzmotor die Hälfte. Geht der Motor kaputt, sind die Rücklagen dran und die Hoffnung, sie in der nächsten

Saison schon wieder aufzufüllen. Sonst wird alles verkauft, was nicht zum Leben gebraucht wird. Alles für den Wagen.

Wenn anständig verdient wird, wird anständig gearbeitet. Auch auf Kuba.

## Zunehmende Ungleichheit

Gemessen an verschiedensten Indikatoren (Lebenserwartung, Bildung, Einkommen, Gesundheitsfaktoren, Dienstleistungen) ergab sich bei mehreren Untersuchungen ein klares West-Ost-Gefälle: Den höchsten Stand erreichten die Hauptstadt sowie die Provinzen Havanna, Cienfuegos, Villa Clara und Matanzas im Westteil des Landes. Im Mittelfeld lagen Sancti Spiritus, Ciego de Ávila, Pinar del Rio und die Stadt Santiago de Cuba. Die niedrigsten Werte erreichten die östlichen Provinzen Holguín, Guantánamo, Camagüey, Las Tunas und Granma. Negativ schlugen bei den Letztgenannten vor allem die Wohnverhältnisse, die Versorgung mit Trinkwasser und die Sanitärbedingungen zu Buche.

Zunehmend rückt auch das Thema Rassismus in den Blickpunkt. Im Alltag wird dies sichtbar bei den ständigen Kontrollen von jungen schwarzen Frauen in den Tourismuszentren durch die Polizei, die offensichtlich annimmt, dass es sich bei ihnen um Prostituierte handeln könnte. 2005 wurde eine Untersuchung auf den Weg gebracht, die von dem Politologen Estéban Morales Domínguez geleitet wurde. Sie kam zu folgenden Ergebnissen:

– In den letzten 25 Jahren ist in der afrokubanischen Bevölkerung (10 Prozent, zusammen mit Mulatten rund ein Drittel der Kubaner) eine zunehmende Verarmungstendenz zu beobachten.
– Afrokubaner sind in der Führung des Landes, in der Wissenschaft und insgesamt in der öffentlichen Ämtern unterrepräsentiert.

- Afrokubaner haben nur 5 Prozent der Anteile in Kooperativen.
- Die Arbeitslosigkeit ist bei Afrokubanern überproportional hoch.
- Afrokubanische Straftäter zwischen 18 und 28 Jahren stellen in kubanischen Haftanstalten die überwiegende Mehrheit der Insassen.
- Eine starke Mehrheit der kubanischen Gesellschaft (68 Prozent) lehnt gemischtrassige Ehen ab;
- Eine Mehrheit der Kubaner hält Afrokubaner für »weniger intelligent als die Weißen«.

Ende 2011 nahm sich auch die kubanische Volksversammlung des Themas an. Prominente wie Parlamentspräsident Ricardo Alarcón oder Mariela Castro Espín (Tochter von Raúl), die das Nationale Zentrum für sexuelle Aufklärung leitet und in der Volksversammlung sitzt, konnten sich dabei nicht auf eine gemeinsame Linie einigen. Während sich einige für schärfere Gesetze gegen den Rassismus aussprachen, votierten andere für eine bessere Aufklärung.

## Bildung, Gesundheit, Renten, Wohnen

Der Kern der kubanischen Revolution sind die sozialen Errungenschaften, die von der staatlichen Propaganda in den letzten fünf Jahrzehnten stets in den Mittelpunkt gerückt wurden.

Das Analphabetentum wurde in Kuba beseitigt, das ist unstrittig. Die Bildung für alle ist kostenlos. Die Hochschulen bilden nicht nur Kubaner, sondern auch Studenten aus anderen Ländern aus. Die Gesundheitsversorgung verbesserte sich bis 1989, vor allem auf dem Land. Hier stieg die Zahl der Krankenhäuser von einem auf 70. Die Zahl der praktizierenden Ärzte erhöhte sich ebenso wie die der Krankenhausbetten. Die gesamte Bevölkerung wurde in Impfkampagnen immunisiert, und die meisten Krankheiten sind nachhaltig besiegt. Vorbildlich ist bis heute der Seuchenschutz, beispielsweise gegen das Dengue-Fieber: Regelmäßig kommt der *fumigador* (der Kammerjäger) vorbei und räuchert alle Wohnungen im Land aus. Jeder muss mitmachen, wenn jemand nicht da ist, lässt der Nachbar den *fumigador* rein.

Kuba ist es auch gelungen, zu einem bedeutenden Forschungsstandort für Biotechnologie zu werden. In diesem Bereich sind 7000 Wissenschaftler und Techniker beschäftigt. Der bislang spektakulärste Erfolg ist ein therapeutischer Impfstoff für Lungenkrebspatienten im Endstadium. Das Serum verhindert das Wachstum weiterer Tumore und wurde bereits an Tausenden Patienten im Zentrum für Molekulare Immunologie (CIM) im Stadtteil Siboney in Havanna ohne Nebenwirkungen erfolgreich getestet. Es bestehen berechtigte Hoffnungen, dass der Impfstoff auch bei anderen Krebsarten eingesetzt werden kann. Er könnte Milliarden einbringen.

Das Sozialversicherungssystem übernimmt nicht nur die Kosten der Gesundheitsversorgung, sondern finanziert auch die soziale Betreuung, einschließlich der Renten. Hierfür wurden die vor der Revolution existierenden 54 Renten- und Pensionsfonds nationalisiert und samt ihrer Einlagen in einer Einheitsgesellschaft zusammengefasst. Das kubanische System ist das kostspieligste ganz Lateinamerikas. Der Renteneintritt ist für Frauen mit 55 und für Männer mit 60 Jahren vorgesehen.

Die Armee hat ein eigenes Pensionsprogramm. Hier ist das Renteneintrittsalter noch niedriger: Nach 25 Jahren Dienstzeit ist ein Militärangehöriger (viele treten mit 17 ein) rentenberechtigt und erhält 100 Prozent seines letzten Dienstsolds. (Schon 1995 war das Defizit der militärischen Pensionskasse ebenso hoch wie das der gesamten kubanischen Sozialversicherung.)

Ein wichtiges Vorhaben der Revolution war es, die Wohnbedingungen zu verbessern. 1960 wurden zunächst alle Immobilien, die nicht von ihren Eigentümern bewohnt wurden, verstaatlicht. Hypothekenkredite wurden abgeschafft, den Eigentümern dafür angeboten, ihre Kredite mit monatlichen Zahlungen an den Staat binnen 20 Jahren abzuzahlen. Wer nicht im eigenen Haus wohnte, muss maximal 10 Prozent seines Einkommens als Miete zahlen. Von 1959 bis 1963 wurden zahlreiche Neubauten in Angriff genommen, doch schon im nächsten Jahrfünft ging das Volumen um zwei Drittel wieder zurück. Danach wurden die Ziele der staatlichen Planung kaum mehr zur Hälfte erfüllt. In den 80er Jahren gelang es nicht einmal mehr, den Verlust an Wohnraum durch Einsturz und Naturkatastrophen durch Neubauten auszugleichen.

Doch dann brach die *período especial* ab 1990 wie ein Tropensturm über Kubas Sozialsysteme herein. Vier Jahre nach dem Wegfall der Unterstützung der UdSSR und des RGW waren vier Fünftel der Sozialausgaben (inflationsbereinigt) weg. 1998 fehlten immer noch 40 Prozent. Die Ausgaben für das Bildungswesen wurden um 38 Prozent gekürzt.

Im Alltag macht sich das deutlich bemerkbar. Das beginnt schon bei der Schulkleidung (Grundschüler in weiß-weinrot, Oberschüler weiß-senfgelb, Abiturienten weiß-blau): Früher erhielten Schüler jährlich zwei Uniformen, ein Paar Straßenschuhe und ein Paar Sportschuhe. In der Schule bekamen sie täglich einen Pausensnack und ein Mittagessen. Heute verkauft der Staat die Uniformen, doch sind oft nicht die richtigen Größen da, die es nur noch gegen Devisen auf dem schwarzen Markt gibt. Schuhe sind gestrichen, wie auch die Schulspeisung. Dafür gibt es sogenannte Kartoffelkroketten, die nicht im Entferntesten das darstellen, was ihr Name bei uns assoziiert.

Um die Folgen im Alltag zumindest nach außen zu kaschieren, verfielen die Verantwortlichen auf aberwitzige Ideen, etwa als sie 2004 der staunenden Öffentlichkeit eine bildungspolitische Sensation präsentierten: Die Zahl der Universitäten hatte sich in Kuba auf einen Schlag um das 43-Fache vervielfacht, die Zahl der Studierenden in Fächern wie Sozialwissenschaften stieg um 2850 Prozent, Erziehung um 1118 Prozent, und die Zahl der Dozenten wurde um 83 Prozent gesteigert. Es war das Lieblingsprojekt von Fidel Castros »Kampf der Ideen«. Wie war diese bildungspolitische Explosion zustande gekommen?

Die Zahl der Universitäten war von 17 auf 732 gestiegen, weil man mit einem Federstrich Kreisschulen zu Universitäten erklärt hatte. Und die rasante Steigerung der Studierenden? Die Hälfte der neuen Studenten lernte angeblich »zu Hause« oder »im Prozess der Arbeit«. Die Ergebnisse fielen dann wie üblich ernüchternd aus: Statt 300 000 Absolventen wie geplant beendeten nur rund 75 000 das Studium. 40 Prozent fielen allein wegen gravierender Rechtschreibfehler durch. 7000 bereits in den Schuldienst übernommene Absolventen mussten nachgeschult werden. Dazu passt die Antwort eines Lehrers, der in einem Studentenfilm auf die Frage »Was denkst du über die Mauer, die zwischen Australien und den USA errichtet wurde?« die Diskriminierungspolitik der USA scharf geißelte.

Die Einschreibungszahlen gingen danach in ebenso atemberaubendem Tempo wieder zurück. Bei den Sozialwissenschaften gab es vier Jahre später 87 Prozent weniger Erstsemester. Noch dramatischer fiel das Ergebnis bei den angehenden Lehrern aus: Statt nun mehr Pädagogen einsetzen zu können, gab das Bildungsministerium 2008 bekannt, dass allein in Havanna 8192 Lehrer fehlten. Es wurde ein Notprogramm initiiert, mit dem fast 10 000 pensionierte Lehrer reaktiviert wurden.

Auch der Wohnungsbau brach dramatisch ein, weil wichtige Baustoffe fehlten: Bei Zement sank das Angebot um 59 Prozent, bei Platten für den industrialisierten Wohnungsbau gar um 71 Prozent sowie bei Sand und Ziegelsteinen um 73 Prozent. Die Folge war eine gravierende Wohnungsnot. In dieser Lage wurden mit Hilfe Venezuelas Einheitshäuser aus PVC als »Wohnungen der Zukunft« u. a. auch im Stadtteil Cotorro in Havanna gebaut. Diese *Petrocasas* genannten Unterkünfte waren vor allem als schnelle Hilfe für jene gedacht, die durch ihre eingestürzten Häuser oder durch Naturkatastrophen obdachlos geworden waren.

Anfang 2016 wurden die ersten Häuser wieder aufgegeben und die Bewohner erneut umgesiedelt. Die Produktion der vorgefertigten Elemente, die ursprünglich in Cienfuegos vorgesehen war, fand nicht statt. Stattdessen wurden die Hauselemente aus Europa, vor allem aus Spanien, eingekauft. Häuser wurden halbfertig übergeben, wichtige Bauelemente fehlten, weil sie schon längst anderweitig privat abgezweigt worden waren. Viele Fundamente wiesen Risse auf, zahlreiche Fenster fielen aus den Rahmen, Kurzschlüsse plagten die Bewohner ebenso wie die Leckagen der Wasserleitungen.

Kuba hat 3,7 Millionen Häuser, davon befinden sich 40 Prozent in einem kritischen Zustand. 600 000 Häuser fehlen. 2015 wurden 27 000 gebaut. Am schlimmsten ist die Lage in Havanna. In der Stadt, die für 600 000 Bewohner konzipiert war, leben heute mehr als dreimal so viele Menschen. Der Stadtrestaurator von Havanna, Eusebio Leal, gab 2009 im Fernsehen an, dass sich 60 Prozent der Bausubstanz der Stadt in einem besorgniserregenden Zustand befänden und statistisch gesehen drei bis vier Häuser pro Tag ganz einstürzten. Nur für die dringendsten Notmaßnahmen seien eine Milliarde Dollar notwendig. Das Parteiorgan *Granma* berichtete, dass jede zehnte Wohnung in Havanna unbewohnbar sei und eigentlich abgerissen werden müsste. Weitere 300 000 Wohnungen müssten dringend grundsaniert werden.

Der Film von Florian Borchmeyer »Havanna – die neue Kunst, Ruinen zu bauen« aus dem Jahr 2006 veranschaulicht eindrücklich die Lage: Bewohner der Stadt leben in Gebäuden im unterschiedlichen Stadium des Verfalls. Der Klempner flüchtet auf die Dachterrasse zu seinen Tauben, der Obdachlose findet Unterschlupf in den Ruinen eines Theaters, in dem einst Enrico Caruso triumphierte, und der Schriftsteller entwirft die Philosophie der Ruine und erklärt damit den allmählichen Einsturz der Stadt und des politischen Systems. Das Internationale Filmfestival von Havanna lud Borchmeyers Film wegen »mangelnder Qualität« wieder aus. Kurz darauf erhielt er den Bayerischen Filmpreis.

Im Alltag leben zumeist drei Generationen in einer Wohnung: ein Großvater, eine Großmutter, die Eltern und ein Kind (Kuba hat durch einen scharfen Geburtenrückgang mittlerweile die älteste Bevölkerung Lateinamerikas). Wo es geht, werden zusätzliche Reserven erschlossen, weshalb nicht wenige Häuser provisorische Räume auf die Dächer bekommen, sogenannte *barbacoas* (Grillplätze). In Zimmern mit hohen Decken werden abenteuerliche Zwischenetagen eingezogen. Dass diese zusätzliche Last der Statik den Rest gibt, zeigen die immer häufigeren Hauseinstürze. Als Jugendlicher eine eigene Wohnung? Undenkbar! Und wohin mit der Liebsten? Früher gab es staatlich organisierte *posadas*, Stundenhotels, wo man am besten die Bettwäsche gleich mitbrachte und für einige Stunden allein sein konnte. Sie sind längst aus dem Stadtbild verschwunden.

Im Gesundheitswesen fehlten nach 1989 von einem Moment zum anderen wichtige Medikamente, Verbrauchsmaterialien sowie Ersatzteile für medizinische Geräte. Die Ausgaben pro Kopf fielen bis 1993 um 75 Prozent und waren 1999 noch ein Fünftel unter dem Stand vor dem Ausbruch der Existenzkrise. Die Müttersterblichkeit stieg von 26 auf 65 pro 100 000 Geburten an (nirgendwo in Lateinamerika wird so viel abgetrieben wie in Kuba), Hepatitis, Geschlechtskrankheiten und Erkrankungen der Atemwege stiegen spürbar an.

Ungeachtet der enormen gesamtwirtschaftlichen Schwierigkeiten wurde die Säuglingssterblichkeit allerdings weiter gesenkt. Diese Ziffer ist einer der immer wieder angeführten Beweise für die Überlegenheit des revolutionären Gesundheitssystems. Und nichts soll die Anstrengungen auf diesem Gebiet in Abrede stellen. Es sei nur daran erinnert, dass Kuba auch schon vor der Revolution hier weltweit führend war – konkret auf dem 13. Platz. Und in den knapp sechs Jahrzehnten seit dem Sieg der kubanischen Revolution haben sich auch viele andere Länder auf diesem Gebiet verdient gemacht. So kommt es, dass Kuba heute im weltweiten Vergleich »nur noch« Platz 30 belegt.

Die Zahl der ausgebildeten Ärzte stieg signifikant von 33 auf 64 je 10 000 Einwohner – Rekord in Lateinamerika. Dieser sprunghafte Anstieg hat vier Gründe: Erstens musste nach der Revolution ein Großteil der Ärzteschaft ersetzt werden, die das Land verlassen hatte; zweitens hält dieser *brain drain* weiter an, haben die USA seit 2006 ein Programm zur gezielten Abwerbung kubanischer Ärzte; drittens arbeiten immer mehr ausgebildete Mediziner in branchenfremden Berufen, um Devisen zu verdienen, sei es als Taxifahrer, Kellner oder Restaurantbetreiber, und viertens braucht Kuba viel mehr Ärzte, als zur Versorgung der eigenen Bevölkerung notwendig wären. Sie werden nämlich devisenbringend im Ausland eingesetzt.

Von Beginn nutzte Kuba Ärzte und medizinisches Personal als »Gesandte der Revolution«, die in der Lage waren, sehr kurzfristig auf Hilfeersuchen zu reagieren, beispielsweise bei Naturkatastrophen wie Erdbeben. Die neu ausgebildeten Mediziner arbeiteten auch unter widrigen Bedingungen. Von 1961 bis 2008 wurden insgesamt 270 000 Kubaner auf *misiones* in über 150 Länder gesandt, davon 40 000 Ärzte und Schwestern in 77 Länder.

Der Export von medizinischem Personal stieg nach dem Sieg von Hugo Chávez noch einmal steil an. Die Kooperation mit Venezuela ähnelte bald dem Muster der kubanisch-sowjetischen Militärkooperation: Venezuela stellte Krankenhauskapazitäten im eigenen Land zur Verfügung und baute später auch in anderen Ländern neue Krankenhäuser, die mit kubanischem Personal ausgestattet wurden. Dadurch schnellte die Zahl der medizinischen Fachkräfte im Ausland von 6190 (2002) binnen drei Jahren auf 31 000 hinauf.

Es gehört zur kubanischen Alltagsrealität, dass diese Hilfe daheim stets als »freiwillig« und »kostenlos« dargestellt wird. Doch selbstverständlich hat sie ihren Gegenwert. Lange verheimlicht, kamen in den letzten Jahren die Details dieses Exports von Fachkräften aller Art ans Licht: Alle werden von den Einsatzländern in harten Devisen bezahlt. In Angola beispielsweise mit 5000 Dollar pro Person und Monat, die an den kubanischen Staat überwiesen

Verdienen Kubas Devisen: Zehntausende Ärzte und Schwestern. Im September 2005 versammelr sich 1500 von ihnen in Havanna.

werden. Zusätzlich hat das Gastland für Unterkunft und Transport zu sorgen. Kuba übernimmt gegen Bezahlung den Hin- und Rückflug, zahlt den Entsandten das normale Gehalt in nationaler Währung (ca. 25 Dollar) sowie eine Prämie zwischen 50 und 120 in konvertierbarer Währung im Monat. Überdies ist es den *internacionalistas* gestattet, Konsumgüter ohne Importzoll einzuführen. Das alles sind Anreize genug, um Interesse für die Auslandseinsätze zu wecken.

Auch Brasilien nimmt diese Form der kubanischen Dienstleistungen in Anspruch. In dem Riesenland kommen nur 18 Ärzte auf 10 000 Einwohner, und die konzentrieren sich vor allem in den Städten. Aufs Land will kaum einer. Dorthin gehen Tausende kubanische Doktoren. Sie wurden nicht eben freundlich empfangen. »Stümper« oder »Sklaven« war am Flughafen von demonstrierenden Berufskollegen zu hören. Apotheken und Gesundheitszentren nehmen ihre Rezepte und Überweisungen oft nicht entgegen. Dilma Rousseff, die Präsidentin Brasiliens von 2011 bis zum Mai 2016, musste vermittelnd eingreifen. Es würden nur dann ausländische Ärzte eingesetzt, wenn es für die Stellen keine brasilianischen Bewerber gebe, sagte sie. Doch mit den Bewerbungen konnten nicht einmal sieben Prozent des Notbedarfs abgedeckt werden. Deshalb seien nun Tausende Kubaner im Einsatz. Das Regierungsprogramm Mais Medicos kommt inzwischen für 50 Millionen der unterversorgten Landbewohner auf.

Heute sind die nichtmateriellen Tauschgeschäfte (»Export ohne Ware, Import ohne Geld«) aus der kubanischen Wirtschaftsbilanz nicht mehr wegzudenken. Im Jahr 2010 machte der »Service Export« 7,4 Milliarden Dollar aus! Die Einnahmen aus dem Tourismus lagen im selben Jahr bei 2,2 Milliarden. 2013 verdiente Kuba allein mit seinen Ärzten 6 Milliarden Dollar. »Das ist die größte Devisenquelle unserer Nation«, verkündete Kubas Außenhandelsminister Rodrigo Malmierca da. Es scheint, dass zu diesen medizinischen Einsätzen mancherorts auch die Bereitstellung von Medikamenten und Verbrauchsmaterialien gehört.

Je erfolgreicher dieses Modell ist, desto stärker vermindert es das Angebot im Inland. Es mangelt hier inzwischen an Ärzten und Fachpersonal, die Gesundheitseinrichtungen und Krankenhäuser sind unterfinanziert, was man ihnen auch deutlich ansieht, und die Versorgung mit Medikamenten und Gerätschaften ist anhaltend kritisch. Dies gilt jedoch nicht für die »Nomenklatura«: Sie erhält eine spezielle Betreuung, z. B. im Centro de Investigaciones Médico Quirúrgicas CIMEQ im Stadtteil Siboney in Havanna. Dort befindet sich auch das »Objekt 20«. Hier werden Raúl Castro und seine Familienangehörigen exklusiv behandelt. Im restlichen Hospital werden hohe Funktionäre der Kommunistischen Partei, der Regierung, des Parlaments, der Sicherheitsorgane, herausragende Wissenschaftler sowie Träger des Ordens »Held der Arbeit« und deren Familien betreut.

Hilda Molina ist eine solche herausragende Wissenschaftlerin, Neurochirurgin von internationalem Rang, die das renommierte Centro de Restauración Neurológica gründete und leitete. Die Ärztin war als »Internationalistin« im Einsatz in Algerien und mehreren Ländern Afrikas. Fidel Castro persönlich hatte großes Interesse an ihrer Arbeit, besuchte sie oft in ihrem Zentrum. Sie wurde Mitglied der Kommunistischen Partei, Abgeordnete des nationalen Parlaments und dutzendfach ausgezeichnet, und hätte bestimmt ein Anrecht auf eine privilegierte Gesundheitsbetreuung im CIMEQ gehabt – doch dazu kam es nicht.

Molinas Institut hatte sich zu einer der wichtigsten Forschungseinrichtungen entwickelt und versorgte auch zahlreiche kubanische Patienten. 1991 teilte ihr der Gesundheitsminister mit, dass künftig dort nur noch Ausländer gegen Devisen behandelt werden dürften. Die Institutsgründerin protestierte energisch, jedoch vergebens. Daraufhin trat sie zurück, gab ihr Abgeordnetenmandat zurück, trat aus der Kommunistischen Partei aus und ist seither eine der schärfsten Kritikerinnen des kubanischen Gesundheitssystems. Ihr Ersuchen, zu ihrer Familie nach Argentinien ausreisen zu dürfen, wurde 16 Jahre lang abgelehnt. Begründung: Sie sei »Geheimnisträgerin«.

Immer mehr Gesundheitseinrichtungen werden für den Tourismus umgerüstet. So wurde ein Verbundnetz von 54 Krankenhäusern geschaffen, in denen für harte Devisen Erkrankungen kostengünstig behandelt werden. Einer der ersten prominenten Patienten war der argentinische Fußballstar Maradona, der sich hier von seiner Kokainsucht heilen lassen wollte. In der Werbung werden Paketlösungen von der Erstanamnese über die Diagnostik, Behandlung einschließlich aller Transporte, Kost und Logis als »One-stop-shop«-Angebote offeriert. Das Rehabilitationszentrum »La Pradera« in Havanna etwa ist wie eine Fünf-Sterne-Anlage konzipiert. Hier erhalten die Patienten eine umfassende Betreuung mit hohem Personalaufwand, modernen Methoden und vorzeigbaren Erfolgen. Es gibt nur einen Schönheitsfehler: Kubaner werden hier nicht behandelt. In Kanada kostet die Therapiestunde im Durchschnitt 150 Dollar – für dieses Geld behandelt man den Gesundheitstouristen in La Pradera den ganzen Tag.

Die kubanischen Ärzte verdienen mittlerweile 60 Dollar im

Schnitt – pro Monat. Deshalb suchen sie nach Auswegen: Sie gehen auf »Mission« ins Ausland, wechseln in die Tourismusbranche oder folgen dem Abwerbeprogramm der US-Regierung, dem Cuban Medical Professional Parole Program. Seit 2006 wurden 7117 Anträge gestellt, teilten die US-Behörden Anfang 2016 mit. Die Zahlen seien so stark ansteigend, dass über ein Ende nachgedacht wird – was sich natürlich herumgesprochen hat und die Zahl der flüchtenden Mediziner 2015 auf die Rekordzahl von 1663 anschwellen ließ. Die Reaktion in Havanna ließ nicht auf sich warten: Ärzten wurde die seit 2013 geltende allgemeine Reisefreiheit wieder gestrichen. Sie benötigen vor jedem Auslandsaufenthalt eine Freigabe durch die Behörden.

Das Reisegesetz vom 14. Januar 2013 sah vor, die Auswanderung legal, geordnet und gesichert zu gestalten. Dazu gehörte auch, die Wiedereinreise für jene zu gestatten, die das Land nach 1990 illegal verlassen hatten, darunter auch Mediziner, Sportler und Künstler, wenn nach ihrer Flucht acht Jahre vergangen waren. Ausgenommen waren jene, die über die US-Marinebasis Guantánamo flüchteten. Ausgedehnt wurde die Zeit, die sich Kubaner im Ausland aufhalten dürfen, von 11 auf 24 Monate. Ein großes Hemmnis ist für alle Kubaner jedoch die Tatsache, dass sie ohne zusätzliches Einreisevisum nur in wenige Länder reisen können:

**Lateinamerika:** Antigua, Barbados, Dominica, Grenada, Guyana, Saint-Kitts, St. Lucia, St. Vincent, Trinidad/Tobago;
**Afrika:** Botswana, Gambia, Guinea, Namibia;
**Europa:** Mazedonien, Russland, Serbien, Weißrussland;
**Asien:** Kirgistan, Malaysia, Mongolei, Singapur;
**Ozeanien:** Mikronesien, Vanuatu.

# Freiheiten?

Nehmen wir noch einmal die gesellschaftlichen Verhältnisse in Kuba vor 65 Jahren, wie sie Fidel Castro in seinem Buch »Die Geschichte wird mich freisprechen« beschrieb:

*»Es war einmal eine Republik. Die hatte ihre Verfassung, ihre Gesetze, ihre Freiheiten, Präsident, Kongress, Gerichte; alle konnten sich versammeln, organisieren und in völliger Freiheit reden und schreiben. Die Regierung erfüllte die Bedürfnisse des Volkes nicht, aber das Volk konnte die Regierung wechseln. Es gab eine respektierte und geachtete öffentliche Meinung, und alle Probleme von kollektivem Interesse wurden frei diskutiert. Es gab politische Parteien, programmatische Radiosendungen, kritische Fernsehberichte, öffentliche Demonstrationen und das Volk sprühte vor Enthusiasmus.«*

Dieses Land gibt es schon lange nicht mehr.

– Es gibt keine Meinungsfreiheit. In der Rangfolge der Pressefreiheit lag Kuba 2015 nach Untersuchung von »Reporter ohne Grenzen« an 169. Stelle von insgesamt 180 untersuchten Staaten.
– Es gibt keine Versammlungsfreiheit.
– Das Strafrecht hat eine Reihe von »Gummiparagrafen«, nach denen jedermann z. B. wegen »antisozialen Verhaltens« oder sogar wegen »beabsichtigter Straftaten« belangt werden kann.
– Es gibt keine Parteienpluralität.
– Es gibt keine freien und geheimen Wahlen.

Die kubanische Gesellschaft ist vertikal wie horizontal nahezu komplett kontrolliert, angefangen von den »Komitees zur Verteidigung der Revolution« in den Wohngebieten, denen nahezu jeder erwachsene Kubaner angehört, über die Rationierungsmechanismen, die dafür sorgen, dass jeder an dem Ort bleibt, wo er gemeldet ist, bis hin zur Kontrolle am Arbeitsplatz durch die

Gewerkschaften, die Milizen und die Kommunistische Partei. Über jeden Kubaner wird bei den Revolutionskomitees eine persönliche Akte geführt, die jederzeit angefordert werden kann und auch privaten Denunziationen Tür und Tor öffnet. Das schlägt sich bei Gesprächen im Alltag wieder: Geredet wird viel – gesagt wird möglichst wenig.

Für diejenigen, die unsichtbare »rote Linien« überschreiten, ist ein komplexer und ausufernder Polizei- und Sicherheitsapparat zuständig. Er reicht unter dem Dach des Innenministeriums MININT von den verschiedensten Polizeidiensten bis zu den geheimen Bereichen, die – wen wundert es – unter tatkräftiger Unterstützung von Mitarbeitern des Ministeriums für Staatssicherheit (MfS) in Ost-Berlin aufgebaut wurden. Sie brachten den kubanischen Kollegen das notwenige Material zur Überwachung ebenso mit wie die effektive Archivierung. Jeder Ein- und Ausreisende kann an den internationalen Flughäfen Kubas noch ein besonderes Souvenir bewundern: die Spiegel aus den Grenzübergangsstellen der DDR, mit denen die Reisenden rückseitig kontrolliert werden, weshalb einem der Grenzbeamte zunächst nicht in die Augen, sondern über den Kopf schaut.

Zur Sicherung der bestehenden Verhältnisse unterhält Kuba einen umfangreichen, weit verzweigten Sicherheitsapparat. Im Inneren ist das Departamento Ideológico de la Contrainteligencia del Ministerio del Interior (MININT) zuständig. Es überwacht die Kubaner, die ins Ausland gehen wollen oder mit Ausländern Kontakte unterhalten. Im Hauptquartier in der Calle O im Stadtteil Vedado in Havanna werden von rund 5000 Hauptamtlichen Zehntausende inoffizielle Mitarbeiter im ganzen Land geführt, so westliche Schätzungen. Im Ausland agiert die Dirección de Inteligencia del Ministerio del Interior. Kern der etwa 1600 Mitarbeiter sind rund 600 operative Offiziere, von denen jeder ein Dutzend Agenten führt. Der militärische Geheimdienst Dirección de Inteligencia Militar des Ministerio de las Fuerzas Armadas (MINFAR) beschäftigt noch einmal 1500 Mitarbeiter.

Abhören ist in Kuba eine regelrechte Obsession, darüber sollte sich jeder, der sich in den Bereichen der Touristenhotels bewegt, im Klaren sein. Ton- und Bildaufzeichnungen gehören zum Standardrepertoire. Zielgruppen sind Journalisten, ausländische Politiker, Künstler und Wissenschaftler. »Fidel lässt alles abhören«, resümierte sein Leibwächter Sánchez. Der auch angab, wo sich die Abhörzentralen in den bekanntesten Hotels in Havanna befinden: im »Havana Libre« im 20. Stock oder im »Riviera« in der 14. Etage. Aber auch im Inneren des Machtapparats wird abgehört, wo immer es möglich ist. Zuständig ist die Abteilung K des Staatssicherheitsdienstes. KC liest die Briefe der Kubaner mit, KJ sorgt für die Videoüberwachung und KT für das Abhören der Telefone.

Auch Raúl hat diese Praxis übernommen. Das kam als Kollateralschaden heraus, als der schon als sicherer Nachfolger Fidels gehandelte Funktionär Carlos Lage 2009 aus allen Ämtern entfernt wurde. Damals wurden allen Parteimitgliedern stundenlange Tonband- und Videoaufnahmen von ihm vorgeführt, auch mit der Absicht, jedem klarzumachen, dass sein Tun niemals unbeobachtet bleibt. Wie Carlos Lage sind in den letzten 30 Jahren zahllose Funktionäre abgelöst worden.

In Kuba ist die Erhaltung der Macht das oberste Ziel, dem alles andere untergeordnet wird. Deshalb auch wurde von Raúl Castro kein personeller Neuanfang eingeleitet, vielmehr wurden die ältesten der alten Kader mit führenden Posten bedacht. Das Durchschnittsalter des Politbüros hat mittlerweile das Niveau der spätsowjetischen Ära erreicht: über 70 Jahre. Fidel wird 90, Raúl will den höchsten Staatsposten 2018 mit 87 Jahren abgeben.

Angefangen vom Umerziehungslager »Che« Guevaras für Funktionäre, das 1960 in Guanahacabibes errichtet wurde, über die Säuberungswellen in Partei und Massenorganisationen bis hin zu langen Haftstrafen ist der kubanischen Führungselite das selbständige und selbstbewusste Handeln gründlich ausgetrieben worden. Der Einzige, der in den fast 60 Jahren Fidel Castro entgegengetreten ist und sich auch noch über dessen Handlungsanweisungen aus dem fernen Havanna in den Schlachten in Angola hinwegsetzte, war der größte Stratege, Kriegsheld und auch populäre Anführer General Arnaldo Ochoa. Und den ließ Fidel Castro standrechtlich erschießen.

## Repression

Bis Ende 1989 setzte sich die Opposition nahezu geschlossen ins benachbarte Florida ab. Dennoch begann die Regierung in Havanna Anfang der 90er Jahre den Polizeiapparat noch einmal massiv auszubauen. Angeworben wurden neue Polizisten in eigenen Rekrutierungsbüros vor allem im Ostteil des Landes. Über das ganze Land verteilt wurden neue Wachen eröffnet.

Eingedenk der Flucht von Millionen verwundert es nicht, dass sich die innerkubanische Opposition nicht in Tausenden bemisst. So wurden in einer Verhaftungswelle Anfang der 90er Jahre 200 Dissidenten verhaftet, über 40 von ihnen erhielten lange Haftstrafen – für zivilen Ungehorsam ohne Gewaltanwendung. 1995 wurden viele von ihnen wieder freigelassen, um anschließend aufgefordert zu werden, das Land zu verlassen. Kurz zuvor hatte Kuba die Internationale Konvention gegen Folter und andere Formen brutaler, inhumaner oder erniedrigender Behandlung und Bestrafung unterzeichnet. Während des »schwarzen Frühlings« im Jahr 2003 wurden öffentlichkeitswirksam erneut 75 Männer und Frauen verhaftet und verurteilt.

Heute geht man gegen Oppositionelle vorwiegend unterhalb der öffentlichen Wahrnehmung vor: Ein Polizeiwagen hält, fordert zum Einsteigen auf, parkt stundenlang und lässt den Verdächtigen später wieder aussteigen – ohne offizielles Protokoll. Gern werden auch weite Fahrten unternommen, und der inoffiziell Festgenommene kann dann zusehen, wie er vom anderen Ende der Stadt wieder nach Hause kommt. Die Kubanische

Wer protestiert, wird abtransportiert. Mitglieder der Oppositionsbewegung „Damas de Blanco" werden hier am 20. März 2016 in Havanna von der kubanischen Polizei verhaftet.

Kommission für Menschenrechte und nationale Versöhnung (CCDHRN) gab für 2015 insgesamt 8616 derartiger kurzfristiger Scheinfestnahmen an. Im Jahr davor waren es 8899 Fälle dieser Schikane. Im Januar 2016 allein wurden 1414 solcher Maßnahmen registriert.

Äußerst unangenehm verlaufen auch Hausdurchsuchungen, nicht selten in Abwesenheit der Wohnungseigentümer. Die abscheulichste Art der öffentlichen Bloßstellung ist der Auftritt der sogenannten *brigadas de respuesta rápida*, »Brigaden der schnellen Antwort«, die angeleitet von Mitarbeitern der Sicherheitsorgane vor den Häusern der Oppositionellen krakeelen und in sogenannten *actos de repudios* – »Akten der Zurückweisung« – ihre Opfer bedrohen, bedrängen und ihre Häuser mit Unrat bewerfen.

# Der Fall Oswaldo Payá

Der bekannteste Dissident Kubas war Oswaldo Payá, Träger des Sacharow-Preises. Neben der kubanischen besaß er auch die spanische Staatsangehörigkeit, die ihn vor den größten Zudringlichkeiten schützte. Oswaldo Payá war 1988 Gründungsmitglied des Movimiento Cristiano de Liberación (MCL), einer von Katholiken gegründeten politischen Bewegung mit dem Ziel, die Lage der Menschenrechte in Kuba zu verbessern. 1992 erklärte Payá seine Absicht, als Abgeordneter für die kubanische Nationalversammlung zu kandidieren. Kurz vor der Wahl wurde er verhaftet und in einem CDR-Büro so lange festgehalten, bis die Wahl vorüber war.

Sechs Jahre später initiierte er mit anderen Oppositionellen das *Proyecto Varela*, ein Referendum zur gesetzlichen Festschreibung von Menschenrechten und freien Wahlen. Das Vorhaben erreichte eine größere Resonanz als alle Aktionen im Land zuvor: Bis 2004 kamen 25 000 Unterschriften zusammen. Damit wurde Payó für die Regierung zum Staatsfeind No. 1. Das Varela-Projekt wurde von offizieller Seite abgelehnt. Es sei nicht verfassungskonform und außerdem, so Außenminister Felipe Pérez Roque, »Teil einer Strategie der Vereinigten Staaten, die gegen Kuba gerichtet ist«.

Payá kam 2012 bei einem Autounfall ums Leben. Er fuhr in einem Pkw von Havanna ins 900 Kilometer entfernte Santiago de Cuba. Am Steuer saß der Vorsitzende der Jugendorganisation der regierenden konservativen Partido Popular Spaniens, Ángel Carromero. Mit ihm im Wagen waren der Vorsitzende der Jungen Christdemokraten Schwedens, Jens Aron Modig, sowie Harold Cepero, ein kubanischer Menschenrechtsaktivist. Die beiden Kubaner kamen ums Leben, die Europäer überlebten.

Über den Hergang des Unfalls bestehen bis heute Unklarheiten. Carromero sagte gegenüber der Polizei zunächst am Unfallort, er könne sich nicht erinnern, vielleicht sei er auch eingeschlafen. Seine Aussage wurde sofort auf Video aufgenommen und ausgestrahlt. Er wurde zu vier Jahren Haft verurteilt und noch im selben Jahr nach Spanien ausgewiesen. Dort sagte er aus, er sei offenkundig nicht Herr seiner Sinne gewesen und zu der Videoaufnahme gezwungen worden. Der Unfallhergang sei völlig anders gewesen: Sie seien von einem roten Lada gerammt worden. Auch der Schwede schickte noch in der Unfallnacht eine SMS an einen Freund, worin er schrieb, ihr Wagen sei von der Straße gedrängt worden. Unterstützer Payás sagten später, sie hätten sehr wohl Hinweise auf den roten Lada bekommen. Auch zeigten die Fotos vom Unfallwagen Spuren eines anderen Wagens. Doch letzte Sicherheit über den Hergang des Geschehens fehlt bis heute.

## Das unfreie Internet

Kuba befindet sich noch immer in der Spitzengruppe der Länder, die Zugang und Nutzung des Internets beschränken. Hohe finanzielle Hürden, langsame Geschwindigkeiten und umfassende inhaltliche Zensur sind Bestandteil der Kontrolle. Das Internet, wie wir es kennen, gibt es für die meisten Kubaner nicht. Wem es gelingt, sich einzuwählen, der landet in einem kubanischen Intranet. Es enthält ein eigenes E-Mail-System, eine kubanische Enzyklopädie, verschiedene Unterrichtsmaterialien sowie die Online-Ausgaben kubanischer und positiv berichtender ausländischer Medien. Einziger Anbieter ist die staatliche kubanisch-italienische Gesellschaft ETECSA. Für Ausländer bietet ETECSA Tickets für die stundenweise Nutzung: Eine Stunde kostet zwei Dollar (vor kurzem kostete sie noch 4,50 Dollar).

Kuba meldet einen Zugang seiner Bürger zum Netz von 30 Prozent (2014), und die Zahl dürfte noch gestiegen sein, nachdem 2015 im ganzen Land WLAN-Punkte eingerichtet wurden. Ärzte erhalten einen gesonderten Zugang zum Infomed, der aber jederzeit wieder entzogen werden kann. So im Februar 2015 geschehen, als einige Annoncen für die Website *Revolico* setzten, auf der auch Schwarzmarktwaren angeboten werden.

Erst 2008 wurde Kubanern überhaupt der Besitz von Computern gestattet. Mittlerweile gibt es eine Million in Kuba, doch nur die Hälfte hat einen Internetzugang. Die Geschwindigkeit ist nach wie vor sehr bescheiden, Multimedia-Anwendungen lassen sich z. B. überhaupt nicht nutzen. Davor war es noch schlimmer, da kam das Signal über einen russischen Intersputnik-Satelliten. Aber dann wurde ein Glasfaserkabel aus Venezuela über Kuba nach Jamaika verlegt, das seitdem für Textanwendungen akzeptable Geschwindigkeiten zulässt.

Seit 2008 dürfen Kubaner auch Mobiltelefone besitzen. Bis 2012 mussten die stolzen Besitzer allerdings auch für eingehende Anrufe bezahlen. Seither hat die ETECSA zahlreiche Erleichterungen geschaffen, und die Zahl der Handy-Besitzer ist auf 2,5 Millionen gestiegen. Über die Hälfte der Handys werden von Auslandskubanern bezahlt. Nach wie vor verboten sind Mobilgeräte mit einem GPS-Chip. Ebenso strikt gehen die Behörden gegen die Einfuhr von Modems, WLAN-Geräten und vor allem gegen Satellitenempfangsanlagen vor. 2009 wurde deshalb der US-Bürger Alan Gross verhaftet. Er hatte die jüdischen Gemeinden auf der Insel mit Internet-Empfangsanlagen zur besseren Vernetzung ausgestattet. Im März 2011 wurde er wegen »Akten gegen die Unabhängigkeit und Integrität des nationalen Territoriums« Kubas zu einer Freiheitsstrafe von 15 Jahren verurteilt.

Auch Blogger werden von den Behörden als Gefahr angesehen. Einige von ihnen wurden und werden technisch behindert, kurzzeitig verhaftet und bedroht. Die prominenteste Vertreterin ist Yoani Sánchez, die seit 2007 den Blog *Generación Y* betreibt. (So benannt, weil ihre Altersgenossen von ihren Eltern mit großer Vielfalt Vornamen bekamen, die alle mit einem Y anfangen: Yander, Yuri, Yaneimi, Yanisey, Yumilsis, Yumara, Yosbel, Yadel, Yulieski, Yovel, Yolaide, Yamisel, Yirmara, Yoelkis, Yuset, Yohendry, Yoanni, Yunier … Gern auch mal verballhornte Amerikanismen wie »Leydi« für lady, »Maivi« für maybe, »Olnavy« für Old Navy »Danyer« für danger und sogar »Usnavi« für U.S.

Navy.) Sánchez lebte ein paar Jahre im Ausland, kam aber wieder zurück und gibt seither den kubanischen Alltag ungeschminkt wieder. *Generación Y* wird von Freiwilligen in 17 Sprachen übersetzt, so auch ins Deutsche (https://generacionyde.wordpress.com). Ihr und den anderen Bloggern, die aus Kuba berichten, gilt an dieser Stelle mein ausdrücklicher Dank.

Mittlerweile ist die Kubanerin unter den 100 wichtigsten Personen der Erde (*TIME*), den 150 furchtlosesten Frauen der Welt (*The Daily Beast*), mit ausländischen Ehrungen versehen und zu einer Schlüsselfigur aufgestiegen. US-Präsident Barack Obama beantwortete ihre Fragen zum kubanisch-amerikanischen Verhältnis. Ihre Fragen an Raúl Castro dagegen blieben unbeantwortet. Ihr Buch »Cuba Libre« ist verboten – wer versucht, es illegal ins Land zu bringen, riskiert Verhaftung und Ausweisung. Die US-Vertretung in Havanna sagte in einem von *wikileaks* veröffentlichen Bericht voraus, dass Yoani Sánchez in der nachrevolutionären Zeit eine wichtige Rolle spielen werde. Das staatliche kubanische Fernsehen bezeichnete sie hingegen als *ciberguerrillera*, die von den Vereinigten Staaten über die zahlreichen Preise, die sie erhalten habe (und zu deren Entgegennahme ihr Dutzende Male die Ausreise verweigert wurde), finanziert werde.

## Die Wandlung des Pablo Milanés

Es gibt auch Künstler, die früher zu den Repräsentanten der offiziellen Kulturpolitik Kubas gehörten, heute aber eine kritische Position beziehen. Pablo Milanés, einer der bekanntesten Liedermacher Kubas, ist dafür ein Beispiel. Noch in den 80er Jahren holte ihn Fidel Castro nach Rückkehr von internationalen Tourneen persönlich am Flughafen ab, um ihm für die Erfolge im Ausland zu gratulieren und ihm zu danken. Er war zeitweilig auch Abgeordneter der Nationalversammlung.

Pablo (Jahrgang 1943) hatte zunächst nur die allerschlechtesten Erfahrungen mit dem neuen System in Kuba gemacht: Er war schon Berufsmusiker, spielte in bekannten Bands, als er 1966 ins berüchtigte Umerziehungslager UMAP in Camagüey eingeliefert wurde. Es war »ein stalinistisches Konzentrationslager«, wie er Anfang 2015 sagte. »Ich bin dorthin gebracht worden ohne jede Erklärung, ohne jede Anschuldigung – und warte bis heute auf eine Entschuldigung der kubanischen Führung.« Er floh aus dem Lager und wollte in Havanna auf die Zustände in dem UMAP-Lager aufmerksam machen. Wieder wurde er verhaftet und in die berüchtigte Festung *La Cabaña* und anschließend ins Straflager gebracht.

In den nachfolgenden Jahrzehnten wurde Pablo Milanés in Lateinamerika und Spanien ein gefeierter Star. 1993 gründete er die Fundación Pablo Milanés mit einem Stiftungskapital von 160 000 Dollar, die erste unabhängige Stiftung in Kuba seit 1959. Sie förderte insbesondere den Kulturaustausch mit Spanien, unterhielt ein Jugendsinfonieorchester, unterstützte junge Künstler, insbesondere junge Musikerinnen. Zwei Jahre später musste Milanés nach einem offen geführten Konflikt mit Kulturminister Armando Hart die Stiftung schließen. Dem Staat fielen die Sachmittel zu. Der Stifter kritisierte im Ausland die systematische Behinderung seiner Arbeit, in Kuba wurde davon nichts bekannt.

Heute, so beklagte er jüngst im Nachbarland, der Dominikanischen Republik, sei das Bild Kubas im Ausland weitgehend nur noch touristisch geprägt, die eigentliche Realität, in der über 90 Prozent leben müssten, werde ausgeblendet. »Die Leute kommen nach Kuba, gehen über den *Malecón*, besichtigen ein paar nett hergerichtete Orte, die man ihnen zeigt, und glauben, so sei Kuba – so ist Kuba nicht. Das Einzige, was dem Volk bleibt, ist Hoffnung, große Hoffnung.«

Es bleibt aber nicht bei der Kritik des einst Arrivierten: Er solidarisiert sich auch mit der Opposition, etwa den *Damas de Blanco* – einer Frauengruppe, die seit 2003 für die Freilassung politischer Gefangener eintritt – und kritisiert scharf die organisierten Beschimpfungen und Einschüchterungen der Frauen.

# Das neue Kuba

Arm, ruiniert und zunehmend ungerechter – Ein Atomkraftwerk wird zum Symbol – Hunderttausende Staatsangestellte werden entlassen – Die Bürokratie gängelt die neuen kleinen Gewerbetreibenden – Ein Land, zwei Währungen, viele Fragezeichen – Überraschung aus Washington – Obamas Nachlass – Das Embargo endet mit der Klärung der Enteignungen – Wege aus der Unlösbarkeit der Eigentumsansprüche.

\* \* \*

Raúl Castro hat das Land von seinem Bruder übernommen und wie erwartet nur wenig geändert, bestenfalls angepasst – mehr nicht. »Ich bin nicht als Präsident ausgewählt worden, um den Kapitalismus wiederherzustellen«, sagte er vor dem Parlament. »Ich wurde gewählt, um den Sozialismus zu bewahren und zu perfektionieren und nicht um ihn zu zerstören.« Die von ihm initiierten Veränderungen brachten zum Teil Erleichterungen für die Kubaner, doch die grundlegenden Probleme konnte und wollte der loyale Bruder Fidel Castros nicht angehen. Von seinen über 300 Reformschritten seit 2011 sind 79 Prozent nach jüngsten offiziellen Angaben nicht umgesetzt worden.

Kuba ist wirtschaftlich weiterhin in einer prekären Verfassung: Die Staatsbetriebe sind hoffnungslos unproduktiv, die Landwirtschaft befindet sich ungeachtet kleinerer Verbesserungen in einem desaströsen Zustand. Die Zuckerrohrernte 2015/2016 wird wieder einmal schlecht ausfallen: Zuerst war es zu trocken, dann zu nass. Das Rohr enthält immer weniger Zucker. Die Vorjahresernte fiel mit 1,6 Millionen Tonnen bereits schlechter als geplant aus. Ähnliches wird von der Tabakernte berichtet.

Die Infrastruktur ist marode, die Umweltverschmutzung hoch, der Ostteil der Insel leidet seit Jahren unter einer Dürre, die Wasserversorgung ist nicht mehr konstant gesichert, die meisten Staudämme müssten dringend erneuert werden, ebenso die Abwasserleitungen, insbesondere in der Millionenstadt Havanna, wo das System aus dem Jahr 1900 stammt und die Verdreifachung der Bevölkerung nicht mehr fassen kann. Die Stromversorgung müsste grundlegend erneuert werden. Seit nahezu sechs Jahrzehnten ist das Vorhandene genutzt und verbraucht worden.

Das größte Infrastrukturprojekt in den sechs Jahrzehnten nach dem Sieg der Revolution war der Bau des Kernkraftwerks in Juraguá, 25 Kilometer von Cienfuegos entfernt. Es sollte endlich eine stabile Stromversorgung garantieren. Schon der erste von zwei Reaktorblöcken sollte 15 Prozent des nationalen Strombedarfs abdecken, die Ölimporte reduzieren helfen und Tausende neue Arbeitsplätze schaffen. Eine Stadt wurde eigens gebaut: Ciudad Nuclear. Obwohl die Arbeiten schon Ende der 70er Jahre begannen und die Stadt 1982 feierlich übergeben wurde – der Reaktor wurde nie fertig.

Fidel Castro machte 1992 die neuen russischen Machthaber verantwortlich, die die Kosten von 1,1 Milliarden Dollar von Kuba in Devisen haben wollten. Zu diesem Zeitpunkt waren 70 Prozent der Arbeiten bereits fertiggestellt. Doch was heißt schon fertiggestellt: Bei Kontrollen wurden 15 Prozent der Schweißnähte beanstandet und der für Sicherheit Zuständige, Vladimir Cerverra, sagte nach seiner Flucht, 60 Prozent der angelieferten Reaktorbauteile seien defekt gewesen.

Ursprünglich sollten neben Juraguá noch zwei weitere Kernkraftwerke gebaut werden, eines in Gibara (Provinz Holguín) im Osten und in Puerto Esperanza (Provinz Pinar del Río) im Westen der Insel. Die Verantwortung für die Projekte hatte Fidelito – Fidel Castro Díaz-Balart – der älteste Sohn des *Máximo Líder*. Er wurde 1992 abgelöst. 1995 lebte die Idee noch einmal auf, das Kraftwerk für weitere 600 Millionen Dollar fertigzustellen. Zwei Jahre später erklärte Fidel Castro, das Vorhaben sei »auf unbestimmte Zeit verschoben«, ehe 2000 das endgültige Aus kam. Seither verfällt die Milliardenruine.

Zunächst sollten 1,3 Millionen Staatsangestellte entlassen werden (Kuba hat fünf Millionen Beschäftigte), weil sich der Staat ihre Bezahlung nicht mehr leisten kann. Dafür wurden die Regeln für selbständige Tätigkeiten gelockert, um für die Freigesetzten neue Arbeitsmöglichkeiten zu schaffen. Wie viele wirklich entlassen wurden, ist nicht bekannt, wohl aber die Tatsache, dass die Zahl derjenigen, die auf eigene Rechnung arbeiten, 2015 im Vergleich zum Vorjahr erstmals wieder zurückging. Das kubanische Wirtschaftssystem ist nämlich ein Hort der Bürokratie: Auf jeden Selbständigen kommen Dutzende Kontrolleure, Bestimmer, Verhinderer, Bremser und Neider.

Die Existenz von zwei Währungen im Land zu beenden und sie zu einer zusammenzuführen, ist als Ziel vor Jahren zwar verkündet worden, doch angesichts der unveränderten wirtschaftlichen Gesamtlage nie umgesetzt worden. Momentan würde eine Einheitswährung die einheimische Industrie, die keine Devisen erwirtschaftet, in Höchstgeschwindigkeit in die Pleite führen. Für diese Fabriken und Anlagen wäre es heute schon vernünftiger, die Arbeiter bei Fortzahlung ihres Lohnes nach Hause zu schicken und die Produktion einzustellen, wie manche meinen. Die eingesparten Kosten für den Betrieb wie Strom, Wasser und sonstige Dienste würden sich gesamtwirtschaftlich sofort positiv bemerkbar machen.

Noch aber profitiert der Staat existenziell davon, seinen Angestellten einen Lohn zu zahlen, der mit durchschnittlich 20 bis 25 Dollar pro Monat nicht der Rede wert ist. Inoffiziell wird aber eingestanden, dass dies leider dem Ergebnis der unproduktiven Wirtschaft ziemlich exakt entspricht. Das Land hat jahrzehntelang von den vorgefundenen Ressourcen gelebt, jetzt sind sie verbraucht und würden selbst bei titanenhafter Anstrengung keine befriedigenden Ergebnisse mehr bringen.

Wie fasste es die Bloggerin Yoani Sánchez zusammen? »Irgendwann hatte Robin Hood alles, was er zusammengeraubt hatte, verteilt. Anfangs freuten sich die Armen im Sherwood Forrest noch über die Gaben und jubelten vor Glück. Doch dann wurde ihnen allmählich klar, dass der große Bandit nur verstand, bestehende Schätze aufzuteilen, nicht aber, selber welche hervorzubringen.«

Da Kuba keine Industriegüter hat, die es wettbewerbsfähig anbieten kann, ist das Land gezwungen, jede sich bietende Gelegenheit zu ergreifen, um die notwendigen Gelder zu erwirtschaften: Lehrer, Ärzte, Trainer und Profisportler arbeiten für den kubanischen Staat im Ausland – den übergroßen Teil ihres Verdienstes in Devisen bekommt der Staat. (In Havanna wurde mir ein alter Witz vor diesem Hintergrund wieder erzählt: »Der Kapitalismus ist die Ausbeutung des Menschen durch den Menschen – im Sozialismus ist es umgekehrt.«)

Die Flucht, die Kuba seit dem Sieg der Revolution 1959 begleitet, hält unvermindert an. Schon wieder warten Tausende Kubaner an den Grenzen Mittelamerikas, um auf dem Landweg in die USA zu gelangen (der Seeweg ist per US-Gesetz ausgeschlossen.) Die permanente Massenflucht hat zwei Seiten: Auf der einen entledigt sich die Regierung ihrer Kritiker, auf der anderen zehrt dieser Auszug aber auch die Ressourcen der Insel auf. »Durch diesen fortschreitenden Aderlass verliert unser Land Monat für Monat gerade die Mutigsten und – warum soll man es nicht aussprechen? – die Fähigsten«, schreibt Yoani Sánchez, die in ihr Land zurückgekehrt ist, in ihrem Buch »Cuba Libre«. »Wie viele Kubaner müssen noch weggehen, bevor die offizielle Seite endlich zugibt: Ja, wir haben versagt, es ist uns nicht gelungen, den Menschen hier eine Zukunft zu geben.«

Erleichterung haben Kuba die Schuldenstreichungen 2015 gebracht. Dabei wurden Altschulden aus den 80er Jahren in Höhe von 15 Milliarden Dollar gestrichen. In den Jahren davor war schon eine Umschulung mit Mexiko und japanischen Banken bei einem Schuldenerlass von 70 bis 90 Prozent erreicht worden. Auch mit China – hier belaufen sich die Schulden auf 6 Milliarden Dollar – wurden Umschuldungsvereinbarungen mit unbekannten Konditionen vereinbart. Zudem ist der größte Schuldenberg – die Verbindlichkeiten aus alten Zeiten beim heutigen Russland – abgetragen worden: Präsident Putin erließ Kuba 90 Prozent der Gesamtschulden in Höhe von 29 Milliarden Dollar. Die verbleibenden 2,6 Milliarden soll Kuba in Halbjahresraten über die nächsten zehn Jahre abzahlen.

## Überraschung aus Washington

Im Dezember 2014 klingelte das Telefon von Kubas Präsident Raúl Castro. Am Apparat war sein amerikanischer Amtskollege. Es war das erste Telefonat zwischen Staatschefs beider Staaten seit fast sechs Jahrzehnten. Nachdem Barack Obama geendet hatte, entschuldigte er sich, dass er so lange gesprochen habe. »Machen Sie sich keine Gedanken«, antwortete Castro. »Sie sind noch ein junger Mann und haben Zeit, den Rekord von Fidel zu brechen, der einmal sieben Stunden am Stück geredet hat.« Nachdem Raúl seinerseits geendet hatte, juxte Obama: »Das muss wohl in der Familie liegen.«

Das Telefonat war der vorläufige Endpunkt von anderthalb Jahren Geheimverhandlungen, die auf Seiten der Amerikaner von Benjamin Rhodes und Ricardo Zuñiga vom Nationalen Sicherheitsrat als persönliche Gesandte Obamas und auf kubanischer Seite von Josefina de la Caridad Vidal Ferreiro geführt worden waren. Die Generaldirektorin im Außenministerium kennt die USA aus eigener Anschauung: 1999 bis 2003 arbeitete sie in der Interessenvertretung Kubas in Washington. Ihr Mann, der damalige Konsul in Washington, José Anselmo López, wurde wegen Spionage des Landes verwiesen. Ein informelles Mitglied der kubanischen Verhandlungsdelegation war auch Oberst Alejandro Castro Espín, der Sohn Raúl Castros.

Erste informelle Kontakte zwischen beiden Ländern waren nach dem Erdbeben 2010 in Haiti geknüpft worden. Damals traf sich die Stabschefin von Außenministerin Hillary Clinton mit kubanischen Offiziellen in Port-au-Prince. Später folgten Treffen in Santo Domingo und schließlich auch in Washington. Es ging zunächst um die Freilassung von Alan Gross, der wegen des Einführens von Internet-Empfangsanlagen für die jüdischen Gemeinden in Kuba zu 15 Jahren Haft verurteilt worden war. Die Kubaner forderten ihrerseits die Freilassung der »Miami Five«. Da ein Austausch für beide Seiten noch zu früh war, wurde wenigstens den Angehörigen die Möglichkeit des Besuchs der Gefangenen ermöglicht.

Als Clinton und Obama 2012 von einem Gipfeltreffen der lateinamerikanischen Staatschefs aus dem kolumbianischen Cartagena zurückkehrten, resümierten sie die dort gehörte Kritik an der US-Politik gegenüber Kuba: Das Embargo hatte nicht wirklich funktioniert und behinderte zunehmend die Politik der USA in ganz Lateinamerika. Nach der Wiederwahl Obamas ernannte er den Vorsitzenden des außenpolitischen Ausschusses im Senat, John Kerry, zum neuen Außenminister. Der war ein ausgesprochener Gegner des Kuba-Embargos.

Obama entschied in dieser Situation zugunsten einer breiteren Perspektive: Ein Gefangenenaustausch war ihm ein zu kleines Karo, das Embargo zu beenden lag nicht in seiner Macht, sondern einzig in der Zuständigkeit des Kongresses. Deshalb übergab er seinen beiden Vertrauten das Thema, um daraus etwas Grundsätzlicheres zu entwerfen. Rhodes hatte sich 2008 Obama als Redenschreiber angeschlossen und ein enges persönliches Verhältnis zum Präsidenten; Zuñiga hatte in der US-Interessenvertretung in Havanna gearbeitet und koordinierte die Kuba-Politik im Außenministerium. Im April 2013 begannen die Verhandlungen.

Es war der Gesundheitszustand von Alan Gross, der das Tempo maßgeblich bestimmte. Er hatte fast 100 Pfund verloren und befand sich mittlerweile im Militärkrankenhaus von Havanna. Im April 2014 trat er in einen neuntägigen Hungerstreik. Allen

Beteiligten war klar, dass sein Tod das Ende aller Bemühungen zur Folge haben würde. US-Senator Patrick Leahy kam auf die verwegene Idee, den Zustand von Gross dadurch zu stabilisieren, dass er als vertrauensbildende Maßnahme den lange bekannten Kinderwunsch der 40-jährigen Ehefrau des Chefs des kubanischen Spionagerings »Miami Five«, Gerardo Hernández, erfüllen lassen könne. Er hatte Kuba besucht und sie in Havanna getroffen. Es kam tatsächlich zu einer künstlichen Befruchtung. Im Gegenzug erlaubte die kubanische Seite die Behandlung von Gross durch eigene Ärzte sowie die Benutzung eines Computers.

Die Amerikaner baten, die erfolgreich schwanger gewordene Ehefrau des Agenten nicht in der Öffentlichkeit zu zeigen, da andernfalls die Gespräche wieder gefährdet werden könnten. So kam es, und bei der Freilassung wunderten sich die Kubaner, als Hernández beim Empfang zu seiner Freilassung nach jahrelanger Haft seine hochschwangere Frau umarmte.

Leahy war es auch, der Papst Franziskus in die Verhandlungen einband, indem er den Bischof von Havanna, Jaime Ortega, um entsprechende Vermittlung bat. Bei einem Treffen im Vatikan unterstrich Obama den Wunsch nach Unterstützung durch die katholische Kirche. Im Sommer verfasste Papst Franziskus Briefe an Obama und Raúl Castro, in denen er beide Seiten aufrief, eine neue Etappe in den beiderseitigen Beziehungen einzuleiten. Ein Kurier brachte den Brief zum Kardinal nach Havanna, der ihn persönlich dem kubanischen Staatschef überreichte. Im Oktober 2014 lud Franziskus die Unterhändler nach Rom, wo beide Seiten die Eckpunkte endgültig verabredeten.

Heute gibt es einen direkten Kontakt zwischen dem Papst und Raúl Castro. Letzterer hatte schon bei seiner offiziellen Amtsübernahme 2008 die Bedeutung der katholischen Kirche dadurch deutlich gemacht, dass er als ersten ausländischen Staatsgast den Kardinalstaatssekretär Tarcisio Bertone, die rechte Hand des Papstes, empfing. Nach Aussage von Juana Castro, Raúls Schwester, empfing Johannes Paul II. bei seinem Besuch in Havanna

1998 im Gegenzug die ganze Familie des kubanischen Partei- und Staatschefs.

Mit dem Argentinier Franziskus ist der erste Jesuit ins höchste Amt der katholischen Kirche gewählt worden. Beide Castros wurden von Jesuiten erzogen. Mittlerweile ist Havanna ein wichtiger Ort für die Politik des Vatikans geworden. Hier fand im Februar 2016 das historische Treffen zwischen Papst Franziskus und dem russisch-orthodoxen Patriarchen Kyrill I. von Moskau statt. Es war die erste Begegnung der Oberhäupter dieser beiden Kirchen überhaupt. Raúl Castro ist von Franziskus so sehr angetan, dass er öffentlich verkündete: »Wenn der Papst weiterhin so auftritt, werde ich wieder anfangen zu beten und die Messe zu besuchen. Und das ist kein Scherz.«

## »Die Isolierung Kubas hat nicht funktioniert«

Am 17. Dezember 2014 traten Obama und Castro parallel vor die jeweils andere Öffentlichkeit. Obama sagte im kubanischen Staatsfernsehen:

»Guten Tag. Heute ändern die Vereinigten Staaten von Amerika ihre Beziehungen zum kubanischen Volk. Mit diesem wohl bedeutsamsten Wandel der letzten 50 Jahre in unserer Politik werden wir eine veraltete Politik beenden, die unseren Interessen jahrzehntelang nicht dienlich war. Anstatt dessen werden wir damit beginnen, die Beziehungen zwischen unseren beiden Ländern zu normalisieren. Mit diesen Veränderungen wollen wir dem amerikanischen und dem kubanischen Volk mehr Chancen eröffnen und ein neues Kapitel in der Geschichte der amerikanischen Völker aufschlagen. (…)

Stolz unterstützten die USA Demokratie und Menschenrechte in Kuba in den vergangenen fünf Jahrzehnten. Das taten wir vornehmlich durch die Politik der Isolierung der Insel, indem wir Reisen und den Handel unterbanden; keine andere Nation schloss sich unseren Sanktionen an, die nicht wirklich etwas bewirkten, abgesehen davon, dass sie der kubanischen Regierung einen Grund dafür lieferten, ihrem Volk große Beschränkungen aufzuerlegen. Heute wird Kuba immer noch von den Castros und der kommunistischen Partei regiert, die vor einem halben Jahrhundert an die Macht kamen. (…)

Wir werden uns weiter für Demokratie und Menschenrechte auf Kuba einsetzen. Aber ich meine, dass wir das kubanische Volk stärker unterstützen und uns noch besser für die Verbreitung unserer Werte dort engagieren können. Schließlich stellen wir nach 50 Jahren fest, dass die Isolierung Kubas nicht funktioniert hat. Jetzt ist der Moment für eine neue Politik.«

Raúl Castro fordert in seiner Rede: »Die Wirtschafts-, Handels- und Finanzblockade, die unserem Land enorme menschliche und ökonomische Schäden zufügt, muss beendet werden. Auch wenn die Blockademaßnahmen zu Gesetzen gemacht worden sind, kann der Präsident der Vereinigten Staaten ihre Anwendung in Ausübung seiner exekutiven Befugnisse modifizieren. Wir schlagen der Regierung der Vereinigten Staaten die Ergreifung gegenseitiger Maßnahmen vor, um das bilaterale Klima zu verbessern und um basierend auf den Prinzipien des internationalen Rechts und der Charta der Vereinten Nationen in Richtung auf eine Normalisierung der Verbindungen zwischen unseren Ländern voranzukommen.«

Beide Seiten müssten lernen, »mit unseren Differenzen auf zivilisierte Weise umzugehen. Über diese wichtigen Themen werden wir später noch zu reden haben. Vielen Dank.«

Die USA und Kuba gaben folgende Vereinbarungen bekannt:

- die Aufnahme voller diplomatischer Beziehungen;
- den Austausch von Inhaftierten;
- die Freilassung politischer Gefangener auf Kuba;
- die Erleichterung von Reisen und Handel.

In einer repräsentativen Umfrage (»National Survey of Cubans Living in Cuba«, April 2015) durch das US-Meinungsforschungsinstitut Bendixen & Amandi sprachen sich 54 Prozent der befragten Kubaner für die Fortführung des eingeleiteten Verständigungskurses aus. 36 Prozent waren dagegen. Als wichtigste Schritte der kubanischen Regierung aus persönlicher Sicht der Kubaner wurden in der Reihenfolge ihrer Bedeutung genannt:

– mehr Auslandsinvestitionen zur Entwicklung der Wirtschaft zulassen;
– endlich den freien Verkauf von Autos zulassen;
– das ökonomische System verbessern;
– das System der Parallelwährungen beseitigen;
– Löhne in der konvertierbaren Währung CUC;
– neue Politiker mit neuen Ideen;
– demokratischere Wahlen;
– radikalen Systemwechsel;
– Erlaubnis für eine neue Generation, Kuba zu regieren;
– Ende des Castro-Regimes;
– Befreiung des kubanischen Volkes von der Diktatur.

54 Prozent sprachen sich für eine wirtschaftliche Verbesserung in Kuba aus, 29 Prozent für eine Reform der gegenwärtigen politischen Verhältnisse im Land.

Obama hatte bei den Verhandlungen sicher mehr als nur die Lösung eines aktuellen politischen Problems im Sinn: Es ging auch darum, wie der 44. Präsident der Vereinigten Staaten dereinst gesehen werden will und wird. Er kam mit viel zu großen Erwartungen ins Amt, der (viel zu früh verliehene) Friedensnobelpreis hängt ihm seitdem wie ein Mühlstein um; er gilt vielen als ein Gescheiterter, der sein Versprechen *Yes we can* nicht umzusetzen vermochte. Er verlor die Mehrheit im Abgeordnetenhaus und im Senat und die Mehrheit der tief gespaltenen Amerikaner sowieso. Doch was wird von Obama bleiben?

In einer Umfrage des *New Yorker* Anfang 2015 antwortete der Historiker Joseph Ellis auf die Frage, ob Obamas Nachruhm in 20 Jahren sinken oder steigen würde: »In den nächsten 20 Jahren wird Obamas *standing* von der Spitze des unteren Drittels an das Ende des oberen Drittels aller Präsidenten steigen.« In der Innenpolitik wird sein Fundament des Sozialstaats durch die Jahrzehnte zuvor gescheiterte Einführung einer staatlichen Krankenversicherung Bestand haben und in der Außenpolitik die Abkehr von der militärischen Macht als einziger Option wie im Fall Iran. Kuba ergänzt seine nachwirkende Bilanz. Sein symbolischer Besuch in Havanna im März 2016 lieferte dafür die notwendigen Bilder. Vorerst nicht viel mehr.

Noch offen ist in der Bilanz des US-Präsidenten ein »Symbol der Schande«, das zu schließen er fest versprochen hatte: Das Gefangenenlager Guantánamo. Die Kubaner ihrerseits wollen diesen Teil ihres Landes zurückerhalten. Die Amerikaner haben Guantánamo seit 1903 gepachtet. Es ist ihre älteste Militärbasis außerhalb der eigenen Landesgrenzen. Die Dauer der Pacht ist nicht festgelegt; der Pachtzins betrug ursprünglich 2000 Dollar in Gold und wurde 1934 verdoppelt. Seit der Revolution hat Kuba kein Geld mehr angenommen. Seit 1964 ist der Stützpunkt komplett abgeschnitten vom kubanischen Territorium und hat eine autarke Infrastruktur, nachdem Fidel Castro die Wasser- und Stromversorgung abschalten ließ. Die Kosten für den Unterhalt beliefen sich 2015 auf rund 450 Millionen Dollar.

Die strategische Bedeutung von GITMO, wie der Stützpunkt bei den US-Militärs genannt wird, ist heute nur noch gering. Er dient der Versorgung der 4. Flotte und wird auch zu Trainingszwecken genutzt. Ähnliche Einrichtungen in Puerto Rico sind längst geschlossen worden. Doch seit 2002 befindet sich hier das Gefangenenlager, das weltweit geächtet für die verfehlte Sicherheitspolitik der USA steht. Seit seiner Eröffnung stehen die Haftbedingungen, die als schwere Verstöße gegen die Menschenrechte bewertet werden, in der internationalen Kritik. Insgesamt waren hier 779 Gefangene ohne Gerichtsurteil interniert, Ende 2015 waren es noch etwas mehr als 100.

Erstaunlicherweise war es der US-General, der das Lager 2002 eröffnete, der elf Jahre später seine Schließung forderte, weil es »jede negative Wahrnehmung der Vereinigten Staaten bestätigt«. Michael Lehnert, Exgeneralmajor der U.S. Marines, ging noch weiter: »In der Rückschau war die gesamte Strategie der Unterbringung und Verhöre der Gefangenen falsch«, schrieb er in einer Kolumne der *Detroit Free Press*. Sein Vorgesetzter, Vier-Sterne-General Kelly, dem bis zu seiner Pensionierung Anfang 2016 als Chef des SOUTHCOM in Miami auch der US-Stützpunkt auf Kuba unterstand, machte fast beiläufig einen atemberaubenden Vorschlag: Er könne sich auch vorstellen, Guantánamo gemeinsam mit den Kubanern zu betreiben.

## Wie reagiert die Exilgemeinde?

Die Hispanoamerikaner können künftige US-Wahlen entscheiden. Sie sind die am schnellsten wachsende und die altersmäßig jüngste Bevölkerungsgruppe der Vereinigten Staaten. In Zahlen: Alle 30 Sekunden erreicht einer von ihnen das Alter von 18 Jahren und ist damit wahlberechtigt, 60 000 Wähler jeden Monat. Insgesamt leben 53 Millionen *hispanics* in den USA und haben damit eine Schlüsselposition für alle, die künftig ins Weiße Haus gewählt werden wollen.

Die politisch am besten organisierte Gruppe innerhalb der Hispanoamerikaner sind die Exilkubaner. Nach der einflussreichsten Pro-Israel-Lobby gelten sie als zweitstärkste Interessengruppe in der US-Politik. Obwohl nicht mehr als zwei Millionen Amerikaner mit kubanischen Wurzeln in den USA leben, haben sie fünf Abgeordnete im Kongress (drei aus Florida, einer aus New Jersey und einer aus West-Virginia) und sind damit klar überrepräsentiert. Mit Bob Menéndez, Marco Rubio und Ted

Anti-Castro-Aktivisten protestieren am 17. Dezember 2014 in Little Havana in Miami gegen die Annäherung zwischen der Obama-Regierung und dem Regime in Kuba.

Cruz stellt die kubanische Community drei Senatoren. Und im Rennen um die republikanische Präsidentschaftskandidatur 2016 traten gleich zwei Kandidaten an: Marco Rubio und Ted Cruz.

War sich das kubanische Exil bis vor einigen Jahren in der totalen Ablehnung jeder Verständigung mit der Regierung in Havanna einig, so hat sich das Bild geändert. Umfragen zufolge begrüßt die Mehrheit der Nachgeborenen die Normalisierung. Diejenigen, die vor 1980 emigrierten, lehnen sie mehrheitlich ab. Diejenigen, die nach 1980 kamen, sind gespalten: 45 Prozent dafür, 44 Prozent dagegen. Die Exilgemeinde in Florida lehnt die Annäherung insgesamt mit knapper Mehrheit ab, während sie in den übrigen USA mehrheitlich begrüßt wird. Beide republikanischen Präsidentschaftskandidaten kubanischer Abstammung missbilligten »Konzessionen an die Diktatur« rundheraus. Marco Rubio: »Da können mir die Meinungsumfragen 99 Prozent Zustimmung zur Normalisierung zurufen – ich bleibe dabei!«

Dennoch stirbt die alte, kämpferische Garde in Miami aus.

und die nachfolgenden Generationen sorgen sich mehr um das Wohlergehen ihrer Angehörigen auf der Insel, besuchen sie wiederholt und unterstützen sie mit regelmäßigen Überweisungen, die sich zu Milliarden pro Jahr summieren. Schon bei den letzten Präsidentschaftswahlen 2012 gewann Präsident Obama 48 Prozent der kubanischen Wählerstimmen (unter denen sich überproportional viele junge Wähler befanden).

Zwischen der kubanischen Regierung und der US-Seite gibt es einen grundlegenden Dissens: Für die Kubaner beginnt der Prozess der Wiederannäherung mit der Aufhebung des Embargos. Für die Amerikaner ist dies der Endpunkt grundlegender Veränderungen auf Kuba. Die Entscheidung über die Aufhebung des Embargos obliegt aber bekanntlich dem Kongress. Dass dieses Thema noch vor den nächsten Präsidentschaftswahlen im November 2016 (bei dem auch ein Drittel des Senats und das gesamte Repräsentantenhaus neu gewählt werden) auf die Tagesordnung rückt, ist unwahrscheinlich. Und danach gibt es ein klares Diktum: Die Verhandlungen dürfen nicht mit einer Regierung geführt werden, der Fidel oder Raúl Castro angehören. Doch der dickste Brocken ist ohne Zweifel die Klärung der Eigentumsverhältnisse.

## Aufrechnungen

Die an die Macht gekommenen Revolutionäre hatten sehr klare Vorstellungen vom Umbau der kubanischen Gesellschaft. War es anfänglich noch Fidel Castros Ziel, den Diktator Batista zu stürzen und der Verfassung von 1940 wieder Geltung zu verschaffen, so radikalisierte er sich im Verlauf des Aufstands, wobei Ernesto »Che« Guevara einen maßgeblichen Anteil daran gehabt haben dürfte. Man wollte nicht bei einer bürgerlich-demokratischen Revolution stehen bleiben, sondern gleich den Sozialismus auf Kuba errichten.

Es bedarf keiner langen Erörterungen, dass es in dieser Phase des Kalten Kriegs keinen »dritten Weg« hätte geben können. Die USA, die in Batistas erster legitimer Regierung noch Kommunisten geduldet hatten (es war die Zeit des Kampfes gegen Nazideutschland, man war mit der Sowjetunion verbündet), waren längst in der Konfrontation der beiden Blöcke angekommen. Sie hätten keine linksbürgerliche Regierung vor ihrer Nase toleriert. Eingedenk dieser Erfahrung machten die Revolutionäre erst gar keine Kompromisse, sondern taktierten: die wahren Ziele so lange wie möglich verborgen halten, ebenso verdeckt um die Unterstützung der Sowjetunion werben und danach das revolutionäre Programm umsetzen – auch um den Preis von Konflikten mit den USA.

Die von US-Seite verhängten Boykottmaßnahmen waren eigentlich nie dafür gedacht, so lange in Kraft zu bleiben. Es waren die Sowjetunion und ihr Partei- und Staatschef Nikita Chruschtschow, die Kuba zur Kraftprobe zwischen beiden Supermächten werden ließen. Daher wurde an den Embargobestimmungen immer wieder herumgedoktert. Je nachdem, wie der Stand der Beziehungen war, wurden die Restriktionen verschärft oder gelockert.

1960 begann es mit dem allgemeinen Exportverbot (außer Medikamenten und Nahrungsgütern), auch für alle Tochterunternehmen von amerikanischen Firmen. Schiffe, die Güter nach Kuba transportierten, kamen auf eine »schwarze Liste«, die sie vom künftigen Transport von Gütern mit US-Staatshilfen ausschloss. Kennedy schränkte 1961 den Reiseverkehr ein. Es folgten das Verbot aller Importe aus Kuba sowie die Androhung der Streichung von Hilfen für jene Länder, die die Regierung in Havanna unterstützten. 1963 wurden alle Regierungsguthaben Kubas in den USA eingefroren. Die Zuständigkeit der Überwachung der Bestimmungen gegen Kuba ging vom Handelsministerium an das Schatzamt über.

1964 ermächtigte Präsident Johnson die Foreign Claims Settlement Commission des US-Justizministeriums, die Schäden durch die Enteignung amerikanischen Eigentums in Kuba zu registrieren und zu bewerten. Am Ende wurden die Forderungen von 5913 US-Amerikanern erfasst und für rechtmäßig erklärt. Die Ausnahmeregeln für den Export von Medikamenten wurden verschärft – jede einzelne Lieferung bedurfte fortan einer vorab erteilten Sondergenehmigung. Jimmy Carter ließ die »schwarze Liste« der Handelsschiffe wieder aufheben und gestattete den Exilkubanern, je Quartal 500 Dollar an ihre Angehörigen in Kuba zu überweisen. Ronald Reagan verschärfte die Regeln wieder. Geschäftsreisen nach Kuba wurden verboten. Die Höhe von einmaligen Geschenken von Exilkubanern an ihre Angehörigen wurde von 2000 auf 1200 Dollar reduziert.

Unter George Bush sen. wurden die »schwarze Liste« der Handelsschiffe wieder in Kraft gesetzt und der Torricelli Act verabschiedet. Er untersagt u. a. US-Tochtergesellschaften in Drittländern den Handel mit Kuba. Bill Clinton gestattete US-Unternehmen, die Kommunikationsmöglichkeiten zwischen den USA und Kuba zu verbessern, und hob das Verbot von russischen Nickelimporten auf. (Es war erlassen worden, um den Reexport von kubanischem Nickel zu verhindern.) Dann untersagte die Clinton-Administration wieder die Überweisungen von Exilkubanern an ihre Angehörigen in Kuba. Gleichzeitig wurden die Reiserestriktionen für US-Bürger gelockert.

Der mächtige Vorsitzende des Auswärtigen Ausschusses des US-Senats, Jesse Helms, und der Kongressabgeordnete Dan Burton führten die Gegenbewegung an und legten einen Gesetzesentwurf vor, der bei den künftigen Beziehungen zwischen den USA und Kuba eine entscheidende Rolle spielen sollte. Mit dem Helms-Burton-Act von 1996 erlangte das Embargo erstmals Gesetzeskraft. Zugleich wurde die Zuständigkeit dem Präsidenten entzogen und in die alleinige Verantwortung des Kongresses gelegt.

Der zweite folgenschwere Meilenstein war die Bestimmung, wonach auch diejenigen amerikanischen Staatsbürger Klage gegen ihre Enteignung führen können, die zum Zeitpunkt des Verlustes ihres Eigentums noch gar keine Amerikaner waren. Das bedeutet, dass es bei künftigen Verhandlungen nicht nur um die Entschädigung des US-Eigentums auf Kuba gehen wird, sondern der viel umfangreichere Besitz der geflohenen Kubaner verhandelt werden muss. (Obwohl geltendes US-Recht, verstößt diese Bestimmung gegen internationales Recht.)

Drittens wurden Bedingungen für den zukünftigen Prozess einer eventuellen Annäherung im Verhältnis USA zu Kuba festgeschrieben, darunter die Bestimmung, dass solche Verhandlungen auf gar keinen Fall mit den Castro-Brüdern geführt werden dürfen. Beinhart sind auch die Festlegungen im wirtschaftlichen Bereich: Sollten Weltbank und/oder IWF Kredite an Kuba ausreichen, würden die USA um den gleichen Betrag ihre Beiträge für diese Organisationen kürzen. Die Einfuhr von Produkten aus Drittländern, die kubanische Rohstoffe enthielten, wurde untersagt. Alle Länder, die Kuba wirtschaftliche Unterstützung gewährten, sollten keine US-Finanzhilfe mehr erhalten.

Obama gelang es nach seiner spektakulären Rede Ende 2014, am Kongress vorbei – der mit der gegenwärtigen republikanischen Mehrheit nicht für eine Aufhebung der Sanktionen ist – einige Maßnahmen zur Verbesserung der bilateralen Beziehungen in Kraft zu setzen:

- US-Bürgern wurde das Reisen nach Kuba erheblich erleichtert.
- Fluggesellschaften können ohne Genehmigung kubanische Flughäfen ansteuern.
- Das Limit für Geldüberweisungen an Nichtfamilienmitglieder in Kuba wurde von 500 auf 2000 Dollar pro Quartal erhöht (Exilkubaner dürfen Geld in unbegrenzter Höhe an ihre in Kuba lebenden Familienangehörigen schicken).
- Kreditkarten von US-Banken dürfen in Kuba eingesetzt werden.
- US-Banken wird gestattet, Korrespondenzbanken in Kuba zu eröffnen.

– Kubanische Privatfirmen dürfen bestimmte Produkte in die USA exportieren.
– Kuba wurde von der Liste Terrorismus unterstützender Staaten gestrichen. Dadurch kann Kuba wieder Geschäftsbeziehungen zu US-Banken aufnehmen.

Damit ist der Spielraum Obamas so ziemlich ausgeschritten. Mehr gestattet ihm der Helms-Burton-Act nicht. Ende Januar 2016 wurde erst wieder eine Tochterfirma eines US-Unternehmens wegen des Bruchs der Embargo-Bestimmungen zu einer Geldstrafe verurteilt. Das britische Designbüro Wimberly Allison Tong and Goo, eine Tochter der Werbeholding WATG Holdings Inc., hatte an einem Entwurf für ein Hotel in Kuba mitgearbeitet und dafür auch mehrere Preise erhalten.

Kubas Regierung will vorrangig nur die Aufhebung des Embargos – verständlich, wenn man die US-Forderungen nach substanziellen Änderungen im politischen System eines fremden Staates betrachtet. Sie möchte eine schnelle Verrechnung der jeweiligen Schäden – und dann die Investitionen amerikanischer Firmen in Strömen auf die Insel fließen sehen. Und diese stehen auch schon ungeduldig in den Startlöchern: Kreuzfahrtlinien, Hotelketten, Banken, Telekommunikationsfirmen, Farmer.

Um die Aufrechnung nicht zu einfach zu gestalten, rechnet Kuba an erlittenen Schäden durch das Embargo vor: Anpassungskosten durch den Wegfall des Haupthandelspartners (den man aber auch nicht mehr wollte), höhere Transportkosten, Zugangsbeschränkungen zu Krediten und Finanzhilfen etc. Kuba wohlwollende Ökonomen in den USA haben 2009 einen durchschnittlichen Jahresverlust infolge des Embargos von 685 Millionen Dollar ermittelt, wohingegen der Ausfall durch unterbliebene Exporte die USA jährlich 1,2 Milliarden Dollar kostete.

2006 bezifferte Kubas Regierung die gesamten Schäden noch mit 89 Milliarden, doch in den letzten Jahren wurden die Zahlen aus Havanna immer höher und erreichten schließlich die irrwitzige

Summe von 1,1 Billionen Dollar – eine glatte Verzwölffachung binnen kurzer Zeit. Abelardo Moreno, Kubas stellvertretender Außenminister, präsentierte diese Zahl 2014 im Jahresbericht an die Vereinten Nationen (fügte allerdings an, diese Summe resultiere aus der pausenlosen Abwertung des Dollars gegenüber dem Goldpreis – nun ja.) Der Hintersinn war klar: Die USA kompensieren den Schaden, und Kuba restituiert die Vermögensschäden aus der Verstaatlichung des Eigentums von US-Bürgern, die sich nach heutigem Wert auf etwa 8 Milliarden Dollar belaufen. (Diese Summe entspricht dem ursprünglichen Wert von 1,9 Milliarden Dollar plus jährlich sechs Prozent Zinsen).

Doch so wird es nicht laufen. Der Helms-Burton-Act ist glasklar: ohne Regelung der offenen Vermögensfragen keine Aufhebung des Embargos. Doch dieses Thema ist – wie aus den Erfahrungen der Abwicklung der DDR bekannt – hochemotional, komplex und schwierig. Denn die Entschädigungszahlungen werden ja nicht nur von den ehemaligen US-Eigentümern gefordert, die in den acht Milliarden Dollar zum Ausdruck kommen. Weit schwerwiegender sind die Rückforderungen des kubanischen Exils. Sie belaufen sich auf ein Vielfaches der US-Forderungen – die Summe wird auf etwa 200 Milliarden Dollar geschätzt. Und schließlich sind da noch die Kubaner, die in Kuba leben und ebenfalls von Enteignungen betroffen waren.

Überschaubar sind noch die US-Forderungen. Die größte Einzelforderung der Cuban Electric Co. (268 Millionen Dollar) ist kaum noch auffindbar, denn das Unternehmen ist nach mehreren Verkäufen mittlerweile Teil des Bürobedarfsanbieters Office Depot mit Sitz in Florida. Der Anspruch von Woolworth steht nun in den Büchern des Sportschuhanbieters Foot Locker.

Längst sind die Rückforderungen ein einträgliches Geschäft für Rechtsanwälte und Investoren geworden. In Kuba darf zwar mit dem früheren Besitz nicht gehandelt werden – außerhalb dagegen schon. So sind Scharen von Akquisiteuren unterwegs, die Privatleuten ihre Ansprüche auf Eigentum in Kuba zu einem

Bruchteil abkaufen wollen oder sich für die Durchsetzung der Ansprüche bei 30 Prozent Erfolgshonorar anbieten.

Timothy Ashby, unter Präsident Reagan Unterstaatssekretär für Handel, hatte die Idee, mit Investoren so viele Ansprüche aufzukaufen, bis er am US-Außenministerium vorbei mit den Castros hätte direkt verhandeln können. Seine Siboney-Holding kaufte unter anderem ein heruntergekommenes staatliches Hotel und wollte mit dem kubanischen Staat über Abriss, Neubau und Erweiterung verhandeln. Die Regierung von George Bush stoppte ihn, nein, besser gesagt Fidel Castros Neffe, der damalige republikanische Kongressabgeordnete Lincoln Díaz-Balart, wirkte so lange auf die Administration ein, bis die US-Regierung Ashby die Geschäfte mit den Ansprüchen untersagte.

Das Außenministerium ist befugt, gesamthaft für die Vermögensansprüche zu verhandeln. Nur weiß momentan niemand, wie sie geregelt werden sollen. Gibt es eine Einzelfallprüfung, werden Unternehmen anders behandelt als Privatleute? Wird der Anspruch pauschal geregelt? Wird die Summe bar bezahlt oder in kubanischen Schatzanleihen? Erhalten die Antragsteller ihr Eigentum zurück?

Einen interessanten Vorschlag machte der Kuba-Investor der ersten Stunde, der heute über 70-jährige Thomas Herzfeld, der schon 1993 den Herzfeld Caribbean Basin Fund gegründet hat, der an der Nasdaq-Börse unter dem Symbol CUBA gelistet ist. In Cuba direkt investieren darf er nicht, das verbieten die Embargoregeln. Er investiert das Geld seiner Anleger in Firmen, die bei einer Öffnung Kubas überproportional profitieren würden: Kreuzfahrtlinien, regionale Fluggesellschaften oder Schifffahrtgesellschaften.

Herzfeld möchte die Antragsteller überzeugen, ihre Ansprüche in einen eigens dafür zu gründenden Fonds zu stecken. Mit dem Wert sollen durch die Vermittlung der kubanischen Regierung Investitionsvorhaben realisiert werden, die Gewinne erzielen. Mit Investoren würden dann Hotels gebaut, Nickelminen erschlossen oder Landwirtschaftsbetriebe gegründet. Die Ansprüche wären aus der Welt, die Antragsteller hätten sich in Anteilseigner des Fonds verwandelt, die ihre Anteile auch verkaufen könnten, und die kubanische Regierung wäre ein großes Hindernis auf dem Weg der Normalisierung der Beziehungen zu den Vereinigten Staaten los.

Die einfache Rückgabe erscheint nach knapp sechs Jahrzehnten ein kaum gangbarer Weg. Auf konfisziertem Land etwa sind allein von 1960 bis 1963 mehr als 85 000 Häuser errichtet worden. Der heutige Zustand der meisten Anspruchsobjekte ist ein weiterer Hinderungsgrund: Ein Großteil der Immobilien, wenn sie nicht vom Staat genutzt werden, ist nah am Abriss oder schon zusammengefallen. Die großen Unternehmen könnten auf ihren Realbesitz verzichten – wenn sie im Gegenzug die Genehmigung zum Markteintritt bekämen: Coca-Cola würde schnell eine neue Abfüllanlage errichten und seine Ansprüche gegen eine Vertriebslizenz hergeben.

Der enteignete Besitz der Exilkubaner ist der härteste Brocken. Ursprünglich konnten sie gar keine Ansprüche stellen, weil sie zum Zeitpunkt des Verlustes keine US-Amerikaner waren. Und nach geltendem internationalen Recht hätten sie auch keine Chance, ihre Vermögensschäden geltend zu machen. Doch seit dem Helms-Burton-Act ist es wieder möglich: Sie können ihre Ansprüche vor US-Gerichten einklagen. Ohne eine befriedigende Lösung für die Besitzansprüche von Kubanern im In- und Ausland wird es also kein Ende des Embargos geben.

Dann blieben noch die innerkubanischen Ansprüche, die man um des inneren Friedens willen nicht ungelöst lassen kann.

## Ein denkbares Szenario

Der bislang am weitesten reichende Plan stammt von einem Team von Wissenschaftlern der Creighton University aus dem Jahr 2007. Die katholische Lehranstalt in Omaha (Nebraska) war 1878 von Jesuiten gegründet worden. Der Plan wurde im Auftrag der regierungsamtlichen Entwicklungsbehörde USAID erarbeitet. In ihrem »Report On The Resolution Of Outstanding Property Claims Between Cuba & The United States« wird vorgeschlagen, zur Klärung aller US-Besitzansprüche einen amerikanisch-kubanischen Gerichtshof zu etablieren, der auf Grundlage einer Vereinbarung zwischen den USA und einer »Nach-Castro-Regierung« zustande kommen soll.

Für die exilkubanischen Ansprüche sollte von der Nachfolgerregierung des Castro-Regimes in Abstimmung mit den USA eine unabhängige Kammer innerhalb des kubanischen Rechtssystems gebildet werden. Die Ansprüche kubanischer Bürger in Kuba werden als eine rein innerkubanische Angelegenheit ohne eine internationale Dimension angesehen. Es wird in dem Papier aber darauf hingewiesen, dass diese Antragsteller nicht schlechter gestellt werden sollten als die vorherigen zwei Gruppen. Die Anrechte des kubanischen Staates sollten sorgsam geprüft werden und unter die Gerichtsbarkeit des bilateralen Gerichtshofes fallen.

Voraussetzung für ein Ende des US-Embargos ist neben der Klärung der Eigentumsansprüche die Schaffung einer »legitimen Übergangsregierung«. Hier lohnt ein Blick in Abschnitt 205 des Helms-Burton-Act. Sie sollte folgende Forderungen umgesetzt haben:

- Legalisierung aller politischen Aktivitäten;
- Freilassung aller politischen Gefangenen und entsprechende Prüfung durch internationale Menschenrechtsorganisationen;
- Auflösung des Innenministeriums und der Komitees zur Verteidigung der Revolution;

- Vorbereitung von freien und fairen Wahlen für eine neue Regierung, die spätestens 18 Monate nach Übernahme der Macht durch die Übergangsregierung staffinden sollten;
- Gewährung des ungehinderten Zugangs zu den Medien (Radio, Fernsehen, Telekommunikationsmedien) für alle unabhängigen Parteien auf gleichberechtigter Basis;
- Wahlen unter Aufsicht internationaler Beobachter (Organisation amerikanischer Staaten, Vereinte Nationen);
- Beendigung der Aktionen zur Störung von *Radio Martí* und *Televisión Martí;*
- Aufbau einer unabhängigen Justiz;
- Einhaltung der Charta für Menschenrechte;
- Zulassung unabhängiger Gewerkschaften;
- Zulassung freier Vereinigungen in Gesellschaft, Wirtschaft und Politik;
- weder Fidel noch Raúl Castro dürfen der Regierung angehören;
- Gewährung des Rechts der freien Rede;
- Pressefreiheit und Zulassung des privaten Rundfunks;
- Gewährung aller staatsbürgerlichen Rechte für alle Kubaner, die geflohen sind;
- Zusicherung des Rechts auf Eigentum;
- Klärung der Rückübertragungsansprüche;
- Auslieferung von Personen, die von den USA gesucht werden.

Sind derart umfangreiche Vorbedingungen realistisch? Die kubanische Seite ist hierzu nicht im Ansatz bereit. Eine »voll erblühte« Demokratie, die die meisten Bedingungen des Helms-Burton-Act erfüllt, ist darum wenig wahrscheinlich. Doch auch auf der Seite der USA ist unklar, ob eine neue Verhandlungsbasis mit einem noch zu wählenden Kongress und dem neuen Präsidenten gefunden werden kann.

Die Gegner der kubanischen Regierung verfolgen die Entwicklung genau, denn sie halten die Annahme, dass ein Ende des Embargos einen Demokratisierungsprozess befördern werde, für irrig. Sie glauben nicht daran, dass die Castros – und ihre Erben – freiwillig auf die Macht verzichten, und erinnern an den Ausspruch Fidel Castros auf dem V. Parteitag der Kommunistischen Partei Kubas 1997: »Wir wollen den Kapitalismus nicht zurück, wir wollen unser sozialistisches System nicht aufgeben.«

Schon die jetzigen Erleichterungen durch die Obama-Administration gehen ihnen viel zu weit, weil sie das herrschende Regime in Kuba festigen. Ein Ende des Embargos und der vollkommen freie Reiseverkehr ohne demokratischen Wandel zwischen beiden Staaten würden die Kontinuität totalitärer Strukturen erhalten. Die von Staat und Armee geführten Unternehmen würden gestärkt und der Demokratisierungsprozess in Kuba behindert und verlangsamt. Die USA seien in keiner Weise von Kuba abhängig, da dort keine Produkte erzeugt würden, die man nicht bei langjährig bestehenden Partnern bekommt, und weil der Markt mit 11,5 Millionen Bewohnern im Vergleich zu China, Russland oder Vietnam viel zu klein ist.

Die Fronten scheinen verhärtet. Wie könnten die letzten Monate von Obamas Regierungszeit dennoch genutzt und eine kurzfristig wirkende Verbesserung der Lage erreicht werden? Das Atlantic Council in Washington legte im Februar 2016 ein solches Programm vor. Ausgangspunkt wäre die Interamerikanische Entwicklungsbank (IDB). Kuba müsste den Beitritt wollen und die USA ihn gestatten. Mit Hilfe dieses Gremiums sollen die schwierigsten Probleme der kubanischen Wirtschaft gelöst werden: die Beseitigung der Parallelwährungen, die Gewährung von Krediten und der Wiederaufbau der Infrastruktur.

# Keine Prognose

**Das Militär ist Kuba – Das Machtzentrum ist die Familie – Wer unter den Generälen regiert, ist zweitrangig – Ist Kuba eine Diktatur? – Die Grabstellen sind vorbereitet.**

\* \* \*

2018 will Raúl Castro planmäßig als Staatschef abtreten. Das hat er schon vor längerer Zeit angekündigt und auf dem Parteitag im April 2016 bekräftigt. Nur die Gesundheit des heute 85-Jährigen könnte an diesem Zeitplan etwas ändern. Kubas Führung solle zukünftig nicht mehr so überaltert agieren, schlug Raúl den Delegierten vor. Doch die Wahl der obersten Parteigremien bestätigte wieder einmal das Gegenteil: Raúl (85) wurde für die nächsten fünf Jahre ebenso wiedergewählt wie sein Stellvertreter, ebenfalls 85 Jahre alt. Ins Politbüro wiedergewählt wurden Ramiro Valdés (84), der Verteidigungsminister Leopoldo Cintra Frías (75) und sein Stellvertreter Joaquín Quinta Solá (77). José Ramón Balaguer Cabrera (81) ist einer von fünf Sekretären des ZK, gemeinsam mit Abelardo Álvarez Gil (84). Ins Zentralkomitee wurden gewählt Julio Camacho Olivera (92), José Ramón Fernández Álvarez (92), Faure Chomón Mediavilla (90), Carlos Fernández Gondín (87), Guillermo García Frías (91), Armando Hart Dávalos (88), Antonio Enrique Lussón Batlle (86), Ramón Pardo Guerra (87), Joaquín Quinta Solás (78), Samuel Rodríguez Planas (78) und Romárico Sotomayor García, ebenfalls 78 Jahre alt.

Der vermutlich neue Präsident ist dagegen geradezu ein Jüngling: Es ist Raúls Stellvertreter Miguel Díaz-Canel, der 1. Vizepräsident. Der 55-Jährige hält sich bislang in der kubanischen Öffentlichkeit dezent im Hintergrund. Der Übergang wird mindestens genau so heikel wie der zwischen den Castro-Brüdern, denn Raúl bleibt ja Oberbefehlshaber der Streitkräfte und Parteichef. Díaz-Canel wird seine Rolle vor allem bei Auftritten außerhalb Kubas finden müssen. Nach dem Wegfall des Hauptsponsors Venezuela muss Kuba sowieso verstärkte Anstrengungen unternehmen, um die fehlenden Milliarden anderswo in der Welt zu kompensieren.

Díaz-Canel wurde 1997 als jüngstes Mitglied ins Politbüro der KP Kubas gewählt. Der studierte Elektroingenieur machte zunächst beim Kommunistischen Jugendverband und danach auf Provinzebene in der Partei Karriere, zunächst in Santa Clara und danach in der östlichen Provinz Holguín. Hier werden seit drei Jahrzehnten gezielt die Kader von morgen erprobt, hier können sie – von der Öffentlichkeit weitgehend unbeobachtet – ihren Weg gehen. Díaz-Canel war unter seinen Mitarbeitern beliebt, blieb nicht selten 18 Stunden bei der Arbeit, ist von robuster physischer und mentaler Konstitution und erfrischend unbürokratisch. In der *período especial* tauschte er den Dienstwagen gegen ein Fahrrad, und als ein Krankenhaus vom Stromausfall betroffen war, setzte er sich an die Spitze des Reparaturteams und entschuldigte sich nach erfolgreicher Wiederherstellung des Stromflusses bei den Patienten persönlich. Das macht bis heute die Runde und bringt ihm viele Sympathiepunkte ein. In Villa Clara moderierte er erfolgreich eine eigene Radiosendung, förderte Rockfestivals und ist den Künsten generell zugetan. Seit seiner Ernennung zum Stellvertreter von Raúl Castro als Präsident des Landes 2013 ist sein Auftreten deutlich staatsmännischer geworden. Er hat sich dem Stil seines Chefs angepasst.

Wird er der neue Präsident, dann ist es seine Hauptaufgabe, von der Tatsache abzulenken, dass nicht er die reale Macht im Land hat, denn die liegt in den Händen der Armee. Vier der sechs Vizepräsidenten des Ministerrates und neun der 14 Mitglieder des Politbüros des ZK der KP Kubas sind hohe Militärs. Sie kontrollieren die wesentlichen Teile der Wirtschaft, alle relevanten Behörden des Sicherheitsapparates sowie die Waffenarsenale für die Milicias de Tropas Territoriales (MTT), jene zwei Millionen militärisch ausgebildeten Freiwilligenverbände.

Kontrollierte die Armee in den 1990er und 2000er Jahren noch eine Parallelwirtschaft, so ist daraus heute ein Quasimonopol geworden: Schätzungen besagen, dass sie 90 Prozent des Im- und Exports, 70 Prozent des Tourismus sowie nahezu die gesamten Devisenströme des Landes unter ihrer Kontrolle hat. Das dürfte weltweit einmalig sein. Gerardo Hernández, der Agent der »Miami Five« und Held aus den US-Hochsicherheitsgefängnissen, passt ausgezeichnet in dieses Bild und spricht aus, was diese Elite von der Zukunft erwartet: »Der Imperialismus wird nicht verschwinden, nur weil wir jetzt diplomatische Beziehungen (mit den USA) haben«, sagte er in einem Interview 2015. »Die Mehrheit hier möchte nicht, dass wir aufgeben, was die Revolution uns gebracht hat, und zu den Zuständen vor 1959 zurückkehren.« Bezogen auf die Armee dürfte er damit Recht haben.

Die kubanische Führungselite der nächsten Generation wird durch teilweise im Ausland ausgebildete smarte Manager repräsentiert, die sich in der zivilen Welt problemlos bewegen – und der Armee angehören. Der Mann an der Spitze ist General Luis Alberto Rodriguez Lopez-Callejas, Jahrgang 1960. Er führt die Grupo de Administración Empresarial S.A. (GAESA), ein Konglomerat aus verschiedenen Holdings, die mehr als zwei Drittel der kubanischen Devisenwirtschaft kontrollieren. Er entscheidet, welcher ausländische Partner zu welchen Bedingungen in Kuba Geschäfte machen darf. Er ist der Garant der wirtschaftlichen Kontinuität.

Der Sohn des Generals Guillermo Rodríguez del Pozo (wegen seiner Reibeisenstimme der »heisere Hahn« genannt) ist schon sein ganzes Berufsleben mit Raúl Castro verbunden. Er begann als Adjutant von General Julio Casas Regueiro, einem ehemaligen Bankangestellten, der sich den Rebellen anschloss und unter Raúl Castro kämpfte. Raúl beauftragte General Casas in den 80er Jahren, die Grundlagen für die Übernahme der Kontrolle der kubanischen Wirtschaft durch die Armee auszuarbeiten.

Zunächst wurden die Unternehmen zusammengefasst, die

militärisches Gerät und Unterstützungsdienste für die Armee produzierten. Dann errichteten Bautrupps der Armee Hotels, verwandelten sich Transportflugzeuge der kubanischen Luftwaffe in Inlandsmaschinen für Touristen der eigens dafür gegründeten zivilen Luftfahrtgesellschaft Aerogaviota, wurde die Tourismus-Holding GAVIOTA S.A. zum Partner der Auslandsinvestoren im Tourismus, namentlich der spanischen Konsortien Melià und Iberostar, die in Varadero zahlreiche Hotels errichteten. Touristen kommen seither unentwegt mit den kubanischen Militärs in Berührung, ohne es zu ahnen: Sie fahren in den Bussen der Gaviota, mieten bei ihnen ihre Autos, tanken in ihren Tankstellen, kaufen in ihren Duty-Free-Shops, trinken ihre Tropi-Cola, Café Cubita, Ron Varadero, Ron Carribbean Club oder Caney.

Raúl sorgte dafür, dass immer mehr profitable Unternehmen unter das Dach der GAESA kamen. Die größte Erwerbung war die Holding CIMEX, die mit 73 direkt angeschlossenen Unternehmen und weiteren 21 weiteren assoziierten Firmen das Volumen des Wirtschaftsverbundes glatt verdoppelte. (Sie unterstand bis zur Machtübernahme von Raúl allein seinem älteren Bruder.) Zwei Drittel der CIMEX-Unternehmen operieren im Ausland.

In jüngster Zeit kam mit der HABANAGUANEX noch ein Unternehmen mit umfangreichem Immobilienbesitz in Alt-Havanna, 37 Restaurants und 21 Hotels dazu. Neuester Kooperationspartner im Tourismus ist die in Barbados ansässige Blue Diamond Group, die mit 14 Hotels in Kuba zur Nummer zwei hinter der Melià-Gruppe aufgestiegen ist. Die GAVIOTA S.A. steht mit 23 500 Hotelzimmern unter den weltweit führenden Hotelketten an 55. Stelle. Die ebenfalls vom Militär kontrollierte CUBANACAN S.A. besitzt noch einmal 15 800 Hotelzimmer und liegt an 84. Stelle. Zusammen rangieren sie mit knapp 40 000 Zimmern auf Platz 34, kurz hinter der Walt Disney Corp.

Zur GAESA gehört die ANTEX S.A., die die Mitarbeiter in der Tourismusbranche anstellt (und die die enorme Differenz zwischen den von den ausländischen Partnern in Devisen gezahlten Löhnen und den in Lokalwährung ausbezahlten minimalen Löhnen der Angestellten für sich verbucht), die ALMEST S.A. baut Hotels, und sogar eine professionelle Schatzsucherfirma, die SERMAR S.A., arbeitet für die Armee-Holding.

Das größte Projekt der GAESA ist der Freihafen Mariel, wo ein Tiefwasserhafen für die weltgrößten Containerschiffe errichtet worden ist. Dies ist der Schlüssel für die neue wirtschaftliche Strategie. Hier sollen in einer Freihandelszone mit Eisenbahn- und Autobahnanschluss ausländische Unternehmen angesiedelt werden. Hauptpartner ist die brasilianische Odebrecht S.A., die für dieses Projekt von der staatseigenen Entwicklungsbank Brasiliens mit bevorzugten Krediten ausgestattet worden ist. Heute steht dieses Geschäft im Zentrum der Auseinandersetzungen der brasilianischen Innenpolitik. Es geht um Korruption und Unterschlagung. Der Vorstandsvorsitzende der Odebrecht S.A. ist bereits zu 20 Jahren Haft verurteilt worden. 957 Millionen Dollar wurden in Mariel verbaut – das meiste Geld aus brasilianischen Staatsmitteln. Die realen Baukosten werden von Experten auf nur rund 500 Millionen geschätzt – wo sind die übrigen Hunderte von Millionen geblieben? Marcelo Odebrecht, dem für Informationen hierzu von den brasilianischen Behörden ein Strafnachlass in Aussicht gestellt wurde, schweigt.

Das größte kubanische Infrastrukturprojekt wurde noch von Castro und dem damaligen Präsidenten Lula 2010 auf höchster Ebene vereinbart. Zur Eröffnung im Januar 2014 waren die Staatschefs von Venezuela und Brasilien eigens nach Mariel gekommen. Die brasilianische Präsidentin Dilma Rousseff dankte namentlich nur einer Person: General Luis Alberto Rodriguez, dem Chef der GAESA.

General Rodriguez beherrscht nicht nur die profitablen Bereiche der kubanischen Wirtschaft – er gehört auch zur Familie Castro. Vor 20 Jahren heiratete er Raúl Castros Tochter Déborah Castro Espín, und er ist Vater von Castros Enkeln, Raúl Guillermo und Vilma. Und weil Raúl Castro ein Familienmensch ist,

hat er seinen Enkel Raulíto zum persönlichen Leibwächter ernannt. Der stolperte beim offiziellen Paris-Besuch Anfang 2016
derart unsicher durchs Protokoll, dass er zunächst vom Chef der
französischen Ehrengarde des roten Teppichs verwiesen wurde,
und, als er schon wieder direkt an Opas Rockschößen hing, vom
französischen Staatspräsidenten François Hollande höchstselbst
weggewedelt wurde. Das französische Fernsehen widmete dem
jüngsten Castro-Spross, der daheim den Spitznamen »Der Krebs«
hat, einen Sonderbeitrag. Zu Hause wäre das nicht passiert.

Es gibt eine Verfassungsregelung für die politische Übernahme der Macht. Nach geltender Rechtslage ernennt die Nationale
Volksversammlung (ANPP) die Spitzen der Legislative und Ju-
dikative. Ein besonders prominentes Mitglied dieses Gremiums
ist Mariela Castro Espín, Raúl Castros älteste Tochter. Sie schlägt
deutlich aus der Art der »Nomenklatura«, war in ihrer Jugend ein
schräger Vogel, ist Mutter von drei Kindern, eins aus ihrer Beziehung mit einem chilenischen Untergrundkämpfer, zwei aus ihrer
Ehe mit einem italienischen Unternehmer, und ist in Kuba die
bekannteste Kämpferin für die Gleichberechtigung von Lesben
und Schwulen. Von ihr stammte die erste Nein-Stimme in der
Volksversammlung, weil sie in einem Gesetzentwurf ebenjene
Rechte nicht ausreichend berücksichtigt fand. Sie ist Präsidentin
des Nationalen Zentrums für Sexuelle Aufklärung.

Doch bei der künftigen Machtverteilung wird sie ebenso wie die
Volksversammlung keine zentrale Rolle spielen. Denn längst sind
schon die Weichen gestellt. So kann beim Vorliegen »besonderer
Umstände« auf Weisung des Staatsratsvorsitzenden dem Nationa-
len Verteidigungsrat die Rolle des Parlaments übertragen werden.
Dieses Gremium führt das Land im Kriegszustand, bei einer Ge-
neralmobilmachung, im Ausnahmezustand sowie in »besonderen
Situationen«. Dann übernimmt der Verteidigungsrat nicht nur die
Landesverteidigung und die Gewährleistung der inneren Ord-
rung, sondern auch die Außenpolitik, die Wirtschaft, die Justiz, die
Zivilverteidigung und damit faktisch die gesamte politische Macht.

Die Erbengeneration Kubas: Oberst Alejandro Castro und seine Schwester, die Abgeordnete Mariela Castro, während einer Gedächtnisfeier für ihre Mutter Vilma Espin, 19. Juni 2007.

Doch auch ohne die Übertragung aller Machtbefugnisse hat sich das Militär in Form der Comisión de Defensa y Seguridad Nacional (Kommission für nationale Verteidigung und Sicherheit) längst eine einflussreiche politische Plattform geschaffen. Dieses nichtlegitimierte Organ – es hat die gleiche Bedeutung wie das »Küchenkabinett« von Fidel Castro, die Grupo de Coordinación y Apoyo del Comandante en Jefe, – ist befugt, alle Instanzen der Regierung zu kontrollieren, anzuleiten und damit zu führen sowie alle Aufgaben zu übernehmen, die es vom Präsidenten der Republik übertragen bekommt. Der Präsident ist Raúl Castro, in der Kommission vertreten ist sein Sohn: Oberst Alejandro Castro Espín.

Alejandro, der nach dem Untergrundnamen seines Onkels Fidel benannt wurde, ist im Innenministerium »Auge und Ohr« seines Vaters. Er war im Einsatz mit dem kubanischen Expeditionskorps in Angola, wo er bei einem Unfall ein Auge verlor. Schon seit längerem ist er persönlicher Berater seines Vaters, begleitete ihn nach Panama, wo dieser zum ersten Mal den US-Präsidenten Barack Obama traf, und war maßgeblich in die Geheimverhandlungen mit den USA eingebunden. Ihm wird ein fotografisches Gedächtnis ebenso nachgesagt wie auch ein Festhalten an der Linie seines Vaters.

Und woher weiß man das alles?

Das kubanische Exil ist mittlerweile voller ehemaliger hoher Funktionäre und Angehöriger der Führung. Man könnte mit geflohenen Ministern ein ganzes Kabinett aufstellen. Raúl Castros Sekretär Oberst Jesús Renzoli, der auch das Büro des 2. Sekretärs des ZK leitete, verließ Kuba ebenso wie Raúls ehemaliger Stabschef und UNO-Botschafter in New York Alcibiades Hidalgo. Juan Juan Almeida, Sohn des legendären Juan Almeida Bosque, nur einer von drei Trägern des Ehrentitels *Comandante de la Revolución*, einziger Afrokubaner im Politbüro und hinter den Castros bis zu seinem Tod 2009 die Nummer drei in der Hierarchie, wuchs in der Familie von Raúl Castro auf.

Juan hat drei Schwestern und zeigte als Kind immer mehr Anzeichen von weiblichem Verhalten, was in der damaligen homophoben kubanischen Gesellschaft die Eltern alarmierte. So wurde er zu Raúl und Vilma geschickt, die mit Alejandro einen Jungen im gleichen Alter hatten. Beide wuchsen zusammen auf, Juan war Trauzeuge von Alejandro, doch als er sich zunehmend kritisch mit der kubanischen Führung auseinandersetzte, endete die Beziehung. Er wurde neun Mal verhaftet, kam 2009 durch Vermittlung der katholischen Kirche frei und wurde ausgewiesen. Er lebt heute in Miami und betreibt einen Blog. Das eigentliche Machtzentrum des heutigen Kuba benennt er klar und deutlich: *La Rinconda*, die Residenz, in der Raúl mit seiner Familie in Havanna lebt: »Von dort aus wird das ganze Land regiert.«

# Ist Kuba eine Diktatur?

Diese Frage soll nicht freihändig beantwortet werden.

Franz Leopold Neumann (1900 bis 1954), Rechtsberater der SPD im Reichstag, von den Nazis verhaftet, emigriert und Politikprofessor an der Columbia-Universität in New York, definierte eine Diktatur als »eine Herrschaft einer Person oder einer Gruppe, die sich die Macht im Staat aneignet, sie monopolisiert und ohne Einschränkung ausübt«. Die »einfache Diktatur« stelle eine Tyrannei oder Despotie dar, die sich vor allem auf die Kontrolle der typischen Herrschaftsinstrumente und Zwangsmittel konzentriere und beschränke, die zur Machterhaltung in autoritären Regimen üblicherweise herangezogen werden: Armee, Polizei und Bürokratie.

In der »caesaristischen Diktatur« wollten Herrscher und Regime nicht nur die Gesellschaft effektiv kontrollieren, sie strebten zugleich nach öffentlicher Unterstützung, um ihre Macht abzusichern. Die »moderne totalitäre Diktatur« stellt eine drastische Zuspitzung der »caesaristischen« Herrschaftsvariante dar. Die Durchdringung der Gesellschaft und ihre Ausrichtung nach den Interessen des Regimes sollte in diesem Diktaturtypus alle Lebensbereiche umfassen, ist also auf »Totalität« ausgerichtet.

Neumann arbeitete fünf wesentliche Merkmale heraus: die Umwandlung des Rechtsstaats in einen Polizeistaat, die Aufhebung der Gewaltenteilung und föderaler Prinzipien, die Schaffung einer monopolistischen Staatspartei als flexibles Machtinstrument, eine Verschmelzung von Staat und Gesellschaft und schließlich politisch motivierte Gewaltanwendung sowie die Drohung, terroristische Maßnahmen gegen jede Abweichung jederzeit einsetzen zu können, als zentrales Element dieser diktatorischen Herrschaftspraxis. Darüber hinaus gibt es weitere Kriterien, nach denen jeder seine eigene Einschätzung treffen kann:

1. Eine Person, Gruppe oder Organisation hat das Machtmonopol.
2. Die Gewaltenteilung wird nicht respektiert.
3. Eine unabhängige Justiz existiert nicht:
   - Außerkraftsetzung der Unschuldsvermutung;
   - Außerkraftsetzung des Prinzips der Verhältnismäßigkeit;
   - Außerkraftsetzung persönlicher Freiheitsrechte (oft verbunden mit willkürlichen Massenverhaftungen oder selektiven Amnestien).
4. Die grundlegenden Rechte der Bürger gegenüber dem Staat sind nicht beständig, dauerhaft und einklagbar.
5. Der gesellschaftliche Pluralismus ist abgeschafft und durch eine herrschende Partei mit angeschlossenen Massenorganisationen ersetzt worden.
6. Eine Ideologie beansprucht alle Bereiche der Gesellschaft.
7. Die Pressefreiheit ist abgeschafft, Medien sind gleichgeschaltet und die Zensur sichert das Informationsmonopol.
8. Manipulation der öffentlichen Meinung durch Ausschaltung aller von außen kommenden Informationsquellen, um so die eigene Bevölkerung in Unwissenheit über die tatsächlichen Zustände zu halten.
9. Die Macht wird durch außergesetzliche Gewalt staatlicher und parastaatlicher Repressionsapparate abgesichert:
   - willkürliche Eingriffe in die Eigentumsrechte, Konfiskationen;
   - Polizeistaat und Staatsanwaltschaft mit politischer Zielsetzung;
   - Folter (darunter auch sogenannte Weiße Folter – Eingriff in die Psyche);
   - Militärstaat mit Funktionen in der Ziviladministration und in der Polizei;
   - Einschüchterung oder Verhaftung von politischen Gegnern oder »Unzuverlässigen«.

## Das Exil hat keinen Plan

Die kubanische Exilgemeinde befindet sich in einem doppelten Dilemma: Einerseits ist sie durch die Unterstützung der Angehörigen in Kuba mit jährlichen Milliardensummen zu einer festen Stütze der bestehenden Verhältnisse geworden. Andererseits haben die Exilkubaner keinen Plan, wie die Zukunft ihrer alten Heimat aussehen könnte. Einer ihrer Sprecher, der frühere republikanische Kongressabgeordnete Lincoln Díaz-Balart, der maßgeblich den Helms-Burton-Act mitverfasst hat, gefällt sich in Rachegelüsten und will Kollaborateure des Regimes seines Onkels Fidel vor Gericht stellen lassen.

Die Mehrheit der Kubaner will die früheren Zustände aber nicht zurückhaben. Es sollten auch keine allzu hohen Erwartungen in eventuelle freie und geheime Wahlen gesetzt werden: Hugo Chávez hat in Venezuela vier Mal hintereinander die Präsidentschaftswahlen mit einem revolutionären Programm gewonnen. Sechs Jahrzehnte lang haben die Kubaner die Realität nur sehr selektiv wahrgenommen. Kritische Medien gibt es nicht, von vielen Ereignissen, von denen in diesem Buch die Rede ist, haben die meisten noch nie etwas gehört. Und: In Kuba gilt noch immer der Satz: »Mas vale malo conocido que bueno por conocer« – Besser den Spatz in der Hand als die Taube auf dem Dach. Es sei an dieser Stelle Lenin zitiert, der eine revolutionäre Änderung der Verhältnisse kommen sah, »wenn die oben nicht mehr können und die unten nicht mehr wollen«. Davon kann in beiden Fällen nach heutiger Lage keine Rede sein.

Bloggerin Yoani Sánchez hat ihre eigene Vorstellung, wer Kuba einmal regieren soll:

»1. Ich will keinen Offizier an der Spitze unseres Landes (bekanntermaßen bin ich gegen Olivgrün allergisch). Von einem Zivilisten, der nicht von Waffen redet, dafür aber die Sorgen und Nöte unseres Alltags kennt, erwarte ich mir mehr.

2. Ich will nicht wieder einen »charismatischen« Führer (der würde zu leicht zu einem beliebten Fotomotiv und Idol stilisiert), sondern ich wünsche mir einen Treuhänder, der die Reichtümer unseres Landes verwaltet und bewahrt, der sich in unseren Dienst stellt und darauf verzichtet, uns mit Gewalt anzuführen.

3. Ich wünsche mir eine Person, die am Ende ihrer Amtszeit den Platz für das neu gewählte Staatsoberhaupt freimacht oder die wir selbst absetzen können, falls sie uns als Volk nicht mehr repräsentiert.

4. Ich träume (und das ist vielleicht Ausdruck meiner feministischen Seite) von einer Art Hausfrau, die sich an oberster Stelle darum kümmert, dass wir genug in den Kochtöpfen haben, und es als ihre Aufgabe ansieht, ihre »zerstrittenen Kinder« zu versöhnen.

5. Ich hoffe, nicht wieder einen großen Redner ertragen zu müssen, sondern einen Politiker jener seltenen Spezies zu erleben, die die Kunst des Zuhörens beherrscht.

6. Ich wünsche mir, dass keine allmächtige und allgegenwärtige Vaterfigur gewählt wird, sondern einfach nur ein Präsident, über den ich mich ganz frei öffentlich beklagen kann.«

Die neue Führung wird anders handeln müssen als die alten Revolutionäre. Für sie zählen nur noch künftige Erfolge, kein vergangener Ruhm. Und die sozialistische Lyrik hat sich auch verbraucht. Heute ist die Mehrheit der Kubaner unter 35 Jahre alt, das bedeutet, die Realität, die sie bewusst miterlebt haben, bestand im Überlebenskampf und der Transitperiode zwischen den Welten, die so lange anhalten wird, bis der Kapitalismus zurückkehrt. Konkret: miserable Löhne, schwindende Subventionen, immer teurere Lebensmittel, die zunehmende Spaltung der Gesellschaft in arm und nicht mehr arm, Schwarz und Weiß, Stadt und Land.

Fidel und Raúl haben ihre historische Mission erfüllt. Für sie ist das Ende absehbar. Am 19. April 2016 – dem 55. Jahrestag

Barack Obama und Raúl Castro während eines Baseballspiels im Estadio Latinoamericano in Havanna am 22. März 2016

der gescheiterten Invasion in der Schweinebucht – trat der greise Revolutionsführer Fidel Castro noch einmal mit einer Rede vor dem Parteitag der Kommunistischen Partei auf. »Es wird vermutlich das letzte Mal sein, dass ich in diesem Raum sprechen werde«, sagte der bald 90-Jährige. Die Stimme war brüchig, der Inhalt seiner Rede glasklar: Es gibt auf Kuba kein Zurückweichen. Fidel lieferte damit eine Kampfansage an den US-Präsidenten, der die Hoffnung auf schnellere Reformen auf Kuba geweckt hatte.

Raúls Grabstein trägt schon seinen Namen. Er befindet sich neben dem seiner 2007 verstorbenen Ehefrau Vilma Espín im Mausoleum der zweiten Rebellenfront, die er im Kampf gegen Batista gegründet hatte, in den Bergen der Provinz Santiago de Cuba. Bruder Fidel hat sich wohl den Cementerio Santa Ifigenia in Santiago de Cuba ausgesucht. Hier sind zahlreiche Helden der Unabhängigkeitskriege und der Kämpfer der Revolution beigesetzt, hier befindet sich das Grab des Nationalhelden José Martí.

Was das Verhältnis zu den Vereinigten Staaten angeht, so ist mit der Initiative von Präsident Obama einiges in Bewegung gekommen. Sein Besuch in Havanna soll nach dem Willen seiner engsten Berater in seiner Bedeutung der Visite von US-Präsident Nixon in China gleichkommen, die das Ende der Eiszeit zwischen den beiden Staaten einläutete. Die Gebäude, die Obama mit seiner Familie in der Altstadt passierte, waren neu gestrichen worden, die Straßen neu gepflastert. Die letzten Bauarbeiten waren nur wenige Stunden vor seiner Ankunft beendet worden. Und als er kam, riefen ihm Bewohner einer Seitenstraße zu: »Komm auch hier lang – aber bring besser den Asphalt gleich mit!«

Obama hat bleibenden Eindruck bei den Kubanern hinterlassen. Schon dadurch, dass er aussieht wie fast jeder zweite Kubaner: ein Mulatte, ein Mestize. Er erreichte schon mit seiner ersten Twitter-Nachricht kurz nach der Landung in Havanna die Herzen vieler Kubaner: »Que bolá Cuba?« – die übliche Begrüßung auf der Straße – »Was geht ab, Kuba?« Auf der live im kubanischen Fernsehen ausgestrahlten Pressekonferenz dominierte der US-Präsident den alten kubanischen Partei- und Staatschef auf eine jungenhaft-sympathische Art und ließ ihn noch älter aussehen, als er ohnehin schon ist.

»Obama hat viel Charisma, diesen Humor und diesen Scharfsinn, den wir Kubaner so mögen. Obama hat diese Leidenschaft, einen Rhythmus und eine Grazie, die es ihm ermöglicht, mit uns Kubanern sofort auf einer Welle zu sein«, sagte Wendy Guerra (45), kubanische Schriftstellerin. Und sie schrieb nach Obamas Abschied aus Kuba: »Seit Sie uns verlassen haben, sind wir noch ein bisschen einsamer, weil wir uns nun einen anderen Feind suchen müssen.«

# Anhang

## Zeittafel

| | |
|---|---|
| Um 8000 v. Chr. | Besiedlung Kubas durch Indios. |
| 1492 | Kolumbus landet im Norden Kubas, Beginn der spanischen Eroberung. |
| 1511 | Baracoa wird als erste Stadt von den Spaniern gegründet. |
| 1519 | Hernán Cortez erobert von Kuba aus Mexiko. |
| 1522 | Santiago de Cuba wird Hauptstadt von Kuba. |
| 1548 | Beginn des Anbaus von Zuckerrohr. |
| 1607 | Havanna wird Hauptstadt. |
| 1728 | Gründung der Universität von Havanna. |
| 1762 | Eroberung Havannas durch die Engländer, Tausch gegen Florida. |
| 1868–1880 | Unabhängigkeitskampf gegen die spanische Kolonialherrschaft. |
| 1895 | Nationalheld José Martí fällt im erneuten Unabhängigkeitskampf. |
| 1898 | Die USA besiegen Spaniens Kolonialtruppen und erhalten Kuba, Puerto Rico sowie die Philippinen. |
| 1899 | Die USA übernehmen die Hoheit über Kuba. |
| 1902 | Kuba wird formell unabhängig. Die USA behalten das Recht zur Intervention. |
| 1903 | Die Verfassungsgebende Versammlung Kubas verpachtet die Bucht von Guantánamo für 99 Jahre an die USA. |
| 1906 | Militärintervention der USA. |
| 1913 | Militärintervention der USA. |
| 1917 | Militärintervention der USA. |
| 1914–1918 | Wirtschaftsboom durch hohe Zuckerpreise. |

| 1929–1933 | Weltwirtschaftskrise; die Zuckerproduktion sinkt um die Hälfte. |
| 1934 | Fulgencio Batista, Oberbefehlshaber der kubanischen Armee, stürzt den Präsidenten Ramón Grau San Martín. Zunächst ernennt er Marionettenpräsidenten. |
| 1940 | Batista wird mit einer Mitte-links-Koalition unter Einschluss der Kommunistischen Partei Kubas zum Präsidenten gewählt. Kuba erhält eine moderne Verfassung. Der 8-Stunden-Tag wird darin verankert. |
| 1944 | Ramón Grau wird zum Präsidenten gewählt, Batista geht nach Florida. |
| 1948 | Batista kommt als Lobbyist der amerikanischen Mafia nach Kuba zurück und wird Senator. |
| 1951 | Aus Protest gegen die überbordende Korruption begeht der Vorsitzende der Orthodoxen Partei, Eduardo Chibás, während einer Radiosendung öffentlich Selbstmord. |
| 1952 | Batista putscht sich an die Macht und sagt die angesetzten Wahlen ab. |
| 1953 | Gescheiterter Angriff Fidel Castros auf die Moncada-Kaserne in Santiago de Cuba, Inhaftierung bis 1955. |
| 1956 | Landung Fidel Castros in Ostkuba. Beginn des Kampfes zum Sturz von Batista. |
| 1958 | Flucht Batistas, Einzug der Rebellen am Silvesterabend in Havanna. |
| 1959 | Fidel Castro wird Premierminister von Kuba. »Che« Guevara übernimmt die Führung der kubanischen Nationalbank. |
| 1960 | Enteignung von US-Vermögen. Die UdSSR gewährt Kuba einen Kredit über 100 Millionen US-Dollar. |

In Guanahacabibes wird das erste Arbeitslager zur Disziplinierung von Führungskadern errichtet. Eine Liste zählt 32 Verfehlungen auf, darunter die »durch Fahrlässigkeit verursachte Nichterfüllung von Produktionszielen«.

1961 Abbruch der diplomatischen Beziehungen zwischen Kuba und den USA.
Eine US-Invasion in Kuba scheitert.
»Che« Guevara übernimmt die Verantwortung über die kubanische Industrie.

1962 Verhängung des US-Embargos gegen Kuba. Einführung des Rationierungssystems für alle Waren des täglichen Lebens. Stationierung von nuklearen Mittelstreckenraketen durch die UdSSR auf Kuba. Die Kubakrise endet mit dem Abzug der sowjetischen Raketen gegen das Versprechen der USA, Kuba nicht erneut anzugreifen.

1963 Fidel Castro besucht die UdSSR und schließt weitreichende Handelsabkommen ab. Es beginnt eine immer stärker werdende Einbeziehung Kubas in das sozialistische Lager.

1965 Neugründung der Kommunistischen Partei unter Führung von Fidel Castro.
Einrichtung von weiteren Arbeitslagern, in denen »Militärische Einheiten zur Unterstützung der Produktion« Zwangsarbeit verrichten müssen. Bis 1968 werden dort insgesamt 30 000 bis 40 000 Kubaner interniert.
Ernesto »Che« Guevara legt alle Ämter nieder, gibt die kubanische Staatsbürgerschaft zurück und verlässt Kuba.

1967 Guevara stirbt bei dem Versuch, in Bolivien eine Revolution zu initiieren.

| | |
|---|---|
| 1968 | Schauprozess gegen den alten KP-Führer Aníbal Escalante. Er wird zu 15 Jahren Gefängnis verurteilt. |
| 1970 | Der von Fidel Castro angekündigte Rekord bei der Zuckerrohrernte wird verfehlt. Kuba hat seine knappen Ressourcen dafür verbraucht, und liegt wirtschaftlich am Boden. Die Landwirtschaftsproduktion geht um 70 Prozent zurück, die Industrieproduktion um zwei Drittel. |
| 1972 | Kuba wird Mitglied der sozialistischen Wirtschaftsgemeinschaft RGW. |
| 1975 | Beginn der Beteiligung kubanischer Truppen im angolanischen Bürgerkrieg (bis 1989). |
| 1977 | Einrichtung von Interessenvertretungen in Havanna und Washington. |
| 1978 | Beginn des Einsatzes kubanischer Truppen im Bürgerkrieg in Äthiopien (bis 1991). |
| 1980 | Besetzung der peruanischen Botschaft in Havanna durch ausreisewillige Kubaner. Anschließende Massenflucht von 125 000 Kubanern in die USA. |
| 1989 | Hinrichtung des Kommandeurs der kubanischen Streitkräfte in Angola, General Arnaldo Ochoa, wegen angeblichen Drogenschmuggels. Das Statistische Jahrbuch Kubas erscheint zum letzten Mal. |
| 1990–1995 | Nach dem Zusammenbruch des sozialistischen Lagers bricht in Kuba eine Krise aus. Fidel Castro verhängt den wirtschaftlichen Notstand. Fabriken werden stillgelegt. Die Produktionskapazität liegt 1992 bis 1994 nur noch bei einem Fünftel früherer Jahre. |
| 1993 | Legalisierung des US-Dollars als gültiges Zahlungsmittel in Kuba. |

| | |
|---|---|
| 1994 | Nach Demonstrationen, Plünderungen und Straßenschlachten mit der Polizei in Havanna erneute Flüchtlingswelle in die USA. |
| 1996 | Kuba schießt zwei US-Kleinflugzeuge ab. Verschärfung des US-Embargos durch den Helms-Burton-Act, wonach nur noch der Kongress die Abschaffung der Sanktionen beschließen kann. |
| 2002 | Übergabe einer Gesetzesinitiative mit 11 000 Unterschriften (Varela-Projekt) an die Nationalversammlung Kubas mit der Forderung nach mehr politischen Rechten und privatwirtschaftlicher Initiative. |
| 2003 | Verhaftung von 78 Oppositionellen, die zu Haftstrafen von durchschnittlich 20 Jahren verurteilt werden. |
| 2004 | Der US-Dollar wird als offizielle Zweitwährung Kubas durch den Peso Convertible (CUC) ersetzt. |
| | Fidel Castro rückt von den Reformen der zurückliegenden Jahre ab. Die Inflation verfünffacht sich, das Staatsdefizit steigt um 80 Prozent, das Defizit in der Handelsbilanz erreicht einen historischen Rekordwert ebenso wie die Auslandsverschuldung. |
| 2006 | Fidel Castro ist schwer erkrankt und übergibt die Amtsgeschäfte an seinen fünf Jahre jüngeren Bruder Raúl. |
| 2007 | Kubas engster Verbündeter, Venezuelas Staatschef Hugo Chávez, scheitert mit einer Verfassungsänderung, mit der eine Vereinigung mit Kuba ermöglicht werden sollte. |
| 2008 | Fidel Castro gibt alle staatlichen Ämter ab, bleibt aber Generalsekretär der Kommunistischen Partei. |

US-Präsident Obama hebt das Reiseverbot für Exilkubaner in ihre Heimat sowie die Beschränkungen privater Geldtransfers an Familienangehörige in Kuba auf. Es werden wieder Direktflüge nach Kuba möglich.

Kuba gestattet seinen Bürgern den Besitz von Computern und Mobiltelefonen.

**2009** Kuba leidet unter den Folgen der weltweiten Finanz- und Wirtschaftskrise.

Raúl Castro entmachtet führende Vertraute seines Bruders.

**2010** Ankündigung der Regierung, 500 000 kubanische Staatsangestellte zu entlassen. Der Staat beschäftigt fast 90 Prozent der arbeitsfähigen Bevölkerung.

**2011** Auf dem VI. Parteitag der KP Kubas übergibt Fidel den Parteivorsitz an seinen Bruder Raúl Castro.

Der Handel mit Autos und Immobilien wird legalisiert.

**2012** Hugo Chávez lässt sich monatelang in Kuba wegen seiner Krebserkrankung behandeln und regiert Venezuela aus der Ferne.

Kubas bekanntester Oppositioneller, Oswaldo Payá, stirbt bei einem Verkehrsunfall.

**2013** Reisefreiheit für alle Kubaner: Sie können einen Pass beantragen und ohne Sondergenehmigung ausreisen. Die Aufenthaltsdauer im Ausland wird von elf auf 24 Monate verlängert.

Hugo Chávez stirbt.

Raúl Castro kündigt an, die Ämter als Partei- und Staatschef 2018 abzugeben.

**2014** Die USA vereinbaren die Wiederaufnahme diplomatischer Beziehungen.

| 2015 | US-Präsident Obama erleichtert Reisen von US-Bürgern nach Kuba. Der Export von Kommunikationstechnologie wird künftig erlaubt. Kuba lässt 53 politische Häftlinge frei. Die kubanische Regierung gestattet die Einrichtungen von WLAN-Hotspots. Der Zugang ist nur gegen Devisen und mit speziellen Karten möglich. Tausende kubanische Flüchtlinge harren in Costa Rica ihrer Weiterreise in die USA. Nikaragua verweigert ihnen die Durchreise. |
|---|---|
| 2016 | Mit Barack Obama besucht erstmals seit 88 Jahren ein US-Präsident Kuba. Die Rolling Stones geben in Havanna ein Gratiskonzert. Der VII. Parteitag der Kommunistischen Partei tagt hinter verschlossenen Türen. Bereits im Vorfeld wird bekannt, dass von den 313 »Reformmaßnahmen« des Parteitags 2011 fast 80 Prozent nicht umgesetzt wurden. |

## Abbildungsverzeichnis

**Archiv des Autors:** S. 24; **Archiv des Verlages:** S. 20, S. 33; **Dreamstime.com:** S. 56 (Konstik); **Getty Images:** S. 42, S. 46 (Joseph Scherschel/The LIFE Picture Collection), S. 231 (Adalberto Roque); **Wolfgang Grossmann:** S. 185; **IMAGNO/Skrein Photo Collection:** S. 82; **Kartendienst Linke, Leipzig:** S. 246-247; **Bodo Müller:** S. 125; **picture alliance:** S. 36 (dpa – Bildarchiv), S. 105 (dpa – Bildarchiv), S. 109 (dpa – Report), S. 129 (dpa – Fotoreport), S. 153 (dpa – Report), S. 176, S. 187, S. 195 (dpa), S. 213 (AP Photo), S. 237 (dpa)

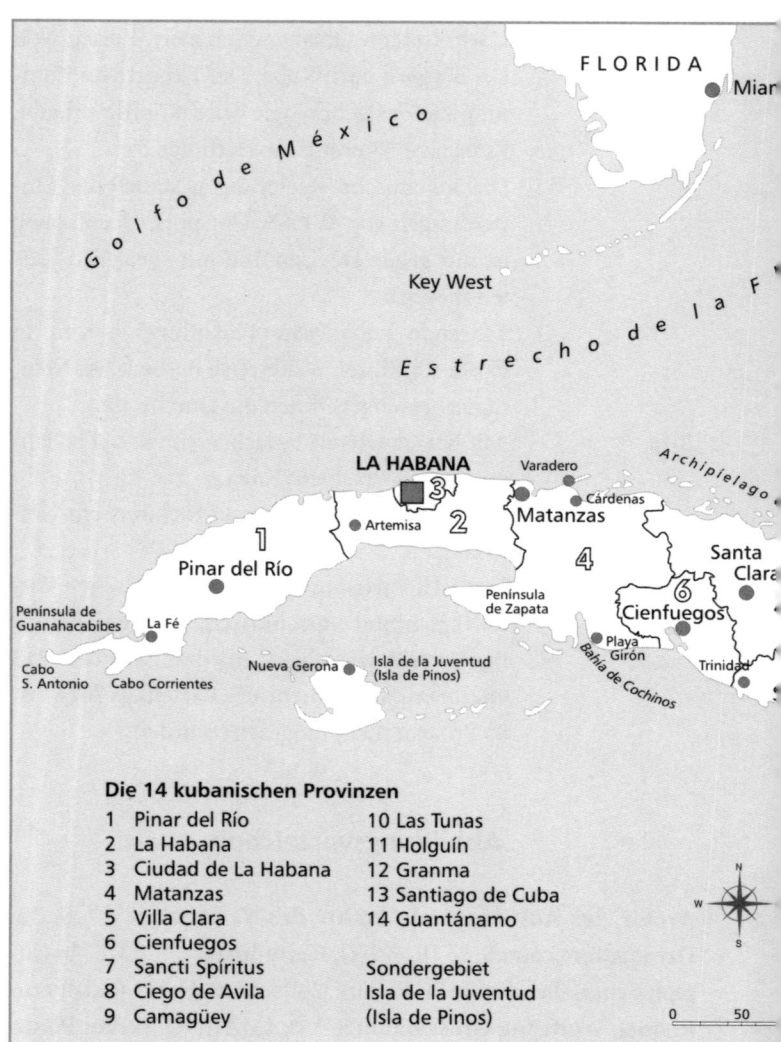

FLORIDA
Miar

Golfo de México

Key West

Estrecho de la F

Archipiélago

LA HABANA
Varadero
Cárdenas
Artemisa
Matanzas
Santa
Clara

Pinar del Río

Península de
Guanahacabibes
La Fé

Península
de Zapata
Cienfuegos

Cabo
S. Antonio
Cabo Corrientes
Nueva Gerona
Isla de la Juventud
(Isla de Pinos)
Playa
Girón
Bahía de Cochinos
Trinidad

**Die 14 kubanischen Provinzen**

1 Pinar del Río
2 La Habana
3 Ciudad de La Habana
4 Matanzas
5 Villa Clara
6 Cienfuegos
7 Sancti Spíritus
8 Ciego de Avila
9 Camagüey

10 Las Tunas
11 Holguín
12 Granma
13 Santiago de Cuba
14 Guantánamo

Sondergebiet
Isla de la Juventud
(Isla de Pinos)

N
W — E
S

0      50

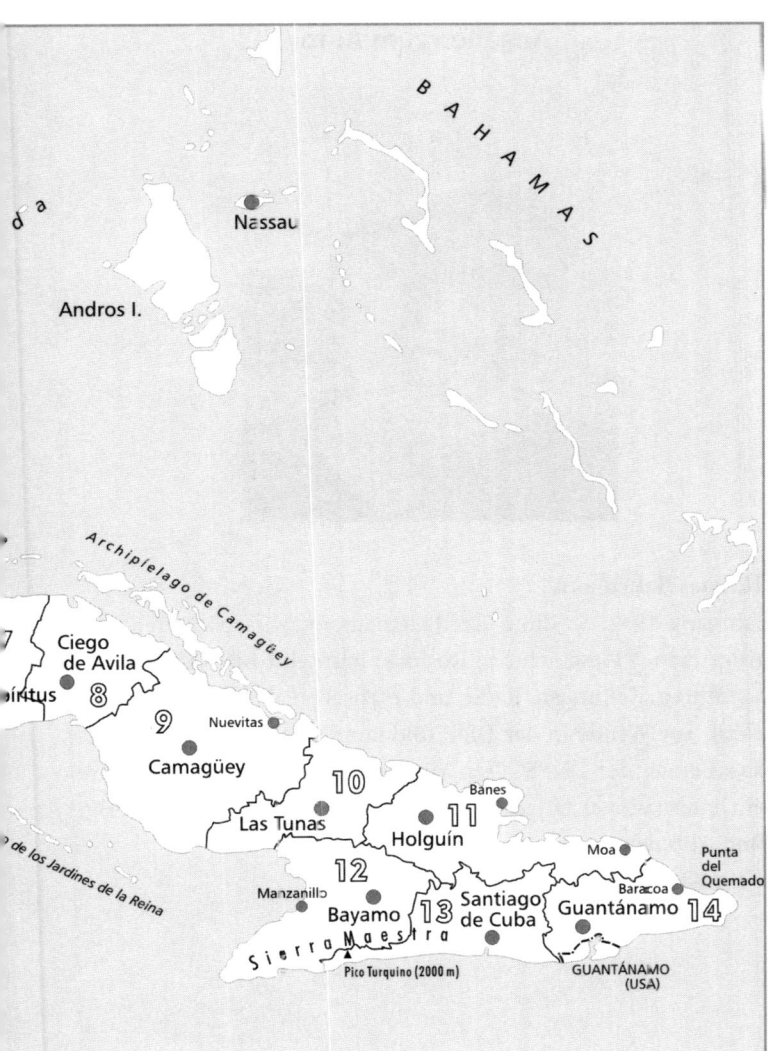

# Angaben zum Autor

**Hannes Bahrmann**

Jahrgang 1952, Studium der Lateinamerikawissenschaften und Allgemeinen Geschichte in Rostock; Journalist bei Nachrichtenagenturen, Zeitungen, Radio und Fernsehen; Autor von Sachbüchern zur Wende in der DDR und zur Geschichte Lateinamerikas; Berater der UNESCO in Mittelamerika; er führte zehn Jahre ein international tätiges Beratungsunternehmen; lebt in Berlin und Ahrenshoop.

Kontakt: HBahrmann@aol.com